北京市海淀区基础教育信息化发展之路

Independent Development Model of
Elementary Educational Informationization

基础教育信息化
自主发展模式

李芒　吴颖惠　亓效军　侯兰　马涛◎著

科学出版社

北　京

内 容 简 介

海淀区是北京市基础教育规模最大的区县，全国知名的文化教育区，中关村国家自主创新示范区的核心区，在国家基础教育层面一直发挥着先行先试的探索作用。

海淀区的教育信息化建设有着自己独有的理论构想和运行模式，本书就是对原海淀区教育信息中心及 29 所中小学教育信息化建设进行系统研究的结果，全部为第一手资料，再现了海淀区基础教育信息化发展的真实历程和丰硕成果。从"区"和"校"两个层面审视海淀区基础教育信息化的发展，格局、脉络非常清晰。从政策、规划、措施和策略四个维度详细描绘出我国基础教育信息化的路线图，既反映了我国当代基础教育信息化建设的现实状态，为未来学者研究这段历史提供最真实的资料，具有史料价值；也对全国基础教育信息化建设有着明显的示范意义和作用。

本书对教育实践领域的管理者、教师，从事教育信息化研究的人员具有重要指导意义。

图书在版编目（CIP）数据

基础教育信息化自主发展模式 / 李芒等著. —北京：科学出版社，2018.1
ISBN 978-7-03-056285-2

Ⅰ.①基⋯　Ⅱ.①李⋯　Ⅲ.①基础教育-信息化-研究-中国　Ⅳ.①G639.2-39

中国版本图书馆 CIP 数据核字（2018）第 006511 号

责任编辑：朱丽娜　程　凤 / 责任校对：何艳萍
责任印制：张克忠 / 封面设计：楠竹文化
编辑部电话：010-64033934
E-mail：edu_psy@mail.sciencep.com

科学出版社 出版
北京东黄城根北街 16 号
邮政编码：100717
http://www.sciencep.com
新科印刷有限公司 印刷
科学出版社发行　各地新华书店经销

*

2018 年 1 月第 一 版　开本：720×1000　1/16
2018 年 1 月第一次印刷　印张：16
字数：293 000

定价：98.00 元
（如有印装质量问题，我社负责调换）

前　言

近年来，在正确的发展理念和理论的指导下，北京市海淀区基础教育信息化工作成绩斐然：探索并总结了教育信息化发展的基本规律，开发了丰富的具有开拓性、创造性、独特性的工作思路和工作模式。海淀教育工作者在教育信息化方面的积极探索，为我国教育事业提供了弥足珍贵的理论成果和实践经验。他们追求卓越的工作态度和积极的进取精神，更是值得大家学习。

作为新时代的教育学者，必须亲身投入时代发展的滚滚洪流之中，尽自己所能，添一块砖，出一份力。同时，更应该审时度势，发挥高度的历史责任感，紧跟时代的主旋律，向时代学习，为时代把脉，将人类美好的文明遗产挖掘出来，献给人民，献给社会，为教育的未来发展助力。海淀区教育委员会（简称海淀区教委）责成海淀区教育科学研究所（简称海淀区教科所）与北京师范大学教学行为研究所合作开展了"海淀区基础教育信息化发展核心特征与运作模式研究"的课题研究工作。该课题以裴娣娜教授主持的国家社科基金教育学重大项目"我国基础教育未来发展新特征研究"（项目批准号：AHA100002）为依托。在由首席专家裴娣娜教授、中央电化教育馆韩骏副馆长、全国中小学计算机教育研究中心王本中主任、北京电化教育馆潘克明馆长、北京大学教育学院郭文革教授组成的专家团队指导下，本课题从北京市教育信息化的背景、发展思路、建设过程、发展模式、应用成效、主要结论、效果反思和对策建议等八个方面，对海淀区基础教育信息化发展的核心特征和运作模式进行了全面总结、梳理和提炼，以期更加有效地规划和设计今后的教育信息化工作。我们坚信，海淀区基础教育信息化的发展模式对全国甚至世界的教育信息化发展都具有引领和示范作用。

本课题的研究内容主要包括两个层面。第一，海淀区区域性基础教育信息化存在形态研究，包括海淀区基础教育信息化政策机制、信息化管理、基础设施建设、资源建设与配置、信息化人才培养、应用开发等内容。第二，海淀区区域性基础教育信息化实施过程中，各级学校的信息化工作实践研究，包括信息化教学文化特征、信息化基础设施建设、信息化教学应用、信息化管理应用、师生信息素养等内容。

本课题的研究工作共持续了两年时间。第一年度，在文献调研与整理的基础上，重点对海淀区教育信息中心和海淀区中小学进行基础调研，共走访了 29 所中小学，通过问题访谈、文档搜集、现场考察，获取海淀区在基础教育信息化方面的第一手资料，再现了海淀区基础教育信息化发展的真实历程，撰写了海淀区基础教育信息化现状的调查报告。第二年度，在上一年度实地调研的基础上，进一步开展信息技术教学应用研究，探索海淀区基础教育信息化发展的有效模式，形成海淀区基础教育信息化发展模式的总结报告。

我们发现，教育信息化能否"健康茁壮地成长"，与战略思维和技术政策具有极其密切的关系。笔者深刻地体会到了哈贝马斯所言"技术问题不能用技术来解决"的精妙之处。今后，我们不仅要加大对教育信息化的投入，更要加强发展战略研究、技术政策研究及问题研究，加强对"发展"本身的研究，使得教育信息化更加符合发展的基本规律，力争使我们的教育信息化事业能够蓬勃发展。

我们试图从历史中受到启迪，在前人"有经验也有教训，有成功也有问题，有收获也有困惑"的大胆尝试中学习进步。

前人的某些观点和认识，也不一定符合新时代的新理念、新意识，而笔者正是想将这些原汁原味的鲜活的教育信息化实践活动，摆置到读者眼前，帮助读者产生深度思考，拨云雾，而见艳阳。

全书内容分两大部分，共五章。

第一部分即本书的第一章和第二章，是关于基础教育信息化"区校互动、协同创新"自主发展模式的综述，介绍了其发展背景、思路及建设过程，概述了五种子模式，并分析了自主发展模式的应用成效，总结和反思了自主发展模式的应用效果，提出了自主发展模式当前存在的问题，以及今后发展的对策与建议。

第二部分包括第三至第七章，是关于自主发展五种子模式的详细介绍与分析，并附有典型案例。这五种模式分别是整体现代化的学校信息化运作模式，以应用为导向的学校信息化运作模式，自下而上的学校信息化运作模式，支撑型学校信息化运作模式，满足基础、突出特色的学校信息化运作模式。每种模式都从基本理念、核心特征、运作模式、问题与建议等方面来介绍和分析，每种模式后面都附有一些经典案例。这五章内容既互相独立又互相联系。

本书是集体智慧的结晶。本书的完成得益于郑葳副教授、朱京曦副教授、张志祯博士、蔡旻君副教授、孙立会博士、李子运副教授、孔维宏副教授、杨咏硕士、逯行硕士、高婧硕士等的辛勤研究工作与支持。

在数字化时代，教育信息化是一项发展永无止境的事业，在发展过程中还会遇到各种各样的困难，需要人们齐心协力，撸起袖子苦干加巧干，一干到底。希望本书可以启迪并凝聚读者的智慧，大家共同研究和思考，将我们的教育信息化事业发展得更好。笔者的邮箱为 leemang@bnu.edu.cn，有任何意见与想法都欢迎来信交流，切盼回音。

李　芒

2017 年 2 月 28 日

于英东学术会堂

目　录 ■ ≪≪

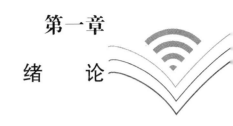

自从有了人类就有了教育，自从有了教育，人类就有了使用工具提升学习效果的追求。这种追求历经万年而不懈。当今，人们已经步入了互联网时代，信息技术的发展如滚滚洪流，浩浩荡荡、一往无前。信息化是社会发展不可逆转的趋势。如何有效、合理地使用信息技术，最大化地发挥信息技术的功效，为人类创造最大福祉是我们必须思考的问题。

鲁迅先生说过，其实地上本没有路，走的人多了，也便成了路。他又说，什么是路？路就是从没有路的地方践踏出来的，从只有荆棘的地方开辟出来的。很显然，路是由人走出来的，教育信息化之路也必定是由所有与教育信息化有关联的人们共同开辟出来的。众所周知，决定教育信息化健康发展的最核心要素既非钱又非物，而是人在正确理念指导下的所思所言、所作所为，其主要取决于人们是如何工作的，即工作模式。那么，探寻先吃螃蟹之人走过的路，体察他们用热情、才智与汗水铸就的丰功伟绩，感悟他们在工作中的彷徨、郁闷与纠结，从中汲取教训、总结经验，帮助同人或后人少走弯路，则是本书的重要出发点。

第一节　发展之道，理在事先

在数字化大潮中，有位故去的智者深感遗憾——为什么信息技术几乎改变了所有的领域，却唯独对学校教育的影响小得令人吃惊？这就是发人深省的"乔布斯之问"——这个问题引起了教育界无数的有识之士的思考与议论，并提出了很多真知灼见。但在笔者看来，"乔布斯之问"是一个典型的假问题，也就是说，这个问题本身出了问题。

其实，以目前信息技术自身的发展水平而论，信息技术已经对人类教育做出了它力所能及的最大贡献。凭它现有被赋予的本领，也就只能产生目前所能产生的影响，其作用也只能发挥到眼前这种程度。从现代教学实践来看，信息技术早已大大改变了人类教与学的形态，这是不争的事实。全世界的教育技术工作者几乎已经将信息技术的教学功能发挥到了极致，应该使用的教学场合几乎都已经用到了。至于是否达到了使用信息技术的预期效果，则基本属于策略性问题，而不属于方向性问题。甚至有些国家已经在大面积地过度性使用、浪费性使用信息技术，就连不该使用信息技术的场合也被"信息化"。我国教育信息化的主要问题是"滥用"或说使用不当，而非使用不足。当然，也有些师生不用，不用也没有什么。那些出于各种目的的人，恰恰就是没有从教育教学基本规律出发思考问题，造成了诸多严重的消极后果，严重破坏了原本十分符合学生学习规律的学习生态，扰乱了学生正常的思维活动，影响了学生的身心健康。乔布斯提出这个问题的逻辑前提是对信息技术在教学领域所发挥的作用不满意，在"乔布斯们"看来，应该将信息技术更多地应用到教育教学领域之中，应该更加完全彻底地影响教育教学的发展。

在此，只能说乔布斯并非通晓教育理论与实践的教育学者，并不十分理解教育教学的基本规律及目前学校的基本状况。他只是一位信息技术专家，所提之问纯属外行。在此，他应该明白真理要是再向前多迈一小步就将成为谬误，使用信息技术也是如此，不当的使用，哪怕是多用一寸，对于学生而言也将是灾难性的。有朝一日，信息技术在教育教学领域当真唱起了主角，变成了"信息技术+教育教学"，而不是"教育教学+信息技术"，那么，势必本末倒置，人类将沦落为工具的奴隶。目前风靡一时的"互联网+"的概念原本是由那些专门开办信息技术公司的商人提出的。起初，这些人的手中只有工具，可以比喻为手里拿着锤子，为了使用锤子，于是就举着锤子到处找钉子敲击，并且看着所有的事物都像钉子。

很显然，他们只是扛着工具，如果不与人类各个领域的活动相结合，不能服务于人类各项任务和目标，那么，这些工具就如同一堆废铜烂铁，一文不值。因此，"互联网+"的概念对于信息技术公司而言是完全正确的。但是，对于广大的非信息技术行业人员而言，"互联网+"这个概念可能不合时宜，不可将这个概念作为指导工作的理念。原因很简单，说到底，互联网只是人类的一种工具而已，只不过是一种特殊的工具。当然，这种工具的特殊性是具有划时代意义的，它暗合了"人是社会关系的总和"这一论断，使得人类活得更加有尊严。那么，工具是为目的和任务服务的，因此，互联网不可在前，只能在后。应该将这个小加号放置在互联网的前面——"+互联网"，是××+互联网，而不应该是互联网+××。这不是文字游戏，而是正确理念的表达方式。

实际上，信息技术在教育教学领域中所能够发挥的作用是由教育教学领域的需求和教育教学基本规律决定的，是事物发展内在规律的必然。信息技术在教学活动中所产生的影响并不以使用的多寡为标准，而是以真正促进学生发展为标杆的。我们追求的是巧妙而精准的使用、恰到好处的使用。将教育教学环境布设为到处是现代化机器设备的程度，也未必就能够取得理想的学习效果。教育教学活动只可将信息技术作为辅助工具利用，教育实践家俞敏洪指出，"互联网颠覆不了教育的本质，虽然互联网想要颠覆教育，尤其是全面颠覆教育，可以说是痴人说梦。但是，互联网更新了教学手段，提高了学生的学习效率，这是毫无疑问的"。笔者认为，在教育领域，信息技术也根本承受不起人类向它提出的高期待，也根本就不具备人类在"妄想"中赋予它的"神力"。如果人们过高地预估、夸大、神化信息技术的教学作用，到头来只能落得心情上的失望与沮丧，财力上的浪费与糟践，最严重的是效果上的无效与负效。如果还是过高地预估信息技术的教育作用，那么，即使夙兴夜寐地苦干，恐怕也不能达到目的。

事实证明，夸大天生对教育教学而言就具有"水土不服"性的信息技术对教育教学的作用（人们应该明白，信息技术的产生并非是专门为人类教育活动量身定制的），指望信息技术能够实现教育的跨越式发展，倚仗"互联网+"从根本上缩小教育水平上的差距，实现真正意义上的教育公平是不现实的，是人们的一厢情愿。正所谓"企者不立，跨者不行"。人们必须相信，在教学活动中应用信息技术，不是街头艺人的魔术，技术绝不等于魔术。信息技术也无特异功能，更没有鬼怪灵异附体。教师也不是魔术师，更不是巫师。因此，在教学过程中使用信息技术，不可能产生教学奇迹。而过度使用信息技术所呈现的"教学成效"，也未必就体现出了学生"真"的发展，学生很多的变化不仅是不健康的，更是畸形的、破坏性的。一时之"奇"，将会导致一生之"畸"。十分遗憾的是，时至今日，教育技术学领域内也没有拿出令人信服的、具有"革命性"的信息技术与教学融合的有效性证据。人类对信息技术正确的期待应该是让信息技术在教育教学领域中发挥它应该且能够发挥的作用，而不可"强信息技术所难"，也不可盲目期待信息技术，明明知道信息技术的功效是有限的，还一意孤行，走"唯工具主义"的道路，盲目推进信息技术的教学应用。目前炒得沸沸扬扬的大数据，如何能够将其有效地引入教育教学领域，使其最大化地发挥积极作用，是今后必须认真研究的问题。从目前大数据在教育中的表现来看，对从宏观层面把握区域性的教育教学状况，了解和分析大范围教育教学趋向、主要问题、学习情况等具有一定作用。大数据分析得出的结果只是一般性情况，考察的是"大势"，发现的是一般性规律。而人类的教育教学活动是个性化的，学习的主体是学生，而且每一位学生的学习状况和困难都各不相同，具有极强的个性。学习的结果通通地体现在学生个体上，与世界上不存在两片相同的树叶同理。有教师提出，他是按照全班的平均水平上课的，那么，平均水平是指什么？是指考试分数还是班上的哪位学生？正确的答案是，全班的平均水平是一个抽象概念。不存在抽象的人，人都是活生生的具体的人。教育教学干预不可将一般性规律简单套用在具有特殊性的学生个体身上。美国堪萨斯大学杰出教授赵勇博士打了一个比方，教室里放着一把椅子，谁都不能坐，只能让大数据坐，那么，大数据是谁？在现实中，确实找不到哪位学生是大数据的代表。因此，大数据在学校层面，特别是在班级层面及学生个体层面解决具体学习和教学问题的作用有限。班级和个体层面强调的是个性化学习，真正将大数据应用于学校的日常教学活动之中，有效解决对个体学生进行学习指导的问题，还有很长的路要走。

为什么中国的信息技术专家们可以大谈信息技术对其他行业的影响，从宏观角度大胆预见信息技术将对人类的社会变革产生巨大作用（正如柳传志指出，有一件事情是肯定要发生的，这件事就是科技创新会颠覆人类社会），却对教育领域的变革谨言慎行？这种现象确实值得我们深思。在笔者看来，教育教学领域与通信、金融、商业、公共交通、医疗等领域具有本质性差异。在上述领域，我国早已实现了"后发先至"，并为世人所瞩目，而教育活动则相对复杂得多。教育是人与人之间的互动，是以人与人之间面对面沟通为主流的活动。教师与学生的劳动属于人类的复杂劳动，而且是人类特殊的劳动过程，因此，教育教学过程存在着其他行业所不可能存在的独特问题与困难。当人们将各种信息技术引入教育教学过程之中，信息技术与教育教学之间会产生错综复杂的相互影响和难以预估的复杂关系，有的是正向的、积极的，有的则是负向的、消极的。因此，信息技术给教学和学习所带来的影响自然也就具有不确定性。我们断言，信息技术的使用，不可能自动地产生理想的教学效果。信息技术对教育教学的影响大体上会出现四种情况：一是绝对有效，如果不使用信息技术，就不会获得预想效果；二是有效，信息技术可以获得好效果，但是，信息技术可以被其他手段代替；三是无效，使用信息技术与不使用信息技术没有任何差异，信息技术不能发挥积极作用，或者称为英雄无用武之地；四是负效，不但不能发挥积极作用，而且还会起反作用，即破坏学生有效学习，很容易出现严重影响学生身心发展的后果。

从信息技术用于教学活动的目的而论，有论者提出信息技术可以帮助学生实现"快乐学习""玩儿着学"，特别是在"互联网+"的环境中，更是如此。在此，我们暂且不去讨论信息技术能否帮助学生快乐学习，而优先讨论另外一个问题，即使用信息技术所达到的目的问题，即"快乐学习"本身的问题。"乔布斯之问"大概很能够代表信息技术专业人员的想法，从事专业信息技术工作的人员，包括从事教育技术学科研究的人员，从专业的角度出发，往往存在一种十分急迫的心理期待，总是希望能够使用最先进的信息技术工具解决教育教学问题，总希望使用信息技术改变以往的教学与学习形态，而大大忽略了改变的目的，即为什么要使用信息技术的问题，并且由于忙于对工具的追捧和炒作，没有花更多的功夫研究"为什么"的问题，只为帮忙，而不问是否能够帮上忙，帮的是什么忙，是否帮了倒忙。

所谓"快乐学习"或"游戏学习"，不是学习的常态，更不是学习的本质特征。使用信息技术帮助学生快乐学习，是对学习的肤浅理解。如果只是简单地告诉学生，使用信息技术可以使学习变得有趣起来，极易误导学生步入歧途，这是人们的取巧之心在作祟。凡是需要人类付出努力和具有明确目的的人类活动，人们大都会经历艰苦的活动过程。因此，应该按照努力程度将学习活动分为不同层次，对于一般人而言，则可以进行快乐学习，更可以玩儿着学。我们必须理解和包容按照自己的志向发展或暂时没有想法的学生。而对于出类拔萃者，就应该以苦为师了，必须志存高远、吃苦在前，并且要提升到以苦为乐的境界。人在一生中必定会遇到大大小小的困难。因此，必须学会面对艰苦，并通过艰苦磨砺自我。体会学之苦，是教育不可缺少的有机组成部分。吃苦是教学手段，只有让学生在学习过程中面对艰难困苦，才能培养学生不屈不挠的品质。这种坚毅感无疑是学生的核心素养之一。同时，在吃苦过程中，学生的使命感和责任感也会油然而生。

目前，美国教育界形成了一股新的"吃苦"潮流。2016 年 5 月，宾夕法尼亚大学安琪拉·达克沃斯教授的一本名为《坚毅：激情与忍耐的力量》的畅销书，使人们又回忆起了影响人类学习和发展的非智力因素及情商的重要性。她在书中指出，对于个人成就而言，坚毅的重要性不低于智商，重提努力的重要性。坚毅的内涵包括勤奋、坚持、意志、耐力和决心等要素。当然，没有意义、兴趣、希望的盲目吃苦，是不可取的。吃苦，特别是在当前的社会环境中，就更显得弥足珍贵了。

回顾信息技术在教育教学活动中的渗透过程，从整合到混合，再到目前的融合，从做课件到做微课，再到上翻转课，广大教师总感到有一种自上而下的行政管理压力在逼迫着使用信息技术；在统一的步调之中，以大规模群众运动的方式，在一种被动式的强迫性情境中，被裹挟着、双脚悬空着使用信息技术，而非发自个体实际的教学需求，主体性严重丧失。所上的信息化融合课，无论是使用互联网、iPad 还是 APP，总是伴有磕磕绊绊、跌跌撞撞、捉襟见肘、上气不接下气之感。也常常听到一筹莫展的下校专家"上来"之后对"下面"的一线教师大发抱怨，他们的理念跟不上、他们不想改变教学习惯、他们不想付出，甚至有些懒惰等。似乎专家们在学校里进行启蒙和推广新技术的过程中，总是遇到来自一线教师的阻力及各种难以解决的问题。

那么，为什么在教学中使用信息技术，总是存在各种各样的融合不佳的问题——往往是生硬塞入，做不到无缝链接？而且，使用信息技术教学不论是在人力还是物力和财力方面，都需要付出巨大的代价，但取得的教学效果与投入却不成比例。

产生以上问题的原因其实是十分复杂的，然而，推广者必须修炼忠恕之道。不可一味地埋怨教师与学生的理念、态度与能力，首先应该质疑供给方的目的、理念是否正确，所持有的资源是否有问题，为需求方提供的理论、方法、手段是否合理。当下，在中小学教育信息化的实践中，削足适履的现象比比皆是。往往是供给方胸有成竹，而需求方却是郁闷纠结。其实，不能说目前摆在教师们面前的信息技术教学工具数量不多，也不能说为数众多的为教育服务的信息化产业从业者没有理想、没有情怀、没有勇气、没有才智，但是真正能够为师生排忧解难，达到无缝衔接的教学工具还是凤毛麟角，而具有画饼充饥、使人抓狂、退避三舍等特点的工具却多如牛毛。问题出在哪里？做了饭没人吃，大概是不可口。如果手中之物适用、好用，教师和学生们自然会乐于接受。"酒香不怕巷子深"，说的也是这个道理。那么，如何才能做到无缝衔接？笔者信奉"简单哲学"。在众多解决方案中，有一条原则必须谨记——简约性原则。任何解决复杂问题的方法往往都是十分简约的，过于复杂的方法本身就暗藏着产生新矛盾的因素。美国学者前田约翰教授指出，"简单"这个课题事实上是非常复杂的，是一种平衡之道，需要大智慧。笔者认为，将事物变为简约的人本身就不简单。未来的教育信息技术产品必须无条件地实现简约化，服务目标精准化，符合人类行为习惯，不是让师生适应技术工具，而是让技术工具适应人类行为，任课教师不能完成而必须仰仗专业技术人员的支撑与帮助才能够维持教学工作的教学信息化，是不真实的，会出现"人一走，茶就凉"的局面。线上平台开发者王涛博士指出，凡是需要进行应用培训的学习平台都是没有生命力的。未来的学习之道，是网络平台的消隐，网络支撑进化成为一种潜在的生态环境。这个论断点到了目前众多学习平台的软肋。

教学实践指导者李玉顺博士指出，学校至今还没有找到适当的、可驾驭信息技术进行教学的方法。解决这个问题，需要进行多层面的努力，涉及技术环境、应用方式、精细的教学 APP、家校合作、学生自控力培养、学校适度的管理方式等各种要素，并且必须处理好这些互为因果的要素的相互关系。我们认为，教育信息化确实是一个特殊的领域，它的复杂性远远超出人们的想象。因此，冷静的心态、求实的学风、理性的思考，对完成这项历史性伟业，具有重要意义。

笔者认为，信息技术改变人类活动的各个领域，主要包括三大范畴。一是我们所说的面貌，也就是形式的改变，如目前出现的"未来教室"、信息化校园、花样翻新的学习工具等事物，就属于形式的改变。做到形式的改变，使参观者见了之后产生新鲜感或震撼感并非难事。其作用主要体现在改变人类生存的环境和条件方面。此处需要对教学中的形式与内容的关系进行讨论，内容与形式相比，内容为王。使用信息技术工具进行教学的最大成功则是学生关注教学内容与消隐教学工具，学习信息的载体越被"忽视"，证明学习过程就越流畅，学生可以将必要的注意力集中到学习内容之上。如同学生使用钢笔记笔记时，钢笔已经完全被学生"忽视"，它成为注意的背景，而不是注意的对象。当学生将注意力过多地集中于内容的载体之上时，就会只注意形式，而忽视内容。再者，如果信息化教学产品的趣味性过大，形式化的新异刺激过强，也会对教育性产生消极影响。必须充分合理地使用趣味性影响教育性的教育原理，使趣味性对教育性产生正向的促进作用。有些教学游戏的娱乐性失当，使学生玩性大发，学习的效果不佳。二是改变人类的生存方式，进而改变学生的学习方式和教师的教授方式，使师生的教学活动的模样发生变化。这种改变的积极作用在于能够提升人类学习和教授活动的效果、效益和效率，帮助师生解决难题，提升师生教学活动的质量。同时，也培养了学生适应未来社会的数字化生存能力。三是提升学生的综合素养。信息技术具有超凡的力量，可以改变人类的思想、认识、能力及思维方式。它能够在审辨性思维、创造性能力及合作意识等诸多方面帮助学生获得进步。而最后一种改变才是本质性的，是人们应该追求的终极目标。信息技术之于教育教学，应该在于能够真正有效地促进学习者积极健康、正常的发展。什么是正常的发展？就是按照学生身心发展的基本规律发展。教育教学活动必须按照学生的自然本性去设计，绝不可以被少数人的意志左右，更不可强加干涉。这正是以理性统帅我们言行的表现。因此，在表面上改变教育教学的形态，改变教师的教授方式、学生的学习方式并不是应用信息技术于教育教学之中的根本目的。并不是说，通过信息技术改变了师生的行为方式，就可万事大吉，关键是应该考察在教学中使用了信息技术能不能有利于学生的学习与发展。目前，恰恰存在着严重的"工具至上主义倾向"，以使用信息技术为目的，产生了为使用而使用的盲目性。

教育信息化发展成功的关键何在？如何把握好信息化发展的度，如何才能有效地推进信息化？我国基础教育信息化的实践证明，信息化工作对决策者和组织者提出了特殊的要求。负责教育信息化的行政管理部门对教育信息化的指导和服务水平，如决策者的远见卓识、对信息化本质的认识、对信息化作用的了解、组织者对推进信息化工作策略与方式的选择等，都直接影响到教育信息化的发展水平，直接影响到教育信息化的实际效果。我们认为，人类社会信息化的过程是一项人类的社会活动，信息化发展的质量必定由人类开拓信息化社会的理念、思想、认识、方法、模式等因素决定。因此，教育信息化最重要的促进因素在于如何按照发展信息化的基本规律筹划、运作适合学校自身发展特点的发展模式，教育信息化发展模式是推动、提高学校教育信息化水平和质量的核心。

第二节　见贤思齐，择善而从

我国幅员辽阔，地区差异较大，教育信息化发展的区域性特征十分明显。在"数字北京"发展理念的指引下，北京市的信息化基础建设水平大幅度提升，有力推进了学习型、创新型国际化大都市的建设进程。自 2001 年以来，北京市中小学信息化建设在基础设施、教育信息资源、教学应用、行政管理、普及信息技术教育等诸多方面取得了突飞猛进的发展。而北京市海淀区的基础教育信息化工作更是具有自己鲜明的特色，在北京市占有举足轻重的地位，是北京市乃至全国的一面旗帜。早在 2000 年，海淀区就全面启动了教育系统的信息化工程建设，区委、区政府站在时代的前沿，进行了高水平的顶层设计。区教委主任张悟亲自参与实施方案的制订，并明确由区教育信息中心主任亓效军全面负责组织实施信息化工作。随后，领导区教育信息化工作的重担又落到教委主任孙鹏的肩膀上。多年以来，区教委一直以人类先进的教育教学理念为指导，高度关注信息技术的最新发展动态,确保区域性教育信息化建设的高端探索和高位发展。全区在抓硬件环境建设的同时,特别注重加强信息技术应用、信息技术教育、网络管理教师队伍的培育,并不断深入开展学科教育信息化软件的开发和应用研究,全面有效地开展利用计算机网络平台和远程教育网络体系进行教育管理系统、行政办公系统、课堂教学系统、学生考试监控评价系统、教师电子备课系统的建设。

在 2005 年前后,无论是从点到面,从硬件设施到应用软件,还是从思想理念到应用策略,与国内基础教育各系统相比,海淀区教育信息化都处于领先地位,进行了大量的前瞻性的实践探索,已经成长为教育信息化的先进区,为其他地区提供了宝贵经验。特别是在 2006 年之后,区教委采取了自主发展的战略思路,科学大胆地改革供给方对待需求方的态度与支持方式,真正尊重需求方的个性化需求,按需支持,大力推进"雪中送炭",而淡化"锦上添花",精准配送,不搞虚夸,将有限的经费用在"刀刃"上,走出了一条自主发展的道路,使得学校信息化建设呈现高效多样的发展态势。海淀区教育信息中心亓效军主任精辟地概括了海淀基础教育信息化发展的基本特点:达标超前、应用广泛、各有特色、高位运行。从国际信息化发展的历史与现状来看,海淀区所走的自主发展之路,是教育信息化的必然趋势。

概括而论,海淀区基础教育信息化发展的总体模式是在学校自主设计、自主建设、自主开发应用和经费自主的基础上,通过区域层面的统筹规划、经费支持、专家引领、示范建设,保证自主建设的序列化、特色化、方向性,以及公平与效率,促进海淀区基础教育信息化的整体协同创新发展。海淀区基础教育信息化发展,在经历了探索起步、基础建设和实际应用的阶段之后,如今已经步入了个性化建设的时代,强调多元化发展、百花齐放式发展,在此期间逐步形成了"整体现代化的学校信息化运作模式"、"以应用为导向的学校信息化运作模式"、"自下而上的学校信息化运作模式"、"支撑型学校信息化运作模式"和"满足基础、突出特色的学校信息化运作模式"。每种模式的提出都有不同类型的学校作为研究原型,模式的提炼总结并非预设,也非一成不变,而是一个动态、变化的过程,也一定会随着新的应用问题的出现、新信息工具的产出,适应新变化,改变发展思路,形成新的发展模式。

海淀区基础教育信息化发展的经验告诉我们，信息化是一个逐步推进、全面深化的过程，基本上是以需求应用为导向，融合适度超前的发展思路。其中，基础建设与推广应用相结合、资源积累与维护更新相结合、试点运营与提升换代相结合、持续使用与修补完善相结合，具体实施过程中教师、学校及行政部门是应用的主体，而信息中心则是承担全区信息化发展任务的建设者、组织者和服务者，是区域信息化工作的引领者。本课题组在了解和分析海淀区基础教育信息化发展模式和特征的过程中，体会到了以下四点。

第一，尝试摸索，适度超前。

（1）我国区域教育信息化建设，具有不平衡性。先进地区必然会走在时代的前列，因为，落后是整体的落后，主要是人的落后、思想观念的落后、行为习惯的落后，而非只是使用工具的落后、方法的落后。教育信息化先进地区应充分发挥自身优势引领和带动其他地区的发展。

（2）人类开发新工具的速度是惊人的。有了先进工具，就应该不失时机地将其运用到人类学习和教学过程之中，从而促进人类的有效学习与发展。教学手段的先进性是现代教育的基本特征之一，这是毋庸置疑的。只有对先进教学理念的讨论，而没有使先进理念落地的先进教学媒体，也不能不说是一种缺失。因此，在教育教学中，积极主动地尝试使用最先进的教学媒体，解决教育教学问题，是人类追求美好生活的、理所当然的、合情合理的活动。

（3）将各种信息技术引入教学过程，直到它能够发挥理想的教学效果，是一个人类不断探索和推进的过程，是一个逐步逼近使用规律的过程。因此，"先吃螃蟹的人"适度超前的探索具有必要性。坐等技术的成熟完善与推广应用只会使人落后与被动。亓效军主任曾经指出，"如果出现一种新技术，今年先不用，等着明年后年再使用，表面上看钱是节省了，但是，就会与时代脱节，就跟不上发展的脚步。因此，有了新技术就应该马上使用，用了就具有了提高工作效率的可能性，就做出了适应社会和技术发展的努力。人类技术发展到一定程度，对于学校，对于教师和学生而言，你可以不用它，但不能忽视它，更不能人为抵制它。最为保守的想法，通过这种尝试能够帮助学生更早地感知新技术、了解和适应社会的发展"。

教育信息化自身的特点决定了它具有高投资、高风险的特点。目前，我国经济发达地区对教育信息化的投资较多，而传统的教育投资理论、教育经费管理及使用方法，已经无法解决区域教育信息化所面临的一系列新问题。从海淀区基础教育信息化发展的过程来看，尝试摸索、适度超前是一种十分有效的工作思路，至少在某个区域内，一部分学校可以适度超前发展，进而可以带动其他学校共同发展。当然，"超前"并非一味、盲目地追新，不能不论目标和任务而挥金如土，也不能做"冤大头"，白花钱，更不能使用最新的工具"毁人不倦"。作家王蒙说得好："有多少人每几个月更换一次电脑与手机设备，不是为了使用而更新，而是为享受更新的虚荣而消费，这不是使本来能动的自身变成技术的俘获物了吗？"其实，将信息技术作为建筑材料把学校改头换面，引进最新工具并不是各级各类学校的核心工作，能否创新应用所掌握的教学媒体，学校的师生能否使用教学媒体生产信息、利用信息、思考与分析信息才是学校重要的且常态的活动。

俗话说，是药三分毒，任何良药都会具有副作用，更何况信息技术。当信息技术被人类引入本质上是人与人相互作用的教学活动领域之中时，就必须意识到这种东西一定带有先天不足，信息技术的负面"毒性"是相当惊人的，这种东西虽然可以帮助人类学习，但也能破坏人类的学习，甚至残害人类的学习。信息技术在表面上给人们带来的是惊喜，是好奇，是希望，而其背后却隐藏着"狰狞"与"邪恶"。一旦将信息技术的"恶"不加限制地释放出来，它的破坏力是巨大的。在教学过程中使用信息技术，应该要有"与狼共舞"的心态，必须小心翼翼，如履薄冰，时刻加上十二万分的警觉，不可有一丝一毫侥幸心理。因为，使用了信息技术，理想的教学效果不可能自动地产生，而具有杀伤性的负面效果倒是可以自动出现。这正是在教学之中使用信息技术的"可怕"之处。基于此，应该以平和自然的心态面对信息技术，不必大惊小怪，也不必期待过高，对新技术也不必过于惊羡。有了新技术，也必然就有新风险、新麻烦。"祸兮福之所倚，福兮祸之所伏。"信息技术所带来的灾祸就隐藏在信息技术为人类带来的福祉之中，有了这种认识，才能减少灾祸的发生，才能拿捏好使用信息技术的度。教育教学的需求要求教育工作者必须按照教学基本规律正确使用信息技术，只许成功，不许失败。因为，教育教学不会提供再来一次的机会，学生的发展具有鲜明的不可逆转性。在此，提出这类要求并非苛刻，只是对学生负责罢了。不当的使用，还不如不用。

第二，自下而上，以用促建。

回望我国基础教育信息化发展之路，一般所采用的是自上而下的推进策略。这种推进策略的发动者大都是上级行政部门，更多地关注政府的需求，以"长官意志"行事，上面为下面配置资源，而比较忽视学校和教师的实际多样目的和需求。因此，为了实现投资效益的最大化，必须关注需求主体的目的差异，转变政府和学校的投资方式，将决策权力下移，交由校长行使，不可越俎代庖。海淀区的基础教育信息化实践证明，最简约、最省钱、最有效的方法是充分发挥学校校长的主观能动性，一切应该从教师和学生的实际需求出发，上级各职能部门和专家团队起到保驾护航的作用，给出建设性的意见，主要由学校根据自己的特色决定应该怎么干。只有调动办学主体的校长积极性，才能以最少的投入做最多的事，应该自下而上抢要实效。海淀区学校的一般做法是首先由"先锋"教师将目标媒体的教学应用作为研究课题进行试用，获得经验之后提出试用报告，学校再做出是否购买的决定。还有一些学校试图集中力量做一两件大事。在区级层面，海淀区教育信息中心的主要工作是结合学校的总体发展思路，规划指导学校的信息技术试点工作，区财务科根据信息中心的试验项目方案与经费计划，将专项经费下拨到各试点学校，试点学校要按照财政有关要求使用此专项经费完成试验项目的建设。

信息化教学资源的建设目的是一线教师在教学过程中，能够获得更多可用的教学资源。而对资源库中教学资源的评价权却掌握在专家手中，这些专家大都不是基础教育领域的一线教师，根本无法知晓一线教师的真切需求和所面临的教学问题，开发出来的大量教学资源便即刻成为"鸡肋"，不被教师认可。即便是公认的优秀教学资源，也会因为教师的教学工作具有极强的个性化特征而不适合。广大教师普遍反映，上级各个部门，包括学校所提供的公司开发的教学资源，数量少、质量差，不能满足教学需要，能够找到好用的教学资源是相当不易的。因此，为了帮助教师获得优质教育资源，应该把评价教学资源的权利还给教师，可以把政府的资金转移给教师，由教师支配使用，从而实现对教师的精准支持。这样，各级教育管理机构可以由资源的建设方转变为提供资源的服务方。海淀区教育主管部门给学校在教育信息化发展方面以足够的自主空间,给教师很大的教育信息化自主权,以满足教育教学的多元化需要。由于海淀区的中小学教师是在这样一种信息化生态中生存的,所以,广大教师养成了极强的教育信息化自主意识,提升了自主学习能力,在日常生活和工作中,能够做到紧盯世界信息技术发展前沿,不断思考和改进基于信息技术的教学策略与方法,以学生的真正发展为自己的奋斗目标。

第三,搭建平台,个性服务。

目前,基础教育工作者终于明白了一件事,"校校建库"的模式是行不通的。区域性的基本工作方针应该是充分利用网格技术实现区域性教育资源库共建共享,实现协调、开放发展。在区域层面做到精准配送,模块小型化,内容微观化,目标精练化。经济发达地区的教育信息化发展,在资源建设方面应该体现"化大为小,自治适用"的原则。还应该实施区域优质教育信息资源建设的准入机制和优选机制,体现其行政性和公益性。在教学实践中,各种工作模式的有效原则应该是:不应贪大,而是求精。海淀区曾经让优质学校与后进学校采用线上教学的方式进行"帮扶"活动,试图实现优质教育资源共享,然而,由于学生的情况不同,所以远程互助的效果并不理想,只是体现出信息技术可以行得通,但是在教育中没有积极作用。这告诉我们每所学校有每所学校的特点,每所学校都会有每所学校的方法。所以,最优的教育信息化绝对不是一个虚大的、宽泛的概念,而是要越个别化越好。正如亓效军主任所言:"统一采购,根本就不适合个性化的发展需求。统一购买一批计算机、服务器是可行的。但是,如果涉及某一间教室、某一所学校的特殊需求,而且这种需求还要将各种软件、多种技术融为一体的时候,就无法实现统一购买。"这是一个十分现实的问题。

教学资源的建设与应用具有十分明显的复杂性和个性化特征,但是,无论是互联网上浩瀚无边的资源还是区域层面为师生提供的各类教学资源,大都偏向于"通用性"资源,一般都需要经过校本化和个性化处理才能在教学过程中使用。我们在调研中发现,有59.78%的一线教师,在被问到"如何对待网上教学资源"时,选择"自己对该资源进行加工修改"。资源建设必定是基于教师对教学的理解、认识及需求,个性化是教师工作的基本特征,也是校长办学需要遵循的基本规律。教育教学活动是多样化、多元化的。可以说，没有与一线教师共同进行教学科学研究的教学资源建设，是徒劳的。教学资源的最终使用者是教师和学生，适合师生的资源才是最好的资源。

第四，百花齐放，温故创新。

海淀区中小学这方教育信息化的沃土，经过 20 余年的精心培育，已经是百花盛开、香飘万里了。可以说，如果没有海淀区基础教育各个方面的高起点，那么，天上不会掉馅饼，海淀区也就不可能领跑我国乃至全世界的中小学教育信息化工作。正所谓无温故何以谈创新。在本书中，读者可以看到在正确的教学理念指导下，各个学校具有不同特点的，婀娜多姿的，充满活力、激情和创造性的教育信息化工作形态、发展模式和耕耘成果。例如，除了使用互联网教学，有的学校继续利用电视系统，组建校园记者团，引导学生进行校园电视节目制作，通过制作活动促进学生发展。有的学校通过帮助学生参加各类信息技术能力比赛，引导学生体验成功，如单片机编程比赛、机器人制作大赛、智能知识比赛、创意作品比赛等。有的学校利用大屏幕或开放角以幻灯和视频形式再现学生活动，挖掘学生的闪光点，树立学习榜样。有的学校实施促进学习的学业评价，将答题器作为课堂测试的数据采集工具，帮助教师了解学生情况，改进课堂教学并进行课后个性化分析。评价系统可以将数据写入网络数据库，学生可在课下登录查看测试情况，同时，所有数据可以逐步生成学生和教师的数字资源，为今后教学积累资料。由以上的学校实践可以看出，利用信息技术的目的必然具有多样性，除去记住和搞懂一些客观知识之外，还可以帮助学生增加学习活动的有效性，提升学生作为数字化"原住民"的生存能力，提高学生的思考力、判断力和表达力，磨练坚忍的意志品质，增强经受挫折与困难的承受力，实现脑、心和手相结合的学习。运用信息技术学习，最重要的作用是在意识形态方面可以培养学生的独立人格，帮助学生构建社会主义核心价值观，体验民主、自由、平等、友善的深刻含义，为走向未来打下坚实基础。

在此，还必须谈及一个重要的经验，在推进教育信息化的征途上，北京市海淀区教育信息化工作之所以能够取得令人瞩目的成就，是因为区级各个与教育信息化有关的职能部门首先实现了工作上的"无缝衔接"，特别是区教育信息中心与区教科所亲密无间的精诚合作，是取得斐然成绩的基础。教科所吴颖惠所长与教育信息中心亓效军主任的"联合办公"，已经成为工作新常态。这也反映了一条重要的教育信息化发展规律，信息技术只有暗合了教育与学习的基本规律，才能真正发挥"超人"的理想效能。

进入 2016 年，海淀区基础教育信息化工作已经达到了相当的高度，随即进入了发展的"高原期"。同时，由于信息技术和教学方式的不断发展，特别是"互联网+"与大数据时代的到来，出现了新工具、新方式，也出现了新问题，海淀区基础教育面临着前所未有的挑战。然而，挑战必定与机遇并存，如何有效应用信息技术是广大基础教育工作者面对的重大问题。在新时期，决策者为了引好路、掌好舵，必须建立"互联网+"思维方式，勇往直前、大胆创新。海淀区基础教育信息化发展的战略目标是：努力为每一位学习者提供个性化学习、终身学习的信息化环境与服务；以人才培养、教育改革和发展需求为导向，开发应用优质数字教育资源，构建"绿色"的信息化学习和教学环境，建立政府引导、多方参与、共建共享的开放合作机制；根据各级各类教育的特点和不同地区经济社会发展水平，协调多方关系，统筹做好教育信息化的整体规划和顶层设计，明确发展重点，坚持分类指导，鼓励形成特色；探索现代信息技术与教育全面深度融合的有效方式，以信息技术的有效应用引发教育理念和教育模式的创新，充分发挥教育信息化在教育改革和发展中的作用。

阻滞中小学教育信息化发展的因素不胜枚举，需要研究的课题数量可观。因此，必须审时度势做出决策，应该抓最核心、最重要的课题发力。教育信息化中的组成要素错综复杂，有的因素一闪而过，稍纵即逝，而有的要素则可以长久存在。例如，信息技术工具的日新月异应该是超出一般人的想象的，从事教育信息化人员的工作模式则是相对稳定的，具有较长久的影响力和延续力。而且，人是决定教育信息化正常发展的最核心要素，因为任何教育信息化的工作都是人开展的，离开了人的作为，教育信息化将一事无成。

第二章

基础教育信息化"区校互动、协同创新"自主发展模式研究

20 世纪 90 年代，信息技术进入教育领域，引发了中小学教育方式和手段的一系列巨大变革。信息技术手段与基础教育的逐渐融合，使得教育形态发生了巨大的变化，无处不在的学习环境使终身学习的梦想变为现实。从《面向 21 世纪教育振兴行动计划》到"中小学教师教育技术能力建设项目"，中国的基础教育信息化在信息基础设施建设、数字化资源建设、教师信息化能力发展方面取得了良好效果（祝智庭，2011），在资金划拨、硬件建设及利用技术支持教育教学方面积累了一定的经验（Yu and Wan，2005）。教育信息化引起了学习方式与教学方式的变化。

在全国推进基础教育信息化建设的过程中，北京市海淀区率先启动了教育系统的信息化项目建设。根据自身的实际情况，设立了多个教育技术实验学校，对推进区域教育信息化的发展、促进教育的均衡起到了积极的示范和引领作用，逐渐形成了独特的"区校协同创新，多元模式并存"的自主建设模式。区域推进教育信息化是我国教育信息化发展进程中的重要环节和内容，对教育均衡发展、优质资源共建共享、校园数字化建设都产生了重大影响，起到了巨大的促进作用（韩骏和李中华，2012）。

为全方位认识海淀区基础教育信息化的发展模式，我们从发展背景、发展思路、建设过程、发展模式、应用成效、主要结论、效果反思和对策建议八个方面，全面总结、梳理和提升海淀区基础教育信息化发展模式，并对海淀区 29 所基础教育学校进行了深入调研，归纳出在发展中形成的五种运作模式，对其应用成效及存在的问题进行了全面分析，旨在为海淀区教育信息化的可持续发展提供指导，也为全国其他区域教育信息化的发展提供借鉴。

第一节 发展背景

2000 年召开的"全国中小学信息技术教育工作会议"提出启动中小学"校校通"计划,成为基础教育信息化发展的里程碑,随后全国各地开始了基础教育信息化建设(教基〔2000〕34 号)。经过多年的发展,信息化对教育产生了巨大而深远的影响,在资金分配、建设水平、软硬件平台及教学中整合技术等方面取得了一定的成果(Yu and Wan,2005)。北京市海淀区是全国教育信息化发展最早的区域之一,在基础教育信息化建设的过程中积累了丰富的实践经验。从教育信息化发展的历程来看,国际教育信息化过程大体经历了三个不同的发展阶段,即"萌芽起步阶段""初期发展阶段""深入发展阶段"。

一、萌芽起步阶段

20 世纪 90 年代,美国提出并实施"信息高速公路"计划,国际教育信息化发展进入萌芽起步阶段。这一阶段是一个从无到有的过程,其基本特征是计算机教育的兴起,主流媒体是个人计算机(PC),发展的热点主要集中在教学计算机和计算机辅助教学方面。教育信息化发展的目标就是探索计算机辅助教学的基本规律,为学校教学提供大量的信息化基础设施,完善基本教学需求,改变以往的单一授课方式,使课堂变得生动直观和高效便捷。计算机及其相关软件成为教学必用的辅助设备。

二、初期发展阶段

2000~2009 年,国际教育信息化发展处于初期发展阶段,是教育信息化发展壮大的过程。这一阶段的基本特征是网络教育兴起,主流媒体是多媒体计算机和因特网。随着学校教育信息化规模的不断扩大，资源建设和人才培养的压力加大，发展的热点主要集中在建设资源库和信息化教师队伍上，积极探索网络教学的应用模式。教育信息化领域已关注到"路、车、货、人"同步发展的重要性，从"建网"、"建库"到"建队"、"建制"，一应俱全，处于高速发展期。人们意识到信息技术可能会给教育带来全方位发展的变革潜力，网络技术给信息时代的教学、管理和教师发展注入了新的活力，信息化教学与管理工作初见成效。

三、深入发展阶段

进入 21 世纪，尤其是第二个十年，各国教育信息化发展都快速步入了深入发展时期，这一阶段是教育信息化从"大"到"强"的过程，其基本特征是普适计算的兴起，主流媒体是交互设备和移动无线装备等。为满足教育教学发展的需求，信息化建设以学校发展和教育目标为导向，目的是解决现实中紧迫的问题。在复杂多变的现实问题面前，面对层出不穷、飞速发展的信息技术，人们意识到没有一个技术工具能解决所有的问题，只能是各取所需，扬长避短，追求特色和个性，以适应不断发展变化的社会，从而提升学校的创新应用能力。美国"教育技术规划草案"（2016 年）就呼吁借助技术的优势为学生提供个性化的学习，以确保所有年龄段的学生都能拥有个性化成长和成功的机会，从而取代"一刀切式"的课程、教学节奏和教学实践。在解决实际问题的过程中，教育信息化视"人"的发展为信息化建设的核心，以人的真实发展需求为出发点，坚持调研、实地规划、突出重点、体现特色，发挥各类人群的优势，缩小差距，从而促进教师和学生的和谐发展。

我国教育信息化发展相继走过了萌芽起步和初期发展阶段，步入了深入发展阶段，整个信息化建设从形象工程走向务实工程，从关注个别学校的实验转向推进整体区域的规模质量效益，从关注技术应用的表面转向各学科教学质量和促进学生学习的提高，从关注短期行为转向可持续发展；在应用中更好地将人、技术、实践与价值追求融为一体，通过有效地解决问题，实现自上而下建设驱动向自下而上应用需求驱动的转变。

信息化自 20 世纪 90 年代进入教育领域以来，通过变革教育教学方式和转变人类学习观念，对教育产生了重大的影响。海淀区是我国教育信息化发展最早的成员之一，在信息化发展中始终处于开拓创新的领先地位，其教育信息化在经历了萌芽起步阶段和初期发展阶段后,进入了深入发展阶段。在信息化发展过程中,为了避免做出机械和不切实际的决策,区域信息化管理机构从以往的学校标准化建设转向鼓励学校探索应用和个性化发展,并给予规划指导(李芒等,2013)。海淀区教育信息化的发展也进入了实现教育个性化发展和自主发展的阶段。现阶段,海淀区作为发达地区的一员,面临的不是一般的教育普及和教育均衡问题,而是高质量的教育普及和优质均衡问题(冯建军,2011)。发展教育信息化走自主建设之路是海淀区基础教育实现高质量和优质均衡发展的必然选择。

随着基础教育信息化进程的推进,近年来,全国各地开展了轰轰烈烈的基础教育信息化建设工作,但各地区的发展状况极不均衡。为了促进基础教育的均衡发展,按照适合本地区的方式发展基础教育信息化是推进基础教育信息化快速发展的有效途径。北京市海淀区的基础教育信息化自建设之日起就走在了全国基础教育信息化发展的前列,经过不断实践和探索逐渐形成了自主发展的建设模式,区内的基础教育学校都有自己的发展特色。

第二节　发展思路

教育的核心是人,教育要关注每一个学生的发展。教育信息化的目的是在教育信息处理数字化、教育信息传输立体化、教育信息系统智能化、教育信息呈现多媒体化的过程中,逐步实现学生的地位主体化(王素荣,2006)。因此,海淀区在基础教育信息化发展的过程中坚持"以人为本,以学生为本",重视教育信息化发展的"个性化"和"特色化"。"学校自主、区校互动、协同创新"是海淀区基础教育信息化发展的一条主线。海淀区鼓励学校依据本校管理及教育教学的实际需要,按照自己的意愿发展其信息化,形成了"自主建设模式"。海淀区教育信息中心在整个信息化的发展中担任着重要的角色,将"区整体规划"与"提供服务和指导"作为两项重点工作,逐步推进海淀区的基础教育信息化建设。

海淀区教育信息中心制订了科学的整体规划。各个学校在遵循区教育信息中心整体规划的前提下,充分发挥自主性,在自主设计、自主建设、自主开发应用及自主经费方面开展信息化自主建设。学校的"自主设计"主要通过调研分析，收集整理全校师生，以及管理层的意见与建议，依据学校办学理念、培养目标及发展现状制订自己的发展规划；"自主建设"以满足教学的实际需求为出发点，在区信息中心的指导下以试点运营和校企合作的方式，解决自身管理与教学中遇到的困难；"自主开发应用"是学校在原有软件的基础上，通过不断发现问题、完善功能、实时更新，实现商业软件"本土化"，自主开发的软件"完善化"及创新应用与持续开发的结合；"自主经费"为自主设计、开发与应用提供了资金上的支持，使想法变为现实，极大地提高了学校自主建设的积极性。此外，区教育信息中心通过建立样板间、参观指导、推广经验等方式，为各个学校提供服务和指导。这种区"放权"给各个学校，同时提供服务和指导，让每个学校充分发挥其自主性，从各个角度开展自主建设的方式，使得海淀区的基础教育信息化显现出一派繁荣景象，取得了良好的效果，形成了"自主设计、自主建设、自主开发应用、自主经费"的发展思路。

"学校自主、区校互动、协同创新"是海淀区基础教育信息化发展所坚持的一条主线。学校自主就是学校根据自身发展需要，按照中小学信息化建设的基本规律，自主规划、自主设计、自主建设和自主发展的学校信息化发展道路。区校互动则是指区域教育信息化管理部门（区教育信息中心）与学校共同研发和建设学校信息化的工作思路。学校信息化自主建设是在区教育信息中心的指导下进行的，区教育信息中心为学校信息化建设提供研发和指导的服务，并在认真研究学校需求的基础上，为学校提供研发的"示范性"的建设服务。学校则在区信息中心的指导下，开展各自的信息化建设工作。协同创新是指学校信息化建设与区域信息化建设的协同发展。

自主发展既是区校互动的基础和保障，也是协同创新的动力和源泉。互动就是事物之间相互作用的一个过程，是事物双方发生变化的一种力量，没有互动就没有发展。协同，就是指协调两个或两个以上的不同资源或个体，一致性地实现某一目标的过程或能力。互动源自事物双方积极主动的沟通，以满足各自的需求为目的，如果没有学校信息化发展的自主设计、自主应用、自主建设和自主经费使用，就不会有真正意义上的区校互动。

在区校互动、协同创新的过程中，区教育信息中心发挥主动作用，主要表现为规划和管理海淀区教育信息化建设与应用工作；研发教育网络平台，推进信息技术在教育教学中的应用；完成全区小学三年级至高一年级的信息技术教育；管理保障全区教育网络，维护各类教育网站；组织全区教师的信息技术继续教育及应用培训；制作各类教育教学软件，摄制优秀教学片；组织英语口语无纸化考试及学生素质评价，等等。可以这样说，没有区教育信息中心的规划、指导、示范和监督，就不会有学校高质量的自主发展。

学校是信息化建设的主体力量。只有充分调动学校发展信息化的积极性和主动性，才能实现区域上下的协同创新发展。有了区校两级的互动作为保证，自主发展才能得以实现，继而实现协同创新。没有互动，自主发展就可能会变成盲目扩张、无序发展；没有协同，互动也会变得各执一端、众说纷纭；没有自主，协同可能就会成为消极应付、唯命是从。因此，"自主"、"互动"和"协同"是互为条件、相互依托的，从而形成一个严密的逻辑体系，保证了海淀区教育信息化朝一个健康有序的方向发展。

海淀区在信息化建设初期，采取的是统一规划、统一配置、步调统一的"一统化"建设思路，起初在实践中并没有遇到很大的阻力，但随着教育信息化发展进入深入发展阶段，这种区域"一统化"的发展模式，遇到了很大困难，学校在信息化建设方面追求个性化和特色化的呼声越来越强烈，原有的工作思路暴露出很多弊端，在这种情况下，海淀区教委毅然决然确立了"学校信息化建设要走个性化、特色化"的发展思路。

学校、家长和学生都是多样化的群体，教育信息化若不能满足多元化需求而走"大一统"的路线，无疑将使教育仅仅成为"现代化工具"包装下的贵族教育，表面看似现代化设备齐全、全区水平均衡，但却造就了另一种"千人一面"的景象，无法触及教育深层次的变革，无法支持学生个性化学习，更无法带来真正意义上的教育现代化。教育的核心是"人"，"为了每一个孩子的终身发展"是教育信息化工作者必须思考的时代命题。在国际教育信息化发展的大背景下，海淀区基础教育信息化基于实际，满足多元需求，转变理念，在区域整体规划设计的基础上，逐步引领各个学校走上"自主设计、自主建设、自主开发应用和自主经费"的自主发展道路，这是一条经得起实践检验的必由之路，也是基础教育信息化发展到一定阶段的必然选择。

自主设计是学校依据办学理念、人才培养目标和信息化发展现状，开展需求调研分析，形成具体发展思路，制订信息化整体发展规划，提出实施方案和技术路线的过程。自主建设是按照学校信息化发展思路和实施方案，针对教育教学的需求和困难，以解决现实问题为出发点，通过信息中心指导下的试点运行、校企合作和各方力量的共同参与，完成信息化环境建设。自主开发应用是学校根据信息化发展需求和教育教学中面临的实际问题，针对原有软件产品和信息资源建设中存在的问题，结合服务对象的特点，深入探讨资源应用的层次结构，进行创新应用研究，并在此基础上开发出具有本区或本校特色的软件系统平台或数字资源，以更好地服务于学校信息化建设。

科学有效的经费拨付监管机制是解决区域教育信息化经费问题的有效手段（张虹，2010），只有这样，政府和社会提供持续的经费资助才能促进教育的均衡发展（张燕军，2011），这些是信息化发展的直接动力。区信息中心为了支持学校教育信息化的自主建设，设立了专项建设资金和特殊经费，鼓励学校从实际需求出发，在区教委顶层设计的指导下制订发展计划，通过信息中心的项目管理部门和财务部门专项经费与特殊经费的支持，在学校中实施教育信息化实验项目。其中，专项建设资金用于推动实验项目试点工作的开展（图 2-1），由教委主管领导、财务科、信息中心、试点校共同配合完成、共同监督；特殊经费是将信息化经费直接下拨给学校，充分发挥学校的自主性，满足个性化建设的需求。

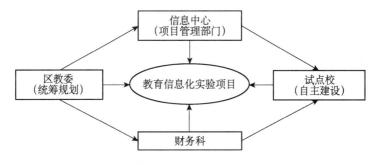

图 2-1　教育信息化实验项目试点推广流程

为保证学校的自主发展，在经费运作的方式上，海淀区教育系统自 2006 年起实行新的教育信息化建设的经费政策，即按照各个学校教育信息化发展的需求，在充分论证的基础上，将教育信息化经费分为"常规信息化经费"和"专项信息化经费"两部分，其中"常规信息化经费"列入每年财政预算，按生均情况直接下拨给学校。"专项信息化经费"则需要学校按照各自建设需求独立设计和申请，区教委财务科和区教育信息中心在专业论证和审计的基础上，按照区财政的有关规定下拨给各个学校。各个学校充分发挥教育信息化建设的自主性，启动更加符合学校发展实际的个性化建设工作。有了这种政策，全区教委直属中小学教育信息化建设的积极性被大大地调动了起来，学校领导和教师献计献策、干劲十足，从基础设施到应用提升，慎重考虑、精心设计、精打细算，充分利用经费给予的自主权，来大力发展教育信息化。

第三节 建 设 过 程

在坚持"以应用促建设、以创新促发展、以实用促实效"的发展理念指导下，海淀区基础教育信息化建设走过了探索起步阶段、基础建设阶段和实际应用阶段，顺利走向了个性化建设阶段。

一、探索起步阶段

从 20 世纪 90 年代中期开始，传统电化教育的地位开始受到计算机的挑战，计算机悄然进入广大中小学的普通教室。经过反复实践，1997 年，海淀区确定以"计算机+视频转换卡+大背投电视机"的形式实现教室多媒体建设，并在几所学校进行试验性的安装和示范，在北京市率先确定了多媒体教室的结构标准和使用方式，从而引领了全市多媒体教室的建设。计算机多媒体在实现教学的形象性和生动性方面表现出得天独厚的优势，可以达到事半功倍的效果，曾经一度成为学校信息化建设的热点。海淀区在多媒体标准化配制与建设方面做了开创性的工作，成为北京市乃至全国多媒体教室建造的效仿对象。

二、基础建设阶段

2000 年 10 月，教育部组织召开"全国中小学信息技术教育工作会议"，发出"以教育信息化带动教育现代化"的号召，并确定了"校校通"工程的具体目标。海淀区教委高度重视，积极行动，制订了海淀区信息化发展规划，统一标准，分步实施，鼓励学校自主开展信息化建设。在投资引资方式上，区教委出三分之一的资金，学校出三分之二的资金。为加快发展，区教委逐年提高出资比例，并以统一招标的形式，在全区各中小学迅速配备计算机、多媒体。2000～2004 年海淀区信息化发展概况如表 2-1 所示。

表 2-1　2000～2004 年海淀区信息化发展概况

年份	工程项目	教研活动	系统应用
2000	启动"校校通"工程，完成 9 所规范校园网的建设；开始为学校配备多媒体和电子备课教室	举办第一届全区教师课件大赛，举办第一期全区网管培训班，举办第一轮全区性的教师课件制作培训	区教育行政办公网研发并试运行
2001	在全区中小学大力配备计算机、多媒体和电子备课室；北京市信息技术教育传播中心、海淀区文化娱乐活动中心建成，作为培训基地投入使用；海淀区信息中心新址启动建设，20 所学校完成规范校园网建设	教育信息中心举办第一届全区课件制作研讨会，区教委举办第一届海淀区教育信息化大会	全区中学开设信息技术课
2002	海淀电教馆正式更名为教育信息中心，新址完成建设并投入使用；校园网建设全面铺开	教育信息中心召开全区第一届网管论坛研讨会，编写出版中小学信息技术课系列教材	教育行政办公网正式运行，海淀教育网研发并试运行；全区小学开设信息技术课，高中信息技术课实行无纸化考试
2003	信息中心成为北京市教育信息网的四大骨干节点之一，完成 150 所规范校园网的建设	—	海淀教育电子邮件系统试运行；在线课堂开通，实施远程授课
2004	计算机、多媒体和电子备课教室配备进入高速发展期	教委召开全区第三届教育信息化大会，编写网管培训教材，以课件比赛的形式开展普及性的教师信息技术应用培训	海淀教育网、行政办公网、教委办公局域网、电子邮件系统全面投入运行，海淀终身教育平台开始研发建设

为保证多媒体课堂教学的质量，提升广大教师和学生教育信息化意识，海淀区教委提出"硬件建设放缓，软件投入加大，教师培训跟上，应用领域拓宽"的工作新思路，明确了下一步发展的方向。

三、实际应用阶段

随着信息化教育基础设施的不断完善、信息技术的应用全面展开，信息技术在教育教学中的优势也日益凸显出来，信息化应用的效益逐步得到提升。

为了不断提高教育信息化的应用水平,海淀区在全市率先铺设信息高速光纤，建设校园网。发挥区教育信息中心的研发优势，研发各类教育教学管理软件，建立远程教育平台，拓展教师培训新途径。比如，率先在北京市组织力量研发了初三毕业考试中的英语口语无纸化考试。初三毕业生的素质评价开始实施网络化管理，由区教育信息中心自主设计、研发的教研、培训、管理、学习和教学系统平台率先投入使用。海淀区在教育信息化应用的深度和广度上在北京市名列前茅，并在全国处于领先水平。

伴随信息技术在全区教育教学中应用层面的扩展，各种思路、各种需求全面爆发式涌出，学科教师的培训工作也在逐步跟进，要求全区每名教师平均每年参加 1.5 次信息技术应用培训；信息技术所引发的教育教学变革已触及每位教师和学生的内心深处，信息技术真正帮助人们满足了个性化的需求，实现了工作和学习方式的转变。2005～2008 年海淀区信息化发展概况如表 2-2 所示。

表 2-2　2005～2008 年海淀区信息化发展概况

年份	工程项目	教研活动	系统应用
2005	对 2000 年建设的校园网进行升级改造，完成全区校园网的建设	完成信息技术课教材的第三次修订	完成海淀区初中英语口语考试平台的研发，并投入使用，启动海淀区中小学教师远程教育平台建设，完成海淀教育网、行政办公网、电子邮箱系统的升级
2006	启动海淀教育城域网的光纤铺设工程；分别建成海淀网络中心、明光中学、知春里中学、北医附中、清河中学、农大附小、一二二中学等 7 个骨干节点	参加首届北京教育信息化展，教育教学视频直播点播系统通过北京市绩效评估	开通海淀教师研修网、海淀教育博客系统；研发并在 20 所学校进行海淀教育教学视频点播直播系统试点；扩容升级海淀区中小学教师远程教育平台到 15 个点；完成终身学习平台系统架构搭建，上传资源，测试应用；开通教委财务预算报批系统
2007			开通海淀终身学习平台和海淀教育网络计算机管理平台
2008		丰富网管教师和学科教师的应用培训内容	IC 卡试点 11 所学校，教育教学视频点播直播系统试点 20 所学校，电子互动教室试点 10 所学校；研发成功第一代海淀新概念电子教室

四、个性化建设阶段

进入 2009 年，随着自主研发互动教学平台在学校的探索应用，学校全面创新式的信息化建设拉开序幕，全区进入个性化建设和应用阶段。学校开始结合各自的发展目标、教育教学理念、工作重点，有针对性地进行独具特色的信息化建设，信息化应用全面升级，信息技术全面融入学校工作的各个环节之中。

在这一时期，区教育信息中心组织研发了海淀教育网、行政办公网、英语口语考试系统、综合素质评价系统、视频点播直播系统、电子邮件系统、教委可视平台、教委经费预算系统、教育博客网、终身学习平台、网络考试系统、教学资源共享平台、校园 IC 卡管理平台、综合资源统计平台和信息发布平台等 15 个教育教学管理应用平台，大大提高了海淀区教育系统的信息化应用水平。海淀区教育信息化建设"达标超前"，如表 2-3 所示。

表 2-3 海淀区教育信息化建设"达标超前"

名称	教育部标准（2010 年）	海淀区	
		配备	实现年份
学生用计算机	10 人一机	6 人一机	2005
专任教师计算机	1 人一机	台式机 1 人一机	2006
		笔记本 1 人一机	2008
办公用计算机	2 人一机	1 人一机	2006
校园网	1 校 1 套	1 校 1 套	2005
校园闭路电视系统	1 校 1 套	1 校 1 套	2005
多媒体教室设备	1 室 1 套	1 室 1 套	2005

首先，学校在投资取向上以需求为导向，支持学校个性化发展。从学校实际需求出发，学校信息化发展并不拘泥于固定模式，学校内部根据各个部门和各位教师的意见，提出信息化发展的基本构想，向信息化主管部门上报发展计划，申请项目支持，也可自筹经费，用于急需项目建设。这种个性化的发展以满足学校的应用需求为目的，既调动了教师参与信息化建设的积极性，也形成了各具特色的学校信息化发展模式。比如海淀区十一学校实行的"走班制"，在一定程度上取消了固定的行政班级，如果还采用人工排课的方式，将大大增加排课老师的工作量，因此学校引进了网上选课系统，以信息化手段帮助学校实现"把选择的权利交给学生"的理念；温泉二中地理位置偏僻，生源水平不佳，有些学生从小就形成了自卑的心理，学校因此树立了"多维成功"的理念，希望通过多种方式来帮助学生体验成功，增强自信；中关村二小一校多址，教职工众多，如何协同工作，如何提高校领导对学校教职工的领导效率，都成了领导面临的困难，多点视频会议系统的引进破解了这一管理难题。

其次，海淀区教育信息中心设立专项建设资金，推动学校试点工作开展。随着海淀区教育信息化的深入发展，信息化对教育的促进作用日趋显著，作为管理组织全区教育信息化工作的海淀区教育信息中心，在区财政专项资金的保障和支持下，在区教委的领导和组织下，根据学校发展需要逐年进行教育信息化试验项目的试点推广工作。试验项目由区教委主管领导、财务科、信息中心、试点校共同配合完成。其中，区教委负责试验项目的审定和试验学校的确定，区教委财务科负责试验项目经费的保障和管理，区教育信息中心负责试验项目的设计及试验的组织，试点校负责按要求完成试验项目并提供试验报告。区教委财务科根据区教育信息中心的试验项目方案与经费计划，将专项经费下拨到各试点校，试点校要按照财政有关要求使用此专项经费，完成试验项目的建设与试验。试验项目经费属于专项经费，各试点校要结合本校实际情况，严格执行专款专用的原则，严格按照项目经费使用范围制订经费使用计划，需要将试验所包括的硬件经费使用、软件经费使用、其他经费使用明细上交区教育信息中心项目管理部门备案，确保对教育信息化经费的科学监管与合理使用。

最后，海淀区基础教育信息化的特色发展需要特殊经费政策支持。在经费运作的方式上，海淀区教育系统自 2006 年起实行新的经费政策以来，学校信息化建设的积极性大大提高，据不完全统计，有近 100 所学校大力推进了别具特色的个性化建设工作。学校自己构思方案，设计配备了包括数字录播系统、数字化闭路电视系统、数字化实验室、非线性编辑系统、学生 IC 卡考勤就餐系统、电子宣传显示屏系统在内的各种新设施，全区教育信息化建设与应用工作充满勃勃生机，信息技术更全面深入地整合到教育、教学、管理的各个环节中。

应该看到，海淀区干部和教师信息化建设的自主意识比较强，学习能力也比较强，这应该归功于自主发展的决策过程。各校的办学理念不同，需求也不同，适合自己的就是特色。因此，特色不是刻意的，不是盲从的，更不是高不可攀的，学校在用信息化手段实现各种办学理念、破解各种难题的过程中自然而然就会呈现出特色化、个性化教育信息化发展的态势。

总之，回顾海淀教育信息化的发展历程，正如区教育信息中心亓效军主任所言："硬件设备是基础，网络平台是支柱，软件开发是核心，综合应用是根本。"这是海淀区教育信息化自主发展路径的基本特点。

第四节　自主发展模式研究：五种子模式

在基础教育信息化发展的过程中，由于经费投入方式不同、学校发展思路不同，形成了各种不同的发展方案。校与校之间既有相同之处，又有差异，助推了各种发展模式的产生。有的学校投入了大量的精力提高信息化教学管理的效率；有的学校投入大量资金用于平台的开发与整合研究，通过平台的应用提高教学质量；有的则重视信息化特色项目的研究与开发，积累了大量以信息化为支撑的校本资源……发展模式百花齐放，立体呈现了海淀区基础教育信息化发展的多样格局。通过具体的学校案例分析，目前海淀区基础教育信息建设的学校自主发展模式可大体归纳为以下五种。

一、整体现代化的学校信息化运作模式

"以教育信息化助推教育创新"是整体现代化的学校信息化运作模式的基本理念。这种模式有两个主要特征：一是整体性，即强调学校在信息化建设时注重全方位的、整体性的建设，试图在学校工作的方方面面发挥信息技术的效用；二是前瞻性，即强调信息化建设的超前性和创新性，探索新工具的教育应用。此类信息化模式的学校具有雄厚的经济基础和物质条件，以先进的学校发展理念为指导，自上而下地进行学校信息化建设规划，在信息化建设过程中，总是以数字化校园为标志，分阶段、分步骤实施，最后全面铺开，立体呈现。

例如，人大附中西山学校和北京市第二十中学就是这类学校运作模式的典型代表。它们以促进学生成长为办学方向，以适用各类人群为前提，将现代信息技术全面融入教学、管理、校园文化的各个环节，制定出学校信息化建设的目标：首先，促进现有教育资源的整合，增强教育公共服务能力；其次，鼓励和引导教学模式、方法、资源、工具的深入创新应用；最后，形成更加全面的、创新的人才评价和培养模式。

二、以应用为导向的学校信息化运作模式

"转换思路，以人为本，深入应用，创新实践"是该模式的基本理念。在运作过程中，其建设思路从"建设导向"转变为"应用导向"，信息化软件及项目"应用"成为信息化建设的核心要素（海淀区教育信息中心，2009）；从以硬件设备和软件平台等"物"为中心转变为以学生和教师等"人"为中心；从关注基础设施的信息化，到关注教育技术的关键性应用，坚持"学生本位，所有的技术都要为学生的学习服务"，促进以演示、讲授为主的低层次信息化教学应用向信息技术作为学习工具、认知工具、资源工具、评价工具转变，从而促进教学方式和学习方式的变革，形成了以应用为导向的信息化运作模式（图 2-2），通过跨学科、跨部门的倾力协作实现教育信息化的快速发展。以提升应用效益为根本，以实现教育信息化的可持续发展为目的（陈仕品和张剑平，2012），是当前教育信息化发展的参考依据，这一模式完全符合这一发展要求。

采用这种模式的学校具有超前的硬件基础设施，随时可以调配资金，根据需要购置硬件设备、软件系统。在应用数字化工具变革课堂教学方式、开展数字化教研、优化教学管理方面具有丰富的实践经验。学校通过建立运行机制，谋划发展策略，进行整体设计调整，细化分级目标，促进信息化环境与人的融合，从而支持不同类型学习，体现"以学生为本"的宗旨。

图 2-2 "应用为导向"的学校信息化建设运作模式

三、自下而上的学校信息化运作模式

"围绕学校办学理念进行规划，以应用为核心，统一规划软件、硬件、资源、

培训等，围绕师生需求开展应用研究"是自下而上的学校信息化运作模式的基本理念。决策与应用是学校自下而上运作的两个方面，教师根据技术设备应用的效果和应用需求来选择技术设备，只需向学校管理者提出应用的申请；学校具有完善的信息化决策机制，教师的信息意识很强，决定技术应用的权利掌握在教师手中。这种学校信息化运作模式比较注重信息技术的应用探索，信息技术融入学校教育教学的方方面面，给教育教学注入新的活力，学校各项工作所取得的成果都得益于信息技术的大力支持。

育英学校和七一学校作为典型的自下而上运作模式学校，无论是在一校多址的管理工作中，还是对学校信息化建设和应用的探索，都充分发挥了健全的学校决策机制的作用，尊重教师的意愿和选择，让教育信息化真正和教师的工作和学习发生深层次的交互作用。

四、支撑型学校信息化运作模式

支撑型学校信息化运作模式的基本理念是"遵循服务驱动的思想，以学生发展为目的，为满足学校系统各组成部分的需求提供支撑"。服务驱动是指为了满足学校教育、教学和管理的需求，有目的地使用信息技术来提供服务，并在使用过程中，使得效益最大化。支撑是为了突出信息技术在教育教学中的重要性，强调信息技术是支持学校日常良好运作必不可少的要素，在满足教育、教学和管理需求方面具有不可替代的作用。此类学校在信息化建设和运作过程中，根据学校的客观实际情况，关注需求，强调服务，走符合学校教育功能需要的信息建设道路。

温泉二中和艺师附小是支撑型学校信息化运作模式的代表，此类学校往往在建设信息化的过程中资金不充足，生源一般也不好。为避免重复建设，造成资金的浪费，学校在信息化建设和运作过程中，必须考虑学校的客观实际，关注需求，强调信息技术的支撑作用。例如，温泉二中的"多维成功"教育和艺师附小的学生信息素养教育，均符合学校客观需要的信息化功能开发和应用。

五、满足基础、突出特色的学校信息化运作模式

满足基础、突出特色的学校信息化运作模式的基本理念是"基于实际、分步建设、满足基础、凸显特色"。具体而言，是指学校在信息化建设和发展过程中，

首先，从学校的实际情况出发，明确学校信息化的建设方向，设计和规划发展方案；其次，从经费角度和实际需求角度考虑，借助海淀区教育信息化领先发展的优势，依据发展方案分步实施，确保学校信息化基础设施和信息化平台的成功建设；最后，在环境建设的基础上结合学校特色，以发展特色信息化项目为重点，不断寻找适合自己的自主成功之路，针对具体的项目深入挖掘和探索，凸显信息化建设重点，同时健全信息化管理与运行机制，提升学校核心竞争力。

一〇五中学和北京教育学院附属海淀实验小学作为满足基础、突出特色的信息化运作模式学校，由于信息化建设经费有限，信息技术设施处于基础阶段，但对技术应用的探索毫不逊色。学校集中精力发展特色项目，提高师生信息化能力，提升自动化水平，实现信息化管理。

海淀区基础教育信息化发展的总体模式是在学校自主设计、自主建设、自主开发应用和自主经费的基础上，通过区域层面的统筹规划、经费支持、专家引领、示范指导，保证自主建设的序列化、特色化、方向性，以及公平和效率，促进海淀区教育信息化的整体协同创新发展。海淀区基础教育信息化在相继经历了探索起步、基础建设和实际应用的不同阶段之后，而今步入个性化建设的时代，在此期间形成了整体现代化的学校信息化发展等五种模式（图 2-3），每种模式的提出都有不同类型学校作为发展的原型，这种模式的提炼总结并非是预设的，也非一成不变的，它会随着新的应用问题的出现，改变发展的思路，形成新的发展模式。

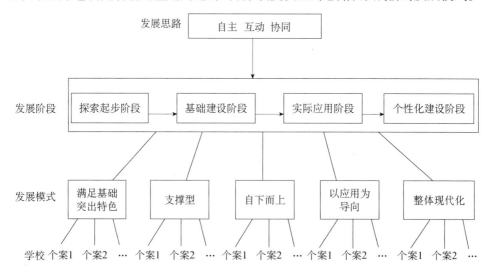

图 2-3 海淀区基础教育信息化整体发展模式图

第五节 自主发展模式应用成效分析

信息化在海淀基础教育领域得到了广泛应用。无论是在教育教学管理、教学模式变革，还是在教师专业发展、各类教育资源整合应用等方面，教育信息化都提供了强有力的技术保障，初步形成了海淀区全方位的信息化应用模式，有力促进了区域教育现代化水平的提升。

一、实现了高效便捷的教育信息化管理

当今社会正向知识经济社会迈进，出现了社会发展的信息化、知识化、网络化、个性化和可持续化等多种特征，教育管理也必须在观念、体制、方法方式上改变滞后和不相适应的地方，主动适应信息化管理的要求。

在信息化管理中，管理人员利用先进的信息技术，不断使人的管理活动物化于人以外的各种设备中，并由这些设备与管理人员构成服务于某种目标的"人-机"信息处理系统平台，实现了"可视"管理，达到提高工作质量、工作效率的目的。在区域层面，海淀区教育信息中心借助网络开通了 20 多个平台，从行政办公到区校联络和学籍档案管理，学校日常工作运转真正实现了信息传送无纸化、网络管理有序化，大大提高了行政管理的科学性和有效性。区教委及直属机关的所有通知都通过行政办公网发送，每个学校都有一个账户，每校都有专人登录行政办公网查看相关通知。信息技术所具备的交互、及时、便捷的优势，有利于管理者及时准确地了解校内外情况，进行有效决策。

学校信息化管理将信息通信技术整合应用到学校的管理过程中，在一定程度上实现了学校管理的数字化和网络化，提高了学校管理的质量和效率，形成适应信息化社会要求的学校管理模式。例如，海淀区在学校日常管理中应用多点视频会议系统，解决了一校多址的管理难题；应用 OA 系统提高了日常审批事务的效率；利用校园"一卡通"保证了校园管理安全高效；应用手机和上网本等小型移动终

端，实现泛在管理；应用 CMIS 实现了学生学籍的电子化管理。同时，借助网络的多主体、跨时空和低成本、高效益等特点丰富和拓展传统教研管理，发挥信息技术灵活多样和生动形象的优势，补充完善班级管理制度，促进学校管理的科学化和现代化。

二、创设教师专业发展的条件

教师是一项专门化的职业，需要经过长期的专业培训。教师职业素养的形成是一个不断积累的过程，这就要求教师通过不断的学习与实践来提高专业水平。信息技术为教师专业发展创设了更加便利的条件，为实现教师专业化发展开辟了一条新的有效途径。在网络条件下，教师的专业学习与教学实践、个体学习与教师间的群体性合作学习融为一体。教师教研反思平台和学习共同体的构建，突破了教研、学习的时空限制，使教师间形成随机的、广域的协作学习团体，同行、专家之间都可以进行实时与非实时的交流与合作。

（一）搭建教师反思平台

在"教师成为反思性实践者"的教学改革中，"教师反思"研究越来越受到重视。经验只能使教师原地重复，而教学反思能够引领教师获得理论提升，促进职业持续发展。借助网络反思平台，既能发挥引领、反馈的作用，也可达到自我监督、调节的目的，实现教师的自主专业发展。在学校内部各校通过搭建数字平台，丰富教研资料，开通数字化教研网络，让教师实现优秀教学资源共享、交流。借助网络平台，教师可以学习优秀的课例，也可通过观看自己的课堂录像，撰写反思报告，或与同伴交流，相互反馈，共同提高。其实学校为教师搭建的反思学习平台就是一个小型的研究团队，成员通过共同开展研究活动、信息分享，加之真实任务的驱动，领悟复杂性的学习内容，实现深层次的学习。"海淀区课题管理系统"既是科研管理的系统，也是支持教师网上科研的有效途径。系统流程化的管理模式加强了课题管理的规范性，为提升区域教师科研质量、形成规范性研究模式起到了引领作用。

（二）构建教师学习共同体

学习结果是从社会活动中发展起来的，是人与人之间的一种交往活动。此外，实践性知识的获得机制，以及认知分布原理都证实，学习需要处于一种真实的文化情境中。网络技术手段的应用扩展了教师学习时空的概念，使得学习共同体参与人员的范围更广，资源更广泛、学习机会更多、观点更丰富，最大限度地支持了构成学习共同体的条件，促进了学习共同体中学习的有效性，保证了学习共同体中学习的深度和广度。基于网络学习共同体的教师发展模式超越了传统的传递学习模式，包含了对教学实践问题的体验，创生了实践性知识，增强了教师终身学习的使命感。为提升海淀区全区教师教育培训的现代化水平，区信息中心整合现代远程教育的多种先进技术，于2005年启动"海淀终身学习平台"工程，将信息技术与教师教育有机结合，形成一个具有自身特色的远程教育平台，在远程会议、远程教学、远程培训上发挥了巨大的作用。

为了提高全区教师的信息化应用水平，区教育信息中心每年都要组织各种主题内容的教育信息化培训，先后组织开展了"教师实用课件制作、多媒体素材采集编辑、学校网管员中高级管理应用、CMIS软件相关应用、多种软件平台的使用和信息化教学新理念"的主题培训，有效地提高了全区教师应用信息化技术辅助教育的能力和水平。

三、实现学习方式的变革

学习方式的核心，是学生的思维方式、情感升华的方式及价值观念的建构方式。要实现思维品质优化、情感升华、价值观建构等深层次目标，必须实现学习方式的整合与优化。海淀区将信息技术引入课堂以后，教学发生了令人欣喜的变化，自主、合作、探究等学习理念及其价值真正得到了体现。信息技术在教学中的有效应用激发了学生的学习兴趣，吸引了学生的注意力，训练了学生的思维，促进了学生良好学习习惯的养成，挖掘了学生发展的潜能，为学生的终身学习奠定了坚实的基础，同时也让我们真正感受到，教室不再是唯一的学习场所。

第一，技术的引入，增加了课堂教学的互动环节。教育必须着眼于学生潜能的唤醒、开掘与提升，促进学生的自主发展，必须着眼于学生的全面成长，促进学生认知、情感、态度与技能等方面的和谐发展。课堂教学中的互动环节，充分发挥了师生双方的主观能动性，形成师生之间相互讨论、相互交流和相互促进的一种课堂环境，有利于师生在教学活动中信息交流、情感交融及观念的沟通。例如，海淀区中小学应用互动反馈教学系统辅助课堂练习、构建互动教室开展课堂教学等，不但能帮助教师设置情境、呈现知识，而且还能成为学生的自主学习工具、交流讨论工具、表达工具、知识建构工具等，不只是学生训练的巩固器，最重要的是作为学习工具和认知工具，促进了学生对知识的深化理解与内化。

第二，凭借技术实现网络化自主学习。自主学习就是要发挥学生学习的主体作用，挖掘学生自主学习的潜能，从而提高教育教学效果。例如，海淀区中小学应用的学生成长在线答疑系统、空中教室支持的网络点播和网上授课系统，使学生的学习不再拘泥于课本，不再限定于教室，通过网络学习了解、阅读了更多的资源，增大了课堂的阅读量，而且突破了时间的限制，使学生不仅学习了知识，也体验了获取知识的过程，在参与和体验的过程中，对知识形成深刻认识，引发高层次的思维体验。

第三，借助网络平台实施跨校学习，增强校际的交流和合作，实现深度学习。分布式认知理论认为，学习者个体内部的知识与策略是在与他人的协同活动中实施的，是由吸取他人的观点而形成的，学习者在利用知识解决问题的过程中产生了学习活动。扩展式学习理论同样认为，学习活动是通过学习者周边的实践组织和交流的共同活动而产生的，它既不是个人内在的特性，也不是外在环境的影响，而是二者在实践中的结合。从理论来看，"垂直维度"的学习固然重要，但"水平维度"的学习更容易实现深度学习，更能充分发挥学习者的能动性，实现自主学习、合作学习和探究学习等。而跨校学习、网络化学习正是整合资源、转变方式、培养个性化人才的一条重要途径。2000 年，人大附中的学生在学校实验楼远程教学教室里与美国纽约州立大学堪顿分校进行了远程教学，启动了第一期远程教学计划。2012 年，人大附中、清华附中、北大附中、首师大附中四所学校实行跨校网络选修课程。学生通过网络平台选修课程，教师通过网络平台进行校际教师研修、备课；四所学校通过平台实现资源共建共享，每所学校都提供了特色校本选修课程的网上资源，建设了学分共享制度及评价系统，建立了校际选修课程学分确认的流程、评审机制。中关村中学开设的虚拟课堂使学生走出学校，在虚拟课堂中与在线注册的不同学校学生共同就某个专题项目进行合作、探究式学习。这种跨校学习的机会，不仅做到了优质资源共享，让学生对知识的理解从广度和深度层面都有增加，而且提供给学生自主学习的机会、交流讨论的机会、分析问题的机会、展示自我的机会、独立思考的机会、动手的机会、运用信息技术的机会，这些能力和素质的训练是在传统课堂上很难实现的。

四、建设资源，实现共享

数字资源便于传输与交流、存储的特点，使得人们对这类资源有了单纯量的追求。其实真正的优质数字资源不是人云亦云，而是以满足需求为基点，为解决实际问题而制作的特色化资源、个性化资源，这就需要建设方对资源的建设与应用有一个具体的规划和设计，而不是进行盲目的低水平重复建设。资源共享也是有条件的，不同资源共享的基础不同，即使相同的资源为达到不同目的而达成的共享意愿也不尽相同。海淀区在这方面有比较丰富的经验，也取得了比较令人满意的效果。

（一）区校互动、校际合作，共同提升资源建设质量

在信息资源共建的开发过程中，人们首先面临的是信息采集问题，其中最大的问题就是要获得大量资源的许可权，伴随学校教育对优质数字资源需求量的不断增加，学校在资源建设方面也发挥了积极主动的作用。从实际需求出发，在教育信息中心的指导下，通过区校互动、跨校合作，建设高质量的、具有区域特色的信息资源。例如，海淀区教育资源库和资源管理平台的系统应用，以及软件开发基地校的设立，为满足全区中小学数字化资源需求提供了动态保障。

（二）构建数字化校园环境，实现优质资源区校共享

已有的网络资源共建共享的经验告诉我们，为了做项目、为了树口碑，人们往往只重视资源的自我开发，而忽视了应用，或者只应用校内资源，忽视与其他资源的共建共享。数字校园环境的升级换代为区域内信息资源共享共用提供了保障，如信息中心制作的特级教师课堂实录、精品课程录像，都在全区各级各类学校得到广泛应用。同时，学校也根据自身的数字校园环境特点，在加强资源建设

的同时，注重共享和应用。例如，中关村中学通过 VOD 视频点播系统提供丰富的视频文化节目、温泉二中的学生作品和微课程展示、北京教育学院附属海淀实验小学的教师教学视频录播与回放等，借助校园网络平台，突破时间空间的限制，实现师生有效共享。

（三）依托国家网络平台，实现优质基础教育资源共享

基础教育信息化是提高国民信息素养的基石，是教育信息化的重中之重。其中一项重要的任务就是以建设、应用和共享优质数字教育资源为手段，促进每一所学校享有优质数字教育资源，提高教育教学质量。这也是中国未来 10 年教育信息化发展规划要完成的任务。在海淀区，人大附中、北大附中、十一学校等学校依托国家和地方已建各种形式的网络教育基础设施，建设兼具共性服务和个性服务功能的国内优质基础教育资源远程教育共享平台，开发满足不同地区、不同层次、不同人群需求的数字化基础教育课件，利用中小学远程教育网等现有设施，多渠道地提供互动式课堂教学和个性化课外辅导服务。这种将优质资源与其他学校分享的活动，形成了优质资源的辐射作用，缓解了当前优质教育资源分配不均的矛盾。

第六节　自主发展模式应用效果总结

基础教育信息化国际发展的总体趋势突出表现为：越来越强调网络，越来越强调交流和资源共享，越来越强调方便实用，越来越突出个性化需求和特色建设，越来越注重实际效果和能力培养。从整个国际信息化发展的趋势来看，教育信息化建设相继要走过探索起步阶段、基础建设阶段、实际应用阶段和个性化建设阶段，而个性化建设是人类教育信息化发展的必然阶段。海淀区基础教育信息化发展所倡导的自主设计、自主建设、自主开发应用和自主使用经费是个性化的教育信息化建设的根本保障，因此，海淀区在基础教育信息化方面已走在了国际前

列，代表了中国教育信息化未来 5～10 年的发展方向。通过对海淀区教育信息中心和近 30 所中小学的实地调研和现场研讨，课题研究历时一年多，得出以下主要结论。

一、探索学校信息化建设的个性化发展道路

《教育信息化十年发展规划（2011—2020 年）》特别强调要根据各级各类教育的特点和不同地区经济社会发展水平，统筹做好教育信息化的整体规划和顶层设计，明确发展重点、进行分类指导，鼓励形成特色。海淀区的学校信息化发展具有多样性和不平衡性，很难对一个地区所有的学校用一个统一标准限定它们的发展模式。区域层面的规划指导需要对各个学校未来发展应达标的水平和应用特征有一个定性的描述，而不是对发展指标简单做一些量化要求，鼓励学校为实现各自的目标进行个性化的设计，学校要根据自己面临的问题，提出发展的主攻方向，列出重点建设项目。

海淀区教育信息化的个性化发展离不开区政府领导、区教委领导的大力支持，具体表现在对海淀区基础教育信息化建设的经费投入上。信息化经费在教育经费中单列是海淀区的独创，在全国也可以算是先例。学校信息化经费来源分为信息化教育生均经费和专项建设经费。信息化教育生均经费每年按学生人数下拨，主要用于扶持学校信息化建设，包括设备维护和日常信息化教学开支。除了这部分费用，还有一笔专项建设经费，主要用于学校信息化水平的提升，当学校在信息化建设过程中的人均经费不足时，可申请专项经费。随着经济的发展，海淀区的教育投入总额还在递增，信息化经费的比例也在逐年提高，这为支持学校个性化发展提供了充足的经费保障。

二、充分发挥了学校在信息化建设方面的主体作用

学校信息化建设与学校信息化领导力密不可分。学校信息化领导力包括信息时代的学校领导力和学校信息化建设的执行力两个方面。信息时代的学校领导力表现为学校领导团队在信息时代应具有的价值和理念，影响并引领学校实现办学目标的能力。学校信息化建设的执行力包括执行学校信息化规划、软硬

件装备、课程与教学改革、教师专业发展、相关制度建设的能力。从当前实际发展来看，当前学校信息化建设，非常强调校长在学校信息化建设过程中的作用。国内外学者对信息化时代学校领导力的研究主要集中在校长的信息化领导力方面。无疑，校长作为学校的"一把手"和"信息化领导者"对信息化建设具有举足轻重的作用。

三、合理把握区域两级的资源建设和资源共享

海淀区曾经推行过区内资源共享的机制，要求各学校把资源贡献出来，实现共建共享、均衡发展，但是由于海淀区学校间差距较大、个性化特征鲜明，完全实现区域层面的资源共享有一定的困难。而随着数字校园工程的推进，校内资源共享却变成了现实，这也让我们触及了资源共享的内涵。资源共享就是基于网络的资源分享，是网络成员自愿将其拥有的一些资料通过一些平台共享给大家。无线网的全面覆盖是实现数字校园的基础，因为支持泛在学习的无线终端设备需要随时随地接入，使资源的便捷获取成为现实，也为实现资源共享创造了有利条件。在鼓励学校进行数字资源建设的同时，区教育信息中心也整合力量，建设了大量的数字资源供学校分享。2006 年海淀区对海淀区教育资源库和资源管理平台进行系统开发和应用，为全区各学科教师进行课程整合及为学生进行研究性学习提供有力的支持。同时，还建立了 100 多所软件开发基地校，为资源库建设提供动态保障。

在学校内部共享的基础上，海淀区也有一部分学校，义务性地把自己建设的资源上传，实现更大范围的共享。2008 年 6 月，人大附中召开基础教育资源开发与服务讨论会，成立"国家基础教育资源共建共享联盟"，其宗旨是将人大附中和其他名优学校的优质教育资源与社会分享，促进教育公平。

四、实现了区域内的"上下联动、协调发展"

学校信息化建设需要顶层设计。如何科学进行教育信息化建设的顶层设计，是个专业性很强的问题，既是一个思想认识问题，涉及办学目标、教育理念和发展方向的思想认同，又是一个技术应用问题，涉及信息化应用范围、深度广度和

方式方法等技术手段保障方面。因此，学校信息化建设顶层设计需要教育专家、行政管理者、学校干部、广大教师和技术人员等共同参与、共同协商、充分论证，共同完成富有学校特色的信息化建设顶层设计。

海淀区经过"十五""十一五"的发展建设，全区教育信息化组织管理形成了职责明确的三级结构。第一级是区教委，作为决策层，为全区教育信息化工作明确方向、统筹领导。第二级是区教育信息中心，作为信息化工作的规划者和组织者，为全区设计科学合理的信息化整体发展方案，构建区域教育信息化的整体发展框架，负责管理区级教育信息化的正常建设和运行，并为所有学校的信息化发展提供思想理念和技术指导服务。第三级是中小学，作为直接的信息技术应用和建设者，构建和运行与本校教师教学、学生学习相适应的良好的信息化环境与设施。学校在数字校园建设过程中，成立了各自学校信息化建设小组，小组由主管副校长，信息或电教中心、教务处、德育处、教学部门相关负责人组成。教务处、德育处、教学部门作为业务部门提供需求，信息或电教中心作为技术部门提供设计论证方案，大家集体协商，最后由校务会协商讨论决策并付诸实施。

学校根据实际情况自主规划、自主设计，然后制订建设方案，自下而上报送上级主管部门（区教育信息中心），由上级主管部门论证审核后，上报区教委财务科，由区教委财务科组织专家评审后报送区教工委教委会审议，审议通过后方可向区财政局提交经费使用申请报告，由区财政局批复后，统一下拨各学校信息化建设专项经费。海淀区自2006年实施新的经费管理政策后，学校按照区财政的有关财务管理政策规定，充分发挥建设的自主性，实施更加符合个性需求的建设。区教育信息中心的工作重点也发生了转移，由原先全面组织学校信息化统一建设转向全面实施监督、管理、指导和服务。

总之，早在2005年，海淀区教育信息化发展水平就超过了全国发展水平，与国内各教育系统相比，无论从点上还是面上都处于领先地位。2006年后，由于采用自主发展的思路，学校信息化建设更是呈现出多样化的发展态势。多年以来，区教委一直高度关注信息技术的最新发展，确保区域教育信息建设的高端探索、高位发展。正如区教育信息中心亓效军主任所概括："达标超前、应用广泛、各有特色和高位运行。"这是海淀区教育信息化发展的基本特点。

第七节 自主发展模式应用效果反思

中小学信息化建设自主发展模式，虽然已经满足了不少学校的特色化发展要求，但目前还仍然处于探索阶段，特别是教育优质均衡发展过程中，的确还存在一些问题，面对不断深化的区域教育财政管理制度变革，学校信息化建设的自主发展模式也面临许多新的挑战。

一、经费预算和审批程序过于复杂，制约了学校信息化自主建设的步伐

为确保财政教育经费使用的安全性，加强财政经费监督管理，建立教育信息化建设资金投入年度统计报告制度，建立学校信息化项目申报审批制度，是经费管理所必需的。但是由于资金的审批周期过长，下拨速度过慢，在一定程度上严重制约了学校信息化建设的步伐。例如，由于设备的更新速度太快，按照当年的需求上报的申请材料，一般在半年后才能得到批复，而半年后的实际应用条件又发生了很大的变化，不单是价格发生了变化，可能某些设备已经过时，然而经费的支出又必须按照原始的申报清单购置，这就给实际工作带来了很大的不便。如何做到既能规范经费的预算计划、简化审批制度，又能保证学校自主运行的权限和空间是信息化发展过程中面临的新问题。经费下拨不及时大大制约了区校两级的协调发展。学校信息化自主发展模式需要区域财务管理部门充分"相信学校""相信校长""相信每一个工作人员"，假如"三不信"，那必然设置障碍，延长经费使用审批周期，在一定程度上会影响学校信息化建设的自主发展。因此，区教育信息化经费拨付需要统筹兼顾，充分考虑各个学校的不同特点和信息技术发展的现实需求，为区域教育信息化整体发展提供强有力的财政经费支持，否则学校信息化建设道路将会困难重重。

二、学校信息技术人员缺乏，信息技术专职教师队伍不稳定

信息技术专职教师是学校信息化建设过程中的生力军。待遇不高、没有专门编制等问题导致这部分人力资源流动性过大。其实，学校的信息技术教师在信息技术知识更新换代如此迅速的情况下，不断自学补充营养就已经有很大的压力，加之还要上课、维护设备、做其他琐碎的事，致使很多教师不愿从事这项工作，已有的信息技术人才流失严重。当前，急需稳定信息技术专职教师队伍，从而保证学校信息化工作的正常运转。《教育信息化十年发展规划（2011—2020 年）》中针对信息技术教师队伍建设也明确指出，应将教育技术能力纳入教师资格认证与考核体系，完善教育信息化相关部门的技术人员的编制管理与职称（职务）评聘办法。对于专业技术人才队伍建设来说，在政策层面已经有了强有力的保证，相关部门需要在实践工作中克服困难，将政策落实到位。

三、信息技术更新速度不断加快，现有人员培训模式不能满足发展需要

信息技术作用发挥的大小与信息技术使用人员的能力和水平直接相关。海淀区教育信息中心从 2008 年开始组织的"十一五"教师信息技术培训工作，截至 2010 年年底，已全面完成全区 16 000 名教师的"十一五"信息技术继续教育培训任务。随着技术的不断更新换代，教师的技术素养也需要不断提升，教师培训工作又如期而至。例如，2000～2010 年，第一代"投影机+实物展示台+计算机"的多媒体教室已经从功能上落后于发展中的信息化教学的新要求，"十二五"期间正在逐步升级改造，当前的多媒体教室需升级改造成主要由"互动白板+电子教材+录播系统+电子课桌"组成的新一代互动教室。当前迫切需要探索全区中小学新的课堂教学模式，这就需要开展第三代互动教室培训，但目前教师培训模式显然不能满足需要。教育教学实践中迫切需要教师掌握新技术，但由于教师数量大，每一轮的培训都需要较长的时间。尽管在培训方式上采取了网络与现场学习、专题与系统培训相结合的方式，但由于技术处在不停的发展变化之中，对教

师的培训依然是一项艰巨而又持久的任务。

四、信息化设备维护成本过高，学校资金投入难以满足需求

区域教育信息化建设不可能一蹴而就，更不可能一劳永逸，而是需要持续推进的，信息技术设备的日常维护和设备的购置添新同等重要。比如，我们在调研过程中发现，海淀区原计划 2012 年的教育信息化经费投资分两次到位，但是，2012 年的经费投入截至 11 月 16 日并未全部到位，影响了学校信息化建设的升级改造和设备维护。

《教育信息化十年发展规划（2011—2020 年）》中明确提出要将教育信息化列为政府教育督导内容，落实经费投入。在规划制订过程中，曾经提出教育信息化经费达到教育投入经费的 8%，后因争议，这个数字并没有出现在正式规划文本中，但作为一个非正式的参考指标也给我们不少启示，信息化建设需要大量教育经费的支持。从设备投入到人员培训、从简单应用到系统规划、从重点试验到全面提升，教育信息化经费投入的合理规划和使用是这项事业成功的关键。

五、由于经费投入方面的问题，优先发展与兼顾公平之间的矛盾加剧

海淀区名校、大校和一般学校的信息化水平有所不同，这种校与校之间的差距不单纯是软硬件之间的差距，更多的是应用方式和人的观念的不同。突出个性与公平发展似乎成为难以调和的矛盾。当大校、名校应用信息技术进行国际交流时，一些山村小学的信息化建设才刚刚起步。按生均投入的学校信息化建设经费，显然难以满足部分小规模学校的建设需求。教育信息化程度低的学校，维护成本相对较低，而信息化程度较高的学校，维护成本就要高很多。一些名校和大校由于有着先进的教育教学理念和超前的信息化应用规划，对经费的要求也要多一些，这就与教育信息化发展所倡导的教育公平之间形成了一对矛盾，随着经费支持力度的加大，这种矛盾也在加剧。

第八节　自主发展模式问题、对策与建议

教育信息化建设是一个持续推进的历史过程，伴随应用程度的加深，新的困难还会出现。针对现有的问题，我们结合已有经验，提出以下几点发展建议，以供商榷。

一、基础建设与超前应用相结合

到 2020 年，我国将基本实现教育现代化。在实现教育现代化的进程中，我们面临多方面的挑战：一是对人才培养水平的强烈要求，特别是对创新人才培养的强烈要求；二是对优质教育资源的强烈需求，特别是以促进公平和提高质量为重点的内涵式发展对共享优质教育资源的强烈需求。应对这样一些挑战，教育信息化必将扮演重要角色。在这样的大环境下，教育信息化势在必行，基础教育对信息化也有广泛的期待。教育信息化也相应地支持着基础教育的改革和发展。基础教育信息化在注重基础建设的同时，必须要有超前应用的心理准备。技术发展的速度之快让人瞠目结舌，适度超前是必然的，坐等技术的成熟推广与应用只能导致被动与落后，被人牵着鼻子走。技术发展到一定程度，对于学校来说，不能不关注它，不能不及时将其引入教学，目的是通过这种尝试探索帮助学生更早地感知新技术，了解社会发展。

二、规划指导与个性发展相结合

信息化教学资源的投资本身是为了帮助教师获得更多可用的教学资源。尽管很多资金投入到了资源库建设中，而资源的评价以专家评价为主，这种资源却并不被教师认可。为了促进教师获得优质的教育资源，应该把资源评价的权利交给

教师，把政府的资金转移给教师，由教师来支付资源的使用费用。各级教育管理部门由资源建设方转变为提供资源的服务方。最便捷、最省钱、最有效的方法就是充分调动校长的主观能动性。由专家组提出建议，学校根据自己的特色决定应该怎么做。只有调动学校的积极性，才能花最少的钱办最多的事。就像区教育信息中心负责人亓效军主任所说："统一采购、统一购买，根本就不适合个性化的发展需求。"一批计算机、服务器可以统一采购，但是涉及某一个教室、某一个学校特殊的需求时，就不适合统一采购。国内教育信息化专家提倡区域教育信息资源建设和应用的过程中要体现"化大为小、自治适用"的原则。资源的最终使用者是教师和学生，适合他们的资源才是最好的资源。由于教学工作的复杂性和教师需求的多样性、个性化特点，无论是互联网上浩瀚无比的资源还是区域内提供的各级资源，都偏向于"通用性"资源，仍需经过本土化和个性化处理才能使用。

区教育信息中心作为海淀教育系统内专职从事教育信息化管理、指导与服务的职能部门，在区域教育信息化建设的整体规划中，必须在硬件建设的同时兼顾软件建设，在软件建设的同时还需考虑各级建设、培训、应用同步推进的问题。简单地说，就是设备、资源、人员、技术、制度保障齐头并进。为满足学校的"个性化"需求，不能只遵循一个通用的标准，应该引导学校实施自主建设，鼓励学校特色化发展。

三、政府资助与自我筹措相结合

当前，政府鼓励企业和社会力量参与教育信息化建设与服务，探索出一条多方"共赢"的发展之路。专家指出，以前是政府主导，现在是政府引导，多方参与，共建共享，未来几年的教育信息化发展机制将是公益化和市场化相结合。现在缺乏的不是政府主导机制，而是市场机制，即目前大部分学校作为使用者无权决定买什么，下一步需要把这种购买权和购买力同时交给学校一方。教育信息化的发展，带动了教育信息产业的迅速崛起，市场空间巨大，前景可观。在激烈的市场竞争中，众多企业已经开始通过赞助等手段来树立品牌与口碑，以赢得在教育信息化领域更长远的发展。因此，近年来不断出现由企业等社会力量出资赞助的项目，通过项目实施实现了企业与教育事业的双赢。

教育信息化的进程既需要大量教育经费投入，也需要不断向外呈现出投资机遇，与社会其他行业、企业、组织密切合作。在政府投入不足的情况下，不能只等政府投入，还要发挥自我能动性，想方设法筹措资金，以保证学校的信息化建设能满足不断发展的教学需求。海淀区教委明确指出，为确保充足的教育信息化建设经费，每年对教育信息化经费的投入占教育经费总投入的 10%左右，信息化经费的使用需确保教育信息化的基础设施、重点项目及教育信息化的日常运行维护。各级教育行政管理部门是教育信息化推进的责任主体，是事业发展的核心驱动力量，是相关政策的制定者，是经费投入与保障的主渠道。教育信息化是一项复杂的系统工程，需要组织协调各级政府相关部门、各级各类学校、企事业单位、社会团体等各方力量。因此，不断加大信息化经费投入，争取逐步占到整个教育经费的 20%，成为区域教育信息化发展的趋势。当然，为了使得教育信息化经费的使用更加科学，就必须让学校有更多的自主权。

四、技术人才引进与应用人才培养相结合

从国外教育信息化的投资比例来看，人才培养的投资比例占信息化投资总量的 30%，而目前国内的做法是用于人才培养的资金仅占总投资额的 5%。显然，我国教育信息化建设的投资偏向于基础设施和软件、资源，人才培养相对比较滞后。专家建议，要想真正推动教育信息化应用，应该转变信息化投资和建设的思维方式，加强信息化人才队伍建设，这是信息化成功应用的前提和保证。信息化人才是随着信息技术与信息产业发展而形成的一类特殊的人才群体，主要包括技术建设和技术应用两类人才。信息技术建设人才是偏重于信息设备组建、维护和管理的专门人才，而信息技术应用人才则偏重于信息设备功能探索、应用及服务的应用型人才。由于信息技术专职教师的待遇问题悬而未决，信息技术教师流失现象严重，面对这种情况，学校一方面需要不断引进新的信息技术建设人才，另一方面也需要在人才待遇方面有所改善，如评级、升职时要对信息技术专职教师有所考虑，确保"区、校"两级信息化建设与服务保障体系高效运行。学科教师作为信息技术应用的主体，要不断探索应用技术的方法，提高应用效果。在区域层面，教育信息中心要为教师的应用创新提供条件，保障信息技术设备应用畅通无阻，同时，也要加强信息技术应用人才的培训工作，提高教师的信息素养和运用技术的能力，引导教师掌握信息技术应用的实践操作技能，充分发挥技术设备的效能，加快学科教学与信息技术融合的速度。

在加强信息技术人才引进和应用培训的同时,聘请区内信息技术骨干教师组成教育信息化应用工作小组,以服务于教育教学为目标,积极开展信息技术在教育教学与教育管理中的应用研究,总结梳理成功实践经验,面向全区推广。聘请教育技术专家团队,对全区教育信息化相关问题进行深入研究,使海淀区教育信息化建设的决策做到更加科学、准确、高效。

五、数字校园建设与学习方式变革相结合

在未来几年中,数字校园建设将更为普遍。教育信息化是衡量教育现代化水平的一个重要标志,数字校园是教育信息化的具体体现。数字化校园建设要实现的目标是:学校管理更加科学、全面、便捷、高效;教学方式更加灵活,课程资源更加丰富;教学内容更加广泛,课堂效果更加明显;校园环境更加安全有序,校园文化更加丰富多彩;学生学习方法更加轻松,视野更加开阔;知识面更加宽泛,学习兴趣更加浓厚等。

这就需要区域内不断加强网络资源建设,为师生和市民提供方便、快捷、丰富的应用资源。学校则要不断加强教师培训,提高师生应用信息技术的技能和素养。学校还需要不断提高硬件设施水平,创设良好的信息技术应用平台,大力开发多媒体环境下的各种软件平台,满足现代化教育教学和管理的应用需求。

在开展数字化校园建设同时,还需要高度关注网络环境下的学习方式变革。一般而言,随着教育信息化发展,可触摸的显示设备、电子化课程、在线互动学习、电子课桌、移动授课、虚拟(3D)教学场景和学习环境监测等,都可能走进我们的视野,引发教学方式和学习方式的彻底变革,这应该成为数字校园建设的主流工作。

从海淀区情况来看,未来几年,中小学课堂教学互动平台从试验阶段进入到应用阶段,利用云技术建设的海淀区教育资源管理平台也将投入使用。正如区教育信息中心亓效军主任所言:"硬件建设不能停,网络通道要拓宽,软件平台要丰富,应用研发是根本,数字校园见成效,学习方式是关键。"

总之,通过对前期工作的总结梳理,我们深刻认识到校长领导力的重要性,也意识到基础项目维护和人才培养的紧迫性。区域推进不仅要有硬件系统的支撑,更需要软件的广泛应用;信息化的有效应用不仅需要技术支撑,还要求教育行政管理者和终端使用者具备较高的思想认识和应用水平。信息化建设工作不仅是

"一把手"工程，更是系统工程，仅仅依靠教育信息化管理部门很难开展有效的信息化应用，还需要教育行政部门的推动和资金、政策的大力支持。这就要求教育信息化管理部门与相关的教育行政管理部门保持密切的联系，教育信息化管理部门要将信息化新技术、新动向告之教育行政部门，教育行政部门也要将信息化管理需求告诉教育信息化管理部门，在相互交流、融合的过程中达成共识。只有这样，新的教育信息化应用高潮才会应运而生！

第三章

整体现代化的学校信息化运作模式

　　整体现代化的学校信息化运作模式的基本理念是"以教育信息化推动教育创新"。其核心特征是：无线网络全覆盖，实现"无线学习，学习无限"；应用先进技术改变课堂教学方式；实行信息化统一管理，提高管理效率。其运作模式是：制定以人为本、个性发展的信息化建设目标；进行学校信息化建设顶层设计与规划；设立学校信息化核心支持机构；校企合作，加速信息化建设步伐。

第一节　模式介绍与分析

一、基本理念

　　"以教育信息化推动教育创新"是整体现代化的学校信息化运作模式的基本理念。这种模式有两层含义：一是整体性，即强调学校在信息化建设时注重全方位的、整体的建设，试图在学校工作的各方面充分发挥信息技术的作用；二是超前性，即强调信息化建设的先进性，探索新工具的教育应用。建设此类信息化模式的学校是以先进的学校发展理念为指导，自上而下地进行学校的信息化建设规划，从而形成全面铺开的信息化运作机制。

　　可见，这类学校具有雄厚的经济基础和物质条件，在信息化建设过程中，总是以数字化校园为标志。

二、核心特征

（一）无线网络全覆盖，实现"无线学习，学习无限"

现代社会对学生思维发展水平提出了很高的要求，单一的学习方式会束缚学生的思维发展，不利于形成创造性思维。因此，需要借助信息技术手段改变这种状况，创建新型的学习环境，丰富学习方式。运用无线宽带技术（如环境感知与识别定位技术）可以创造便捷的学习环境，方便学习者通过任何设备（如手持移动装置）在任何时间、任何地点，以同步或异步的方式，进行个性化、情境化、交互性的学习活动，使自主学习、探究学习和合作学习更为灵活高效。同时，无线网络全覆盖改变了课堂教学和课外活动的关系，拓宽了第二课堂的概念，使普通教室也成为新型的移动多媒体教室，所有场所都可以作为学习的场所，真正实现"无线学习，学习无限"。

例如，人大附中西山学校在信息化建设开展之初，首先规划以无线网络为特色的网络框架。WiFi 作为目前无线接入的主流标准，在无线网络建设中，采用独立无线网络的架构，保证无线网的稳定运行。北京市二十中学建立的无边界校园，包括教学地域无边界（学校、家、在外）、接入终端无边界（手持 PAD、手机）、学习内容无边界（可自主创建）、功能接入无边界（开放的学校平台）、优质资源无边界（资源共享），保障了个性化学习、移动学习的有效进行。

（二）应用先进技术改变课堂教学方式

各种先进技术和多样化的学习智能终端为课堂的改变提供了基础条件，新型技术的参与为新型课堂教学方式和个性化的学习提供了可能。技术支持课堂从个体学习转向小组合作学习，从单一直接传授逐步走向引导学生自主发现，从单纯地提供多媒体演示逐渐成为学生自主学习、合作探究的学习场所，更好地支持有意义的发现式学习，促进学习者高层次的思维发展，形成创新意识、批判思维、团队协作、自我管理等 21 世纪技能。

1."一对一"数字化教学

"一对一"数字化教学是个性化教学，目的是为每个学生提供"因材施教"

式的教学。"一对一"数字化教学除了包含传统的教室、课堂、教师、学生等元素，还包含计算机、网络、电子白板、教学软件、控制软件等诸多"新"元素。"一对一"不是硬件的组合，也不是简单的资源整合，它强调学生的自主学习、探究学习和合作学习，培养学生分析问题、解决问题的能力。在"一对一"数字化教学中，教师成为学生学习的指导者，引导学生开展讨论与合作，并通过对资源的收集利用，以探究知识、发现知识、展示知识和创造知识的方式进行教学。

从 2010 年开始，人大附中西山学校开始探索"一对一"数字化教学，致力于发展学生 21 世纪所需的技能。无线网络覆盖整个校园，师生每人配备一台苹果电脑。在教师指导下，学生通过高效应用网络平台上的教育软件和工具进行自主学习、探究学习和合作学习，不仅获得了知识，还提高了协作能力、沟通能力和创造能力。

2. 数字课堂

数字课堂是利用网络技术、交互技术、平台技术、无线通信技术、学习终端技术等在课堂中构建起一个数字空间，以拓展现实课堂的时间和空间维度，扩展传统课堂的功能，提升课堂效率，最终实现教学过程的全面信息化。

例如，北京市二十中学建立的数字课堂系统是集录课平台、评课平台、远程教学平台为一体的应用系统。录课平台不仅可以支持系统的自动录制和教师的预约录制，及时保存教学视频，还可以支持下载、手动和自动发布录课视频，分享教学资源。评课平台具有互动性，教师和学生可以通过观看录制的讲课视频，在平台上对整个视频或某片断发表评论，并评分。这种模式加强了师生的交流，增强了教学的反馈效果，为教师进一步提高教学质量提供了条件。远程教学平台提供远距离听课功能和示范课现场直播功能。远距离听课功能可以方便师生随时观察教室情况，并对教学内容进行评定、打分。示范课现场直播功能可以在校园内直播某教室或会议室情况，供不同班级收看，还可以在授课现场进行实时录像，以便其他校园网用户可以通过网络学习各种课程，实现远程教学。

3. 应用留话技术，促进课堂的互动交流

现代教学提倡"教师主导，学生主体"的"主导-主体"教学模式，在这种模式中，教师和学生的互动成为重要的教学活动。互动有利于激发学生的学习兴趣和认知主体作用的发挥。课堂互动活动的有效性，决定着教学的成效。

为促进课堂师生、生生之间的互动交流，学校尝试使用留话技术，其功能主要是将教师和学生的笔记本、移动终端，无线投影在大屏幕上，学生也可在阅读中进行提问和反馈，并将圈点痕迹保存在云平台上。这种技术可使学生在笔记本中的每一个圈点痕迹无线投影到大屏幕上，方便师生及时观看讨论。同时，通过教师的控制按钮，其他学生也可进行进一步的圈点，留下互动交流的痕迹。此技术不仅方便了师生、生生之间的互动交流，还及时保存了课堂中的生成性教学资源。

（三）实行信息化统一管理，提高管理效率

充分发挥现代信息技术的作用，保证信息收集、传递及处理的迅捷与高效，提高管理效率，既是科学决策的重要条件，也是现代管理的基本要求。

1. 集各项功能于一身：校园一卡通

校园一卡通可以实现师生的身份识别等多项服务功能，同时也集成了对餐卡、门禁、图书馆、会议室、办公室、教室、学生衣帽柜的控制管理功能。另外，一卡通还可以直接通过 IP 实现刷卡打印、复印等业务。这些业务是通过外包服务形式实现的。可见，一卡通集多种功能于一身，既方便了学校管理，也方便了师生的日常使用。

2. 进入不同系统，实现"身份"的统一

为了教师能够有效应用教学系统，减轻教师记忆用户名和密码的负担，学校通过校企合作的方式建设和应用了"统一身份认证系统"，实现了通过一个账号和密码登录多个平台的功能。"统一身份认证系统"做到了数据、身份、邮箱、一卡通和网络教学平台的统一认证。用户只需记住一个用户名和密码就可登录 MODDLE 平台、WIKI 教学平台、校务系统、打印管理系统等。在此技术应用过程中，软件开发商为学校提供专业的技术指导和维护。

3. 实现安全监督

电子考勤管理系统能够保存学生进出校门的刷卡记录，同时统计学生的出勤率，便于学校开展班级间出勤情况的评比活动，不仅实现了对学生出行安全的监督，还方便了家校的及时沟通，有益于加强校园安保，实现高效管理。

为适应"数字北京"的发展要求，整体现代化运作模式的学校积极推进学生卡应用研究工作，积极参与海淀区中小学生"平安工程"试验，引入电子考勤管理系统，学生上学、放学刷卡进出学校，既方便老师统计考勤，又可以记录学生到校、离校时间，通过短信平台告知家长学生的出行情况。目前，这类学校已经完全实现学生卡与电话的有效整合。

为了维护学生在校期间的人身安全、保障学校财物安全，学校构建了全覆盖的校园网络监控系统，由专职人员负责值班，发现问题及时汇报、及时解决。

三、运作模式

（一）制定以人为本、个性发展的信息化建设目标

此类运作模式的学校不仅具有雄厚的经济基础和良好生源，还具有其他学校难以效仿的个性特征。在信息化建设之初，学校制定以人为本、个性发展的信息化建设目标，即要求从教学一线和各行政部门采集需求，根据用户需求的广度和深度，不断探索新技术的教学应用手段、创新已有技术的个性化应用方法，并总结经验，进行满足学校各类人群需求的信息化建设。

（二）进行学校信息化建设顶层设计与规划

学校领导，特别是校长，高度重视学校信息化建设工作，依据信息化建设目标，明确发展思路，参与信息化建设的设计与规划，积极带领全校师生进行信息化应用探索，为学校信息化的发展提供保障机制。

例如，人大附中西山学校舒大军校长作为信息化方面的专家，非常重视学校信息化工作。2010年9月，学校启动"一对一"数字化学习项目，以校长为首的学校信息化领导小组从项目论证、项目建设思路、项目规划与实施等多方面全程参与，保证了项目的顺利开展。

（三）设立学校信息化核心支持机构

学校信息化核心支持机构中的工作人员不仅需要对学校全面信息化建设进行帮助指导，为学校节约信息化建设的时间、经费，避免走弯路和犯错误，还需要为学校的网络建设、电教及信息技术教学方面给予强有力的支持和保障。

例如，北京市第二十中学专门成立了数字校园建设推进小组，成员包括校级管理者、主管教学和德育的主任、特级教师、教研组长、信息组教师、新参加工作的研究生以上学历的部分年轻教师等。小组每月进行一次工作例会，并在建设之初制订了学校数字校园的建设路线和工程计划。

（四）校企合作，加速信息化建设步伐

由于全面信息化建设的复杂性和前瞻性，学校一般没有足够的精力、时间和知识技术自行进行信息化建设，学校通常通过企业外包的形式或与企业合作的方式来推进学校的信息化建设。例如，学校在进行校园基础网络、多媒体教室等的前期建设时，考虑到企业加入学校基础设施的建设具有周期短、规划合理、后期维护有保障等优点，可以实现事半功倍的效果，学校把校园基础网络前期建设等工程外包给企业。在学校正式使用这些基础设施时，学校与企业保持合作关系，建立技术服务中心、设备维修中心，提供网络、计算机技术支持、售后服务，以及面向师生的培训，从而借助企业资源和人才优势来促进学校信息化建设。

四、问题与建议

走整体现代化的信息化运作模式的学校一般都具有雄厚的资金实力、良好的生源、超前的技术，这也为学校打造真正的数字校园奠定了坚实的基础。但这些优越的条件也有可能让学校迷失方向，造成"平均发力，缺乏个性"的局面。由于具有充裕的资金保障，学校可能在任何可以信息化的地方都进行同样的投入建设，平均力量，最终导致自己在茫茫大海中迷失——处处信息化，处处平均化，迷失了自己的个性，丢失了自己的特征。针对这一问题，提出以下几点建议。

（一）学校的信息化发展需以学校办学理念为先导

数字化校园没有自己的理念，学校的办学理念就是数字化校园的理念。不一样的办学理念，就有不一样的信息化建设规划。学校进行信息化建设时，只有依据办学理念，突出自己的个性化特征，才能打造个性化的数字化校园。

（二）激励教师创新应用新技术

此类模式的学校引进了大批高端的信息技术设备，并最先将这些技术应用于教学中。因此，要求教师对新技术、新工具具有强烈的探索欲望，积极尝试将这些技术应用于教学，并探索新技术应用于教学的方法。由此，学校应该营造创新氛围，建立绩效激励机制，鼓励教师进行积极的创新应用探索，尝试将新技术应用于教学活动中。

（三）要时刻谨记"人"是教育信息化的主体

在应用新技术的过程中，反对"工具"理性，要坚持把人放在第一位，要突出教师的主导地位。一流的技术需要一流的人才培养模式，如果只重视追求技术的超前性，而忽视人的培养，这种信息化建设只会本末倒置，只有为学生营造一个生态化的、可持续发展的学习环境才能真正推进学校整体现代化目标的实现。

第二节　案例介绍与分析

一、人大附中西山学校信息化发展核心特征及运作模式

（一）学校概况

人大附中西山学校，源于人大附中人兼济天下的教育梦想，源于海淀教育促进优质资源均衡发展的战略部署。学校在筹备之初，北京市海淀区教委孙鹏主任即指出：这种由开发商建、名校委托管理、教委所有的模式，在海淀教育历史上是第一次。按海淀区教育发展的总体战略，为进一步扩大公办优质教育资源，充分发挥人大附中的示范辐射作用。经海淀区教委和海淀区编委同意，人大附中西山学校于2009年成立，学校是由人大附中冠名并实施管理的西山华府住宅小区配套学校，是海淀区政府2009年在直接关系群众生活方面办的重要实事之一，承担着带动促进海淀区北部教育优质资源均衡发展的使命。人大附中西山学校在办学理念、学校管理、课程设置、教师队伍建设等方面全面借鉴人大附中办学经验，力争办出质量，办出水平，并在教委指导下，根据学校自身特点，形成自己的办学特色。

　　学校坚持高起点、高水平办学定位,积极探索公办学校联合办学、委托管理、中外合作办学等办学体制改革模式,全面秉承和借鉴人大附中办学理念的同时,扎根海淀土壤,形成学校自身办学特色。坚持以科研为龙头,以学生发展为着眼点,以教师和员工队伍建设为着力点,以课堂教学改革为切入点,坚持文化立校,确定"幸福的、不一样的未来学校"的办校愿景、明确"培养具有 21 世纪技能的人才"为学校使命、坚定"世界公民中国心"的学生培养目标,积极开展未来学习项目,探索明日教育,实施高效课堂,办学成绩斐然,得到了各级领导和学生家长的一致认可。

(二)核心特征

1. 构建以无线网络为特色的网络框架

　　在建校之初,学校就规划了以无线网络为特色的网络框架。WiFi 作为目前无线接入的主流标准,学校采用了先进的 802.11N 的瘦 AP 建网模式,从而使漫游切换时间小于 50 毫秒,这对于对切换时间要求最苛刻的语音业务意义重大。在无线网络建设中,还采用了独立无线网络的架构,即独立的无线网汇聚交换机、独立的无线网 POE 交换机和独立的无线控制器,使无线网络独立运行,保证了无线网的稳定运行,不会受到有线网络的干扰。无线网络的建设弥补了室外环境无法提供上网条件而使许多教学活动受到限制的不足,实现了终端设备移动漫游的功能,将校园网络的覆盖面渗透到校园的任何地方,实现了可以在任何时候、任何地方与校园网络连接,不间断地访问校园网络资源,为学校的 1 对 1 数字化学习项目提供了坚实的保障。

2. 坚持以人为本、服务为先、持续发展的理念

　　学校的信息化建设是为了更好地服务于学校各部门,所以信息中心在制订发展规划时,坚持以人为本,从教学一线和行政部门采集需求,建设信息平台并开发个性化应用。比如,为 1 对 1 数字化教学提供学习平台和资源管理平台,为行政部门提供办公自动化系统,为全校师生提供信息中心服务目录与服务手册。

3. 致力于发展学生的 21 世纪技能

　　人大附中西山学校的培养目标为培养具有 21 世纪技能的人才,希望学生在获得学科知识的同时,也具有批判性思维、协作能力、沟通能力及创造力。在 1

对 1 数字化学习中，将"个性化、移动性、情境泛在性"贯彻其中，学校通过多种信息化技术手段及课堂教学设计方法，针对不同学习风格的学习者和不同学习内容，创建可移动的、情境体验式的数字化学习环境，包括网络环境、基础支撑平台、电子课件制作平台、学习平台及评价平台等。

4. 使用 IP 网络广播，促进个性化应用，提高管理效率

人大附中西山学校开始使用 IP 网络广播，成为海淀区最早使用 IP 网络广播的学校。IP 网络系统简单到学生就可操作。学校电教中心为该系统增加了远程管理，使得控制更加方便，同时有防火墙作为后盾，使得安全得到了保障。UPS 的电源支持，可在学校断电起 6 小时内，维持正常上课。在输出上，满足同时段六个年级的不同内容播放，实现个性化需求。

5. 利用 1 对 1 数字化学习，变革教学方式

从 2010 年开始，人大附中西山学校开始探索 1 对 1 数字化学习。人大附中西山学校是中国第一所开展"1 对 1 数字化学习项目"、致力于发展学生 21 世纪技能的中学。

人大附中西山学校整个校园覆盖无线网络，师生每人配备一台苹果电脑。1 对 1 数字化教学采用学生全情参与互动式的教学设计活动；通过高效应用苹果平台上的教育软件和工具，如 Photo Booth、Garage Band、Wiki Blog、Pages、Keynotes、Numbers、iMovie 和 iBooks Author 等，学生在获得学科知识的同时，教师也积极培养学生的批判性思维、协作能力、沟通能力及创造力。学校将国际公认的"21 世纪学习框架"纳入"1 对 1 数字化学习项目"的课程设计中，着重培养学生的信息、媒介与技术技能。学校借助移动学习设备，如 iPad 和 iPhone，以及社群媒体网站的学习平台，如 Edmodo 和 Skype，让学生开展苹果挑战式学习（challenge based learning，CBL）专题项目。不同的 CBL 学生小组必须通过界定"核心主题"、提问"关键问题"、进而制订"可付诸行动的解决方案"，最后个人进行"项目整体反思及评估"。

自推展"1 对 1 数字化学习项目"以来，人大附中西山学校与许多高等学府，如北京师范大学，进行了紧密协作。双方开展了包括组织工作坊、课堂观察及对教师教学设计的 1 对 1 指导等在内的专业培训活动。学校还派出教师到新加坡、中国香港、夏威夷等地的国际知名学校参观交流、浸润学习。目前学校有一位

苹果专业发展顾问（APD Consultant）及两位全球苹果杰出教育工作者（Global ADE），为项目提供专业的指导并组织教师研讨课程。除此以外，来自纽约大学的 Randy Yerrick 博士作为学校科学学科的 APD 顾问，为科学老师提供培训，还为挑战式学习项目的学生进行专题指导。

北京师范大学协助人大附中西山学校针对学生在"1 对 1 数字化学习项目"中的 21 世纪技能水平、项目的可行性和进展状况进行评估，还定期为学校撰写分析报告，学校根据报告来修订每一学期的教学和学习情况。

"1 对 1 数字化学习项目"由于课堂教学模式的改变、学生学习方式的改变，学生真正成为主体，教师只是促进者。学生自主利用信息化的环境来完成日常学习，不仅提高了学生收集信息、处理信息和甄别信息的能力，而且可以通过发现式学习、问题解决式学习来实现知识的探索与发现。数字化工具已经不仅是学生的学习工具，而成为他们日常生活中必不可少的一部分，德育活动、学校各类文体活动，都可以看到同学使用数字化学习工具来展示他们的风采。在北京每年举办的"北京学习峰会"上，西山学校教师分享了在教学法和学习法上的研究和探索。2012 年 11 月，人大附中西山学校成功举办了"第一届苹果国际峰会"，在峰会中，不仅有中外专家介绍最新的数字化学习应用，还有 10 名同学作为 ADE（苹果杰出教育工作者）大使对前来学习的老师进行信息技术培训。

（三）运作模式

21 世纪是教育信息化的时代，学习方式正在发生深刻的变化，全民教育、优质教育、个性化学习和终身学习已成为信息时代教育发展的重要特征。以教育信息化带动教育现代化，破解教育发展的难题，促进教育的创新与变革，是加快我国教育发展的重大战略抉择。在不断推进学校智慧校园建设的过程中，信息化手段全面融合于学校教育、教学、管理之中，形成了整体现代化的发展局面。

1. 领导重视，亲自规划与推动信息化建设

舒大军校长作为信息化方面的专家，高度重视学校信息化工作。从建校开始就亲自参与学校信息化的规划和建设，积极带领全校老师进行信息化应用探索，极具前瞻性地进行了学校信息化基础建设。2010 年 9 月，在舒大军校长的引领下，"1 对 1 数字化学习项目"开始启动并得以顺利开展。舒大军校长对学校信息化工作有明确的思路、措施，并为信息化的发展提供行政保障。以教育者的身

份，校长确定了学校的愿景、使命、核心价值观和培养目标，制订了学校的发展规划，为学校信息化的发展指明了方向。

2. 人大附中本部和区信息中心为坚强后盾

作为一所新建校，人大附中西山学校建校之初，信息中心的每一个人对学校信息化都是生手。人大附中作为一个成熟的且在信息化方面走在全国前面的学校，得益于海淀信息中心教师们的帮助和指导。海淀信息中心专业的指导和区域层面的引领使人大附中西山学校的信息化建设节约了时间、节约了经费、避免了弯路和错误，在短短的时间内，完成了多个信息化项目的建设，使得学校信息化建设实现了跨越式发展。

3. 搭建平台，实现统一身份的认证

随着教育信息化的不断深入，有越来越多不同性质、不同用处的平台出现在教师、学生、管理者的面前，这些平台往往有自己的数据标准、认证体系与操作规范，只记住在这些平台中的账号与密码就是一件较为困难的事，繁杂的平台资源往往削弱了用户的使用积极性。为了解决这个问题，人大附中西山学校利用智慧校园软件平台解决了不同软件平台的标准化问题，实现了"五个统一"。

（1）统一认证：构建统一的身份认证系统，集中用户管理、统一权限管理，保证用户电子身份的唯一性、真实性与权威性，实现用户单点登录。

（2）统一标准：建立统一的信息标准，为确保数据的完整性、准确性与一致性提供依据。

（3）统一门户：构建统一的信息门户，集中信息资源管理、应用服务管理和内容整合，为广大师生提供个性化的综合信息服务。

（4）统一数据：通过规范化参与应用交换的数据对象、标准化交换过程，简化校园各应用系统之间的协同工作和数据整合，构建安全可靠的公共数据交换系统，实现各个应用系统之间的数据交换与数据共享。

（5）统一服务：针对智慧校园软件项目成立专门的运维服务中心，解决教师、学生在信息化的过程中遇到的问题，提供相应的技术支持、技术培训和统一服务。

4. 挖掘、利用一卡通的各种应用功能

基于"信息共享、集中控制"的基本思想，利用区 CMIS 平台和一卡通多扇

区功能，人大附中西山学校将一卡通广泛应用于各种场所。在一卡通系统中，账户管理是相对独立于具体应用的基本功能模块。一卡通系统的账户管理功能，可以对组织内的人员身份、人员所属部门、持卡人账户类型，以及账户可用性等一系列基础信息进行灵活的配置管理，最终实现卡片与现实中卡片使用者的关联。在功能方面，一卡通实现了与支持时段权限相结合的门禁管理、图书借阅、食堂就餐、衣帽柜管理和刷卡打印等功能。

5. 校企合作，加速信息化建设步伐

学校的一期建设工程是优秀企业共同参与设计规划的，完成了学校校园基础网络和多媒体教室前期建设等。优秀企业加入学校信息化建设，为学校提供专业的建议，由校信息中心统一规划后形成方案。企业加入学校基础设施的建设具有周期短、规划合理、后期维护保障等优势，在进行前期建设时注入企业的力量可以起到事半功倍的效果。在学校正式投入使用后，学校与诸多企业建立合作关系，建立 ITC 运维服务中心，Apple 授权维修中心，提供网络、计算机硬软件及外设售后服务、面向师生的培训，借助企业资源、人才优势加快教育信息化的步伐。

（四）问题与反思

信息技术的发展使得教育方式实现了空间、时间和教育对象、教育方式、教育内容的拓展。智慧校园的发展是学校愿景、使命、价值观和培养目标在信息化方面的体现，由于每所学校的发展愿景和理念不同，对信息化建设的需求也不同。我们认为，学校要有对信息化发展统一规划和建设的自主权，能够针对学生发展的特点制订个性化的学习方案。此外，我们还认为，学校信息化功能能否得到充分发挥，还有赖于学校的发展方向、师资队伍的信息化素质和信息化资源的建设。

二、北京市第二十中学信息化发展核心特征及运作模式

（一）学校概况

北京市第二十中学创建于 1951 年，是海淀区一所完全、优质中学，2004 年迈入北京市示范校行列，2009 年荣获"北京最具竞争力十佳学校"称号。学校教学设备齐全、先进，充分利用数字化手段和工具，实现环境资源到服务的全部

数字化。2003 年被北京市教委评为"北京市中小学信息化工作先进学校"。学校师资力量雄厚，教师队伍整体水平高。

学校始终秉承"德育为首，以人为本"的办学特色，注重内涵建设，以学生为主体，以育人为中心，一切为了学生的进步与发展。为了适应现代社会对人才培养的需要，帮助学生树立终身学习观，提升适应现代社会的学习素养，校长提出"扬五彩人生，做中国脊梁"的人才培养目标，积极探索运用现代信息技术来优化教育教学环境和促进教育改革与发展的改革之路，全面推进素质教育，努力打造以"优质、和谐、创新"为特色的首都一流示范学校。

（二）核心特征

学校 2000 年建成校园网，实现了班班通；2003 年建成了覆盖全校的无线网；2011 年学校有幸成为海淀区中学类数字校园建设及应用的试点校。借着抗震加固、教学楼重建的契机，在教委领导的关心下，在学校领导的指导下，总体规划，全面考量，整体建设，打造具有二十中特色的数字校园。

1. 硬件建设方面

第一，设计理念渗透标准化、前瞻性和可扩容性。2011 年，海淀区抗震加固工作全面展开，信息化建设的很多设施在此次加固中得以重新设计。此前的信息化建设，由于缺乏前瞻性和整体性，很多东西是边建边补，也没有遵循一个统一的标准，不可避免地造成了部分设备浪费、闲置的问题，甚至有的设备还没怎么应用就又引入了新的设备，新旧设备既不能同时使用，有时还有矛盾。我们总结了过去的经验，采取先进的理念和扩容的思想，不仅规划了当前的需求，还把未来十年在施工、布线、添加设备等方面的需求也预留下来。

第二，虚拟数字校园数据中心包括运算中心、存储中心、交换中心。学校的数字化校园在硬件架构方面遵循国际化统一标准，学校机房按照国家 B 级机房标准建设，并超越传统中心机房概念，明确提出建立运算中心、存储中心、交换中心三位一体的新型虚拟化数字校园数据中心。在信息化建设中，新老设备更新换代是正常的，如何做到用好新设备，不忘旧设备呢？虚拟化技术在解决了这一问题的同时，还使得学校的数据中心更安全、更有保障。

（1）交换中心：简洁透明的交换环境让系统更稳定，故障更好排除。①多协议交换阵列，万兆以太网提供业务访问支持，8GFC 提供计算中心到存储中心的高速数据读写支持；②万兆数据中心核心交换机，保证校园网用户、数字校园各个应用子系统到数据中心的高吞吐量的数据交换。

（2）运算中心：服务器虚拟化技术和服务器池技术相结合解决了所有业务的稳定性和投入经济性。便于应用系统的快速部署、快速迁移；便于服务器硬件资源的统一管理，优良的在线扩展性使刀片服务器、新服务器和旧服务器可以在虚拟化平台得到充分利用，进一步提高计算中心整体的处理能力；便于提高整个系统的安全性，各个计算单元的冗余备份、快速恢复等。

（3）存储中心：虚拟化的智能存储系统让存储更安全，投入更有绩效。①简化存储系统管理。虚拟化存储环境下，无论后端物理存储是什么设备，服务器及其应用系统看到的都是其物理设备的逻辑映象。即使物理存储发生变化，这种逻辑映象也不会改变，系统管理员不必再关心后端存储。②弹性扩展更方便。系统升级、建立和分配虚拟磁盘、改变 RAID 级别、扩充存储空间等都比以前容易得多，不影响现有存储业务的正常运行即可轻松实现升级和扩展。各子系统间可根据业务需要动态调整存储空间，让存储投入更有绩效。

第三，基于三层 MAC 地址的无线管理机制。

学校数字化校园项目的目标是建设一个开放性、标准化、易扩展、智能化的数字化校园综合平台。基于此目标，学校规划了以数据中心交换机、南区核心交换机、北区核心交换机构成的环形校园网骨干核心，解决了三个主楼间任意一条主干网络断掉都不影响全校网络使用的问题。

数据中心连接互联网、无线网、数据中心和分校；南区、北区核心交换机分别负责本区域的接入。全校 IP 地址按数据中心区、南区、北区和功能用途进行划分。还便于全校统一管理，也便于 OSPF 协议进行路由汇总，减少 OSPF 路由报文占用过多的设备和链路资源。

为了最大限度地保障整个校园网的可靠性，学校有线网和无线网采用相对独立的部署结构。在设计无线网的时候，学校没有采用 SSID 密码认证和 Portal 认证，而是采用 MAC 认证的方式，这样可以有效地避免 SSID 密码和用户名密码的泄露。学校无线网主体采用 MAC 地址认证方式，在互联网出口放置一台身份认证设备，支持跨路由的三层 MAC 地址过滤功能。目前，MAC 地址认证条数没有任何限制，可以随意添加，即使未来需要给学生开放无线网使用权限，也不需要添加任何硬件设备。

为了防止网络被无效占用，我们在提供无线网服务的同时严格执行无线网准入制度，登记过的移动终端，不需要任何操作就可以进入互联网。而没有在学校网络中心登记过的移动终端，均不可使用，只有 MAC 地址库里的终端才能够使用无线网络。对于学生无线终端设备，学校目前不给学生开放。即使学生的无线终端带入学校，也只能使用校内资源和访问数字校园的资源，不能访问互联网，避免学生在上课期间使用无线终端上网和学校互联网出口的拥塞。对于访客，学校提供 USB-Key 的方式提供无线上网功能，USB-key 做到了免认证、免安装。

学校目前采用的无线 AP 支持 2.4G 和 5.8G 双频同时工作，每个 AP 理论上最大可以支持 50 个以上的无线终端接入。相邻的无线 AP 采用接入用户数的负载分担的技术，可以避免单个 AP 接入用户数过大造成的 AP 瘫痪。目前学校的无线控制器可以支持接入管理 4096 个无线 AP,基本上满足学校和分校未来无线网的无缝扩展。

2. 软件建设方面

建设数字校园的目的是促进教育方式的变革,学校的数字校园平台以教育教学为中心，渗透学校管理的各个环节，充分展示校园文化建设风貌。我们认为，数字校园包含了数字化学习环境、数字化学习资源、数字化学习方式。

学校的数字校园建设本着极简、适用的设计理念，将现代信息技术尽量简洁地融入教育教学、管理、校园文化和生活中的各个环节，以下将从三个方面重点阐述我们的特色应用。

1）建立在统一身份认证基础上的数据实时交换互操作平台

当前，多数学校的数字校园应用主要处在基础架构建设和建立在统一平台上的各子系统独立应用阶段，各子系统间的数据统一性、互操作联动性正在形成。但是，基于各子系统内大数据的挖掘开发，以及探索从不同数据云的数据碎片抽取还是薄弱环节，我们在建设之初就把这一内容纳入数字校园建设的整体考虑，为实现数据应用的深层次挖掘提供了可能。学校的数字校园平台遵循北京市的 CIF 规范（application interoperability framework，应用互操作框架），各子系统分别建立了统一认证标准、数据互操作标准、子系统应用标准、消息推送标准等。

学校一卡通应用基于北京市教委统一发行的学生学籍卡展开,校内各项应用能与市教委的各项要求和安排很好衔接,现在学校学生的一卡通基本实现了校内购物、借书、开门、考勤、打印、就餐等应用,校外实现了刷卡坐公交、银行存钱等功能。学校数字校园基于 CIF 规范的 CMIS 数据开发,是首个在全市范围内真正意义上实现各系统实时数据互操作的学校。

2)教、学、研一体,体现学生自主学习的无边界的数字课堂

数字课堂系统是学校数字校园平台建设的重点,是集录课、评课、听课、练习于一体的应用系统。

录课能实现系统自动录制和教学老师预约录制,支持下载、手动和自动发布录课视频。

评课是一个互动平台,老师和学生可以通过观看录制的讲课视频,对视频或某片段发表评论、评分。教研组可针对某一节课的某一环节进行研讨交流,达到帮助教师成长和提高教学质量的目的。

远距离听课可实时将教学点的授课现场情况进行录像,其他校园网上的各个点可以通过网络实时收听收看各种课程,实现远程教学;也可将某教室或会议室情况进行校园内直播,供不同班级收看;还可以提供各种公开课、示范课现场直播功能。

除此之外,系统提供云台控制的功能,通过转动摄像头对教室或学校公共办公场所进行全方位实时查看,监控校园整体情况,及时掌握校园动态,保卫学校安全。

录制的每一堂课都对应相应的知识点,学生可以在学校、家里自主选择学习内容,还可以进行复习和针对自己的个性需求生成自己的作业系统,实现教学地域无边界、接入终端无边界(支持 PC、PAD、手机)、学习内容无边界的学习模式。

3)伴随学生成长的成长树和心灵日志

伴随教育教学方式的变革,评价体系也在变革。二十中教师坚持以人为本,个性发展的理念,关注学生的成长过程,学生成长树就是积累和记录学生在校期间的成长痕迹和资料的智能系统。该系统针对学生各项行为数据进行全面分析和综合评价,它能从其他系统中获取学生的活动记录,并根据学校定义的得分、评价、展示机制,自动记录单项得分或评价并生成汇总成绩,自动将好评率高的个性展台内容保存至成长树。该系统能有效辅助学校全方位观察学生学习、心智、生活的多项行为,为综合评价、培养学生提供参考;成长树记录了一个学生从入

学到毕业的所有表现数据，包含在校日常表现、考勤情况、学习成绩及分析、家长与学校的沟通交流情况、综合素质评价等内容。

4）自助文印系统

学校为了解决师生的打印、复印需求，同时又能有效控制成本，提出了具有学校特色的自助文印解决方案。该方案主要是在全校各楼层公共区域安放具有打印、复印功能的网络无人值守多功能机，这些多功能机具有网络打印、复印、扫描等功能。使用者通过校园一卡通消费，学校会根据每个岗位的印量事先将钱充到卡内，对于个人来说，公共业务的文印需求卡内金额是足够的，要从事私人文印也是可以的，超支就到财务室自费充值即可。学校与打印机厂商签订了根据印量付费的维修保养协议，在使用期间，公司保证了打印机的耗材和正常运转，学校无须操心。

（三）运作模式

1. 在规划阶段，坚持以人文本，自上而下地进行学校的信息化整体建设规划

建设数字校园的最终目的是促进学生的成长和教师的发展，所以，学生和教师的需求是规划时必须考虑的重点。工作人员深入到师生之间，从教学的前沿阵地采集需求，与各部门教职工沟通交流，了解他们的工作特点，对之进行分析和提炼，将日常学习、教育、办公转换成数字化的、可操作的流程来实现，并在建设之初就制订了学校数字校园的建设路线及工程计划。

2. 在实施阶段，得到了各级领导的大力支持

学校的数字校园建设，得到了区政府、教委各级部门的大力支持，校长作为学校的领导者，也是大力推动数字校园建设最有力的力量。为了规范有序地推进数字校园建设，学校专门成立了数字校园建设推进小组，成员包括校级管理者、主管教学和德育的主任、特级教师、教研组长、信息组教师、具有研究生以上学历的部分年轻教师等。小组每月进行一次工作例会，探讨数字校园建设的重点和各系统的细节与需求。

3. 与公司合作，按需定制

数字校园作为新兴事物，很多工作都在摸索中，很多尝试难免要走弯路，学校也不可能为每一种创新尝试都提供经费支持，这就要求有的公司看在学校

的示范价值上进行无偿投入和研发。学校的数字校园建设，在区信息中心的引领下，吸引了五六家 IT 公司无偿为学校进行数字校园的建设，所有应用都是按需定制的。

4. 全员参与，不断改进

数字校园的建设从深度和广度来看，都是一个非常复杂的综合系统，涉及学校教育、教学和管理的方方面面，即使前期的需求分析做得再仔细，也不可避免地会出现一些问题，为了不断对各系统进行改进，使之更符合教育教学的工作要求，我们鼓励师生提出改进建议和要求，并对有价值的建议实行一定的奖励。

（四）问题与思考

1. 建设周期长、投入大

数字校园作为一个复杂的综合系统，从硬件建设到软件平台的开发，再到各子系统的实施和应用，都需要投入大量的时间、人力、物力，从初步建成到真正投入使用，积累相关资源和数据，这个周期是非常长的，至少需要三年左右的时间。

2. 对教师、学生的信息素养要求较高

如果不加大培训力度，就会造成现有的应用跟不上，甚至可能使部分设备和资源闲置。如何全面提升学校师生的信息素养，是建设和推进数字校园的又一重点。

3. 后期维护的问题

数字校园一旦建成并交付使用，很多系统的管理就会交付给学校的信息技术教师，不仅增加了信息技术教师的工作量和工作难度，也对信息技术教师的沟通、协调、专业技术水平等能力提出了挑战，学校要想方设法地提高信息技术教师的待遇，提供更多学习和培训的机会，使他们更积极地投入到信息化工作中；另外，数字校园建设是一项持久的工程，并非建完就完，后期还需要投入大量的人力和物力做相应的系统升级和维护，这对于学校来说也是一笔不小的支出。

三、中关村第三小学信息化发展核心特征及运作模式

（一）学校概况

北京市海淀区中关村第三小学（简称中关村三小），始建于 1981 年，地处北京市海淀区中关村科技园区的核心地带，这里是中国高科技和人才资源最为密集的区域。得天独厚的地域优势、浓郁的学术氛围，形成了学校优越的办学环境。

办学 30 多年来，以改革创新的先进理念，学校获得了快速发展。一支高素质的教师队伍，秉承着高品质的教学追求，赢得了社会各界的赞誉及家长的信赖，逐渐发展成为北京市人数最多的小学。学校现在是一校两址，中关村校区和万柳校区。基于学校 3.0 理念设计的新校区已建成。

学校的信息化建设目前的情况如下。

1. 便捷、顺畅的网络环境

随着数字化进程的不断推进，越来越多的工作要依托于互联网来完成。近年来，学校陆续在学校的网络设施与服务上投入了大量的精力与资金。通过合理的规划，将中关村、万柳两个校区先前的统一网络出口调整为两校区独立核心设备、独立网络出口的组网模式。各 25MB 的教育信息网络带宽使两校仍然保持在同一城域网络的环境下，在数据传输过程中保持了高速流畅性。随着学校教育教学工作对网络环境的需求，2012 年年底，学校又给两个校区个开通了 100MB 的外网宽带，极大地提高了网络办公与数据共享的效率，为学校的网络办公、网络教学提供了有力的保障。

2. 多效的办公选择

在建构校园有线网络的基础上，学校根据时代的需求进行了校园无线网络的设计。第一期无线覆盖已经完成，所有办公区域及专业教室已经实现了 WiFi 全覆盖，老师可以通过自己的笔记本、手机等多种终端连接互联网，登录数字校园平台，从而更加便捷地实现数据的传输与交换。第二期无线覆盖工程也在紧张的筹措过程中，在给老师的教育教学工作带来便利的同时更为我们学生新的学习方式提供了强有力的保障。

3. 健全、有序的设备管理机制

信息时代的到来,使得教师的办公越来越离不开电脑设备。为了给老师提供工作便利的同时又合理节约信息经费,学校制定了严格有序的笔记本电脑轮换方案。每一年,学校都会对教师用笔记本电脑进行细致的统计,根据使用的批次及电脑的实际性能做好下一年笔记本电脑更换和采买计划,在笔记本选购方面听取教师的意见和使用要求。逐年、分批次地进行设备的正常维护与更换,很好地保障了教师在教育教学工作中对信息化设备的需求。

4. 粗具规模的数字化校园平台

在近两年的时间里,学校已经建成了以 OA 办公平台为依托的中关村三小数字化校园平台,包括"基础开放平台"、"校园数字办公平台"、"人事综合管理平台"和"校本资源平台"等。

"基础开放平台"集校园身份认证及授权管理与校园门户管理于一身,实现了平台用户的基础架构。

"校园数字办公平台"给我们提供了"校内通即时通信系统",实现了即时通信、平台应用链接、文件传递、群组讨论、协同工作、手机短信等一系列的功能;"个人网盘系统"实现了个人文件的上传、网盘资源管理、与校资源库关联;"日程协同系统"实现了个人日程、领导工作分派、工作进度反馈、关联教师课表、事件消息推送;"信件中心系统"学校内部邮件功能,支持联系人导入、大附件上传、邮件撤回等功能;"场馆预约系统"完成了教室的预约、预约审批、使用统计与智能排课冲突自检等功能;"设备保修"服务,让老师足不出户就可以将设备的问题报修给相关的部门,使问题在第一时间呈现给相关的维护人员,从而使问题能够及时得到解决,另外相关领导还可以对维修情况进行监督与有效的协调;另外,我们还开发了"手机短信"等相关模块。

"人事综合管理平台"整合了"学校人力资源管理系统",实现了对教师基本信息管理、教职工账号管理、教职工分类查询、教职工统计报表、合同到期管理等一系列的功能。"工资查询系统"可以为老师提供权限管理、工资在线查询、数据导入、工资报表打印、到账提醒的一系列服务。

"校本资源平台"实现了资源管理、资源检索、资源发布、资源浏览、资源审核、资源收藏、资源共享、资源日志等功能。在校本资源中心,我们不仅开设了公共资源空间,还为每个学科或主题活动创建了自己的资源空间,为老师们的资源共享与信息交流提供了一个开放的平台。

统一的身份管理、教育教学模块的多形整合，在充分满足教师需求的同时，更为老师的教育教学工作提供了极大的便捷性。资源的数字化是信息技术发展的必然趋势，特别是教案。电子教案不仅使老师们摆脱了过去繁重而重复的书写任务，让老师能够有更多的时间进行教材教法的研究，而且通过资源共享的形式，让更多的年轻教师受益。数字校园平台的使用更好地促进了无纸化办公的进程，新闻通知、周安排等原来需要打印或开会通知的形式，现在只要登录到平台，便可在第一时间获得。

5. 搭建了探索新学习模式试验基地——多媒体互动教室

在信息技术高速发展的背景下，一种全新的学习方式正在悄然走进我们的生活，"反转课堂""碎片式学习"正在逐渐被我们接受。为了在新形势下探索出一条更利于学生发展的学习道路，我们在中关村部兴建了一个平板互动教室。同时基于平板电脑互动教学，学校成立了平板电脑推动教学研究小组，中关村、万柳两部共十几位教师参与其中。小组成员面向基层教师，我们正在从学生实际出发，努力探讨一种新环境下的教学新模式。

（二）核心特征

数字化校园的发展是与先进的学校发展理念密不可分的，学校地处中关村核心地区，承载着浓厚的学术文化基因，涌动着改革与创新的品质，以及不断追求的精神。集30年发展所孕育的学校特质，是持续超越的精神积淀，也是学校发展的动力。站在新的起点，在弘扬优秀传统的基础上，构建学校未来的发展定位，中关村三小将努力把学校打造为一个拥有北京气质、世界品位、大家风范的共同学习场所。在这样的定位下，这里是每一个人的三小，这里为每一位学生的成长、为每一位教师的发展服务。

1. 以人为本，个性发展

中关村三小的信息化建设处处体现出以人为本、个性发展的基本理念。学校的信息化建设绝不仅仅是简单的硬件设备搭建与软件的开发，任何一个新项目推进的目的都应该是服务，而它所面对的对象一定是人，它既包括教师、学生，也包含我们的家长及所有的应用者。为此学校特意创建了 E 项目组（信息化协调建设项目组），刘可钦校长赋予了 E 项目组学校信息化建设的决策权，学校所有的信息化建设项目必须经由项目组表决通过方可执行。学校的 E 项目组成员既包括信息教师，更包括大量的各学科一线教师。项目组的成立极大地发挥了信息化建设与信息化应用的纽带作用，老师们可以将自己对信息化的需求与体验直接反馈给自己组内的项目组成员，再由每个成员汇集到 E 项目组。刘校长更是亲临每一次 E 项目组的项目推进会，与项目组成员一同探讨项目的可执行性与项目进程。

中关村三小时刻将使用者放在第一位，始终保持着满足需求、适度超前、应用领先的信息化建设原则。时刻保持着不跟风、不冒进的冷静头脑。现如今，很多学校大批量建设互动教室，这似乎成为推动教育教学形式变革的一场浪潮。面对这股迎面而来的浪潮，中关村三小却没有随波逐流，而是经 E 项目组成员通过基层的调研选择了暂不跟进的决定。中关村三小清楚地认识到，盲目的项目跟进只会造成资源的浪费，以及设备的闲置或低效率使用。而且，对于使用者来说，自发的使用更能激发其自身的潜能与积极性，硬性的推进只会增加使用者的逆反心理和被驱使感。随着 iPad 办公的不断推进，教师们对 iPad 的了解不断加强，使用变得越发娴熟，一些教师已经试着在自己的班级里利用 iPad 进行作业布置、知识分享了。项目组紧紧抓住这个契机，为教师们添加了 iPad 互动教学的相关设备。在项目的推进过程中，不仅激发了试验教师及班级同学互动教学的积极性，同时也燃起了年轻老师参与的热情。在这样的浪潮下，学校不断跟进，顺势开展了 iPad 教学展示，让学生家长、老师们更加清晰地了解互动教学的模式和使用效果。同时，我们结合教学需求，与苹果公司合作制订了详细的互动教学培训计划，在学校开展了每周一次的 iPad 互动教学培训交流活动，这样的交流活动吸引了更多的教师开始接触、体验、探究这种新的互动式教学模式。

2. 顶层架构，深度应用

中关村三小在秉承以人为本、个性发展的同时，更注重学校信息化建设的整体化进程。信息化建设是一项规模庞大的整体工程，我们不能仅仅为了满足个性而进行碎片式的建设，这样的拼凑式发展对学校信息化进程所起的作用不是推动性的而是分裂性的。然而，这样一个庞大的整体性工程对于任何一所学校而言绝不会是一蹴而就的，它的发展必将经历一个漫长的建设期与磨合期。但在这个漫长过程的初期，学校必须对信息化建设进行顶层的设计，只有一个合理的、具有可持续性发展的设计才会在学校信息化建设进程中不断引领其在一个正确的道路上发展。

为此，在信息化建设初期，学校通过与中外多方专家的探讨、与多所学校的密切交流，经过三小所有教师、学生、家长多维度的探究，结合自身的特点建构了一个适合学校发展的信息化建设模型：以数字化校园为基础依托、云学校为发展方向的架构模型。几年来，中关村三小的所有信息化建设都是围绕着"云学校"的建设发展开来的。在整个建设过程中，中关村三小既发展了个性，同时兼顾了学校信息化发展的整体大局。

信息设备的现代化绝对不能代表一个学校信息化水平的现代化，信息技术的深度应用才能更好地体现一个学校的信息化水平，所以我们在学校信息化建设的同时更注重信息技术的深度应用。

特别是数字校园平台的应用，中关村三小数字校园平台始建于 2011 年，平台架构伊始，学校便结合自身的应用需要与公司共同开发了多个平台模块。在每一个模块的使用过程中，我们都深刻挖掘教师的实际需求，一次次与开发公司进行沟通改进，使得每一个模块都能更好地为老师的教育教学服务。同时，我们更是将模块的实效功能通过培训、合作、渗透等多种方式进行推广，让软件更好地为人所用、为用所提升。

（三）运作模式

1. 依托本体学校

本体学校即在传统的学校形态、相对固定的校园空间里，实施并不断改进课程、环境、管理、文化等，以促进教师的职业发展和学生的健康成长。这样的校园形态是传统的形态，也是长久以来赖以生存的一种学校形式。

2. 建设数码学校

数码学校在于构建一个动态的数码学习空间，为教与学提供技术和资源支持，充实并拓展学校的内涵，为师生及家长提供方便的工作、学习、生活的教育空间。

3. 打造云学校

云学校意在建设一个无极的教育空间，它延展了学校与社会对接的半径，这是在全球化教育背景下学习和发展的综合平台，也是引导学生运用最新技术手段、持续探索未来和未知世界的重要学习途径和资源。

（四）问题与反思

信息技术的高速发展，对信息技术人员提出了越来越高的要求。如何创建一支技术过硬、管理科学、锐意进取和朝气蓬勃的信息技术队伍，是我们必须持续重点关注的问题。而每一所学校信息技术队伍的建设与信息化进程的发展都面临着诸多的不利因素。

1. 繁重的工作量

在一般情况下，学校信息技术人员与学校总人数之比约为 1∶50。工作范围至少涉及六个方面：一是对数十台服务器主机的服务提供；二是对网络安全设备的配置与维护；三是对数十种应用软件与系统软件数据库的运维；四是对全校数百台电脑打印机等办公设备的管理与维护；五是对存储与数据安全的运维；六是对外联单位网络接入及软件运维。几个人维护全校各种网络、软件和设备，工作量大任务重。

2. 管理机制不利于人才发展

学校的体制和机制环境往往会让信息技术老师的地位得不到很好的体现。信息技术老师往往被简单地定义为信息技术服务人员，每天的工作也大多集中在对学校信息化设备的修修补补上。这样的工作定位使得信息技术教师往往会渐渐地失去工作激情。信息技术工作如程序开发、视频制作、网站维护工作强度大，比做正常业务要花费更多精力和时间，更需要信息技术教师长时间专注的投入。但多做并没有多得，当信息技术教师完成了开发任务后往往没有得到相应的奖励。长期下去，保持任劳任怨的干劲和热情显然不太现实。时间和环境的力量会销蚀信息技术教师的事业心和工作热情。

3. 信息技术教师本身素质有待提升

相比学校的其他教师而言，信息技术教师往往所占比例很小。这样的配比就造成了信息技术岗位的强指向性，受人力资源的限制，信息技术教师的专业培训得不到很好的保障。

4. 缺乏创新思想

信息技术工作难度大，知识更新快，经验积累弱化，工作强度高，要随时根据业务创新而创新。

5. 实际工作中存在诸多矛盾

繁杂的工作加上学校制度的缺陷等因素，导致信息技术教师在队伍建设中面临种种矛盾和无奈：信息处理量增加与基层信息技术教师能力匮乏的矛盾，信息技术发展迅速与信息技术教师知识系统更新迟缓的矛盾，技术环节与业务环节交流不足和衔接不力的矛盾，领导们重视业务与忽视信息技术的矛盾，信息技术教师缺乏研发动力与业务需求不断加大的矛盾。还有技术人员编制问题不能解决、收入偏低等问题，导致其缺乏工作的积极主动性，以及事业心和责任感。

那么，如何解决信息化建设中的诸多问题呢？

第一，引进了专业公司的外包服务，将学校的电教化基础设备的日常维护一并交给外包公司具体实施。这样的策略将我们的信息技术老师从繁杂的设备维护中解放出来，从而更加专心地研究学校的信息化建设，同时也使得信息技术教师的工作价值得以很好的体现，促进个人信息素养的提升。

第二，大力引进高水平技术人才。大力引进信息技术人才，针对技术岗位要求高、难度大、专业性强的特点，给予信息中心负责人一定的人事权，参与人事部门招聘，使其有权力选择有能力、有专业水平的人来壮大他的队伍。人事部门可按技术岗位，如网络安全管理、数据库管理与开发、系统分析设计等职能需要招聘。要对被聘用人员进行相应的专业知识考试，要求具备相关资格证书，如网络安全证书、系统分析师证书、数据库管理员证书等。同时，把招聘人员的思想素质放在重要的位置进行衡量和面试，要具备吃苦耐劳、创新钻研、不以物质为唯一的追求的精神，要求具备良好的团队意识和沟通能力、较好的操作能力、较强的创新思维，而且具备一定的文字能力等。面试时要切实把握好这些环节，真正引进能做事的人才。

第三，进一步提升领导对信息化工作的重视，制定可行的激励机制。其一，有了领导对人才重视的导向作用，才能让全体员工尊重人才，才能让人才真正从心里愿意干事，想干成事。为发掘专业能力、人尽其才，可借鉴企业化管理的优势，鼓励信息技术教师结合自身特点，专攻信息技术中某一个项目，旨在营造一个锐意进取、人人争先的良好氛围。通过报考系统分析师、软件工程师、注册税务师等资格考试，既能充实自己，也能推动整个信息技术队伍的发展。其二，采取物质鼓励与精神奖励相结合的办法，建立有效激励机制，建立一个专项基金，将技术员完成的项目与收入挂钩，提供信息技术教师成长的空间，形成培养人才、重视人才的机制，使人才有归属感，激发其潜能的发挥。其三，将信息化工作细化、量化，在年终进行考评。对于优秀者给予进修学习、优先攻读高学位的机会，使有责任心、有能力的信息技术人员脱颖而出，更好地发挥才能，为信息技术队伍的壮大及发展提供公平、公正的竞争环境。

第四，完善落实培训培养机制。可以采用专家授课培训考试、跟班研发维护、分组学习讨论、开展论文评比、按项目需求培养人才、到高校进修学习等方式，并把这些方式形成制度持续执行，落实配套资金和奖金，进而形成良性的人才文化。

第四章

以应用为导向的学校信息化运作模式

　　以应用为导向的信息化运作模式的基本理念是"转换思路，以人为本，深入应用，创新实践"。其核心特征是：①应用数字化工具改变课堂教学方式；②信息技术的应用催生数字化教研；③信息化实现教学管理方式变革；④超前的硬件基础设施。其运作模式是：①建立运行机制，谋划发展策略；②建设可持续发展的信息化校园；③搭建共享平台，整合推送优质教育资源；④跨学科跨部门倾力协作。

第一节　模式介绍与分析

一、基本理念

　　"转换思路，以人为本，深入应用，创新实践"是以应用为导向的信息化发展模式的基本理念。以应用为导向的学校信息化运作模式的建设思路从"建设导向"转变为"应用导向"，这一转变为解决教育教学的发展、深化课程改革等实际问题奠定了基础。学校坚持"以人为本"，从以硬件设备和软件平台等"物"为中心转变为以学生和教师等"人"为中心；从关注基础设施的信息化，到关注教育技术的关键性应用。重在充分利用信息技术为教育教学服务，培养学生的创造性思维和探究能力，坚持"学生本位，所有的技术都要为学生的学习服务"这一教育理念，并将这些理念通过技术的支持落实到教学实践中去，促进了教育信息化的深层次发展。在教育信息化发展的过程中，顺应教育信息化的发展方向，促进以演示、讲授为主的低层次信息化教学应用向信息技术作为学习工具、认知工具、资源工具、评价工具转变，从而促进教学方式和学习方式的变革。

二、核心特征

坚持以应用为导向的信息化发展模式实质是将更多实用的系统高效地应用起来，充分为教育教学服务。具体而言，体现出了以下几个核心特征。

（一）应用数字化工具改变课堂教学方式

在传统的课堂教学过程中，教师与学生很少有交互行为，占用课堂教学时间最多的往往是教师的讲授和学生的听讲，师生之间的交互和生生之间的交互很少发生。由于客观条件的限制，如人数过多、环境嘈杂等，即使学生想要反馈信息或有自己的想法想要和教师交流，得到的机会也是有限的。

教育信息化的到来，最先改变的一定是课堂教学。在信息化的教学中，学生不再处于被动接受的地位，师生之间和生生之间的交流互动变得非常方便，教师也能够及时地获得学生的反馈，调整教学过程，学生的学习从被动接受到互动交流，信息接收方式更加多元。例如，交互式电子白板系统已经成为学校教室的计算机必备系统，在收集反馈信息、增加学生间和师生间交流机会等方面发挥了重要的作用，教学过程从被动接受变为频繁的交流互动，教学方式随之发生变革。

（二）信息技术的应用催生数字化教研

教研活动是学校教学活动必不可少的组成部分，对于提高教师的专业能力、分享经验起着重要的作用。过去，教师要和授课教师、学生同时坐在一间教室里，完成听课、笔记活动，然后另外找时间进行交流、研讨。教研活动往往被生硬地分割为几个部分，时间上的断裂导致很多好的想法得不到及时的交流，好的想法就在拖延中流失了。

数字化校园催生了数字化的教研活动，使教研活动的方式发生了变革，从原来的"模式单一，费时低效"变为"方式多元，开放互动"，使教研活动发展得更为开放、更为互动。在变革教研方式从单一到多元的同时，也提高了教研的效率。例如，北京理工大学附属中学建设了教师专业发展支持系统，为教师的教育教学提供服务和支撑，为教师的自我成长和发展提供了很好的平台。

（三）信息化实现教学管理方式变革

在学校数字化发展的进程中，学校的管理悄无声息地进入了数字化管理阶段。数字化管理是学校发展的重要推动力。例如，FTP是学校管理、教师交流分享的平台，同时又是一个巨大的资源库，提供教师教学资源的下载、分享和使用，避免了资源无法流通、重复建设的问题。学校各部门的领导从 FTP 上就能进行各项工作的检查与反馈，为实现无纸化办公奠定了坚实的基础。

信息化管理的方式提高了管理的效率，增强了管理的效能，同时降低了管理的成本。而且，信息化的办公方式方便对教学工作统筹安排和教师的分工协作，对多部门协调工作非常有帮助，从而实现了费时低效到省时高效的转变，提高了学校管理和教学管理的效率。

（四）超前的硬件基础设施

硬件环境是学校教育现代化的基础，校园网络、服务器、机房、多媒体综合教室等是主要的硬件建设内容。技术保障是关键，实现无断网、无不良信息侵害的安全信息环境，保障硬件设施能够支持行政管理、教育宣传、教师交流等。

在硬件建设上，首先，学校的经费投入非常充足，校领导的大力支持使得信息化发展阔步前进，在购置设备上能够走在技术发展的前沿，保证了新的信息技术在教育教学中的应用。再者，学校能够充分利用购得的设备服务于自己的教育教学，充分挖掘已有设备的特点和优势，培养学生的兴趣爱好、提升学生的信息素养、促进学科课程的教学、辅助教师教学管理和教学研究等。而且，对于在教育教学过程中产生的对新技术、新设备的需求，学校会尽力满足一线教师的需要，按需购置，合理配备。这样一来，提升了硬件的利用率，硬件设备在应用中体现出其价值，实现产出的最大化。

三、运作模式

（一）建立运行机制，谋划发展策略

为了加强对教育信息化建设的宏观指导与协调，学校将重要的决策从行政管理转向学校管理，成立了由校领导及相关部门负责人组成的信息化领导小组，针对学校信息化发展需求，按照学校的办学方针，设计、指导、实施和实践教育信息化建设。这样有利于形成合力，决策更加科学、高效，建设与管理的运行机制更加完善。

在谋划发展策略的过程中，坚持信息化环境与人的融合，处处体现"以学生为本"的宗旨。然后细化分级目标，支持不同类型学习，整体设计调整。例如，协作学习时设置与现实环境对应的远程学习系统等，帮助学生进行协作和交流。实现了从以"物"为中心的低层次发展形态向以"人"为中心的高层次发展形态的转变，促进教师和学生的全面发展，从而使教育信息系统始终处于一种稳定和平衡的状态。

（二）建设可持续发展的信息化校园

信息化校园的建设形成了一个完善、可持续发展的系统。信息化建设是一个系统工程，在建设与培训、推广、使用的协调配合中，信息化建设形成了一个可持续发展的系统，能够持续地进行下去。

在信息化建设的过程中，学校一方面充分考虑学校现有的软硬件基础设施，发挥其优势，服务教育教学和学校管理，物尽其用；另一方面，调研实践应用及学生发展中出现的新需求，围绕新需求问题的解决，确定目标，分析条件，制订方案，综合评价，优化方案，实施建设，并建立实施中的检查、监督、反馈、评价等制度。这样的发展过程，最终形成了两条线同步建设、螺旋上升的生态系统建设过程（图 4-1）。例如，北京一零一中学对周期比较长的项目，都涉及了需求调研、方案论证、系统选型、部署与集成、人员培训、推广应用、运行反馈、修改完善等多个过程，在整个过程中统筹安排、分步实施，确保项目的进度和质量、降低失败的风险。

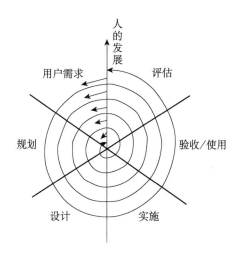

图 4-1　可持续发展的信息化校园螺旋上升建设过程

（三）搭建共享平台，整合推送优质教育资源

首先，以数据库作为支撑，建立开放共享的网络资源平台。通过此平台，教师、学生可以根据自己的个性需求，通过 Web 方式，浏览、查询、下载、使用和上传资源，实现了教师与教师、教师与学生、学生与学生之间在教学资源上的交流互动。例如，人大附中"以研究促进应用，以应用推动研究"，实现了对全国各地的优质基础教育资源的集成和共享，发起成立了"国家基础教育资源共建共享联盟"，保障信息化教育资源的供给，推动了教育资源的均衡发展。

其次，以课程建设为重点，以持续更新的方式建设和推送可多次应用的多媒体教学资源。学科教师和技术人员共同设计和研发特色鲜明、符合国家建设规范的质量高、效果好的课程文件、课件库、课程库、教材库、名师库、试题库、文献库、案例库等数字化教育资源。例如，中关村中学的"多元文化欣赏"课，紧贴学生的日常生活。经过长时间的积累，这些资源已经积累了数以千计的视频资源，这些资源无论是作为学生的自主学习材料，还是作为教师的教学资源都是非常有用的。

（四）跨学科跨部门倾力协作

学校校长和其他校领导在支持信息化发展上需倾力而为，学校的学科教师和技术人员通力合作，共同推动学校信息化的发展。在工作职能上采取成立电教中心和信息中心共同负责协调配合的组织形式，针对具体到信息化建设项目上的事情时，一般都是由学校的领导牵头，如校长或副校长，成立一个由有关各方组成的项目小组，群策群力。在信息化建设的过程中，所有与教育信息化相关的建设者、管理者和使用者都应该共同参与。大家都参与进来协调配合、共同谋划，信息化建设的道路就会越走越宽。

四、问题与建议

（一）问题

1. 缺少专业的信息化研究团队

学校的信息化工作人员基本上都是学校的技术人员，如计算机教师、电教人员等，没有形成专业的应用信息化服务于教育教学和学校信息化管理的研究队伍，这对于持续提升学校信息化应用能力是十分不利的。

通过对教师的信息化培训，只是解决了提升教师利用信息化基础设施能力的问题，提升了基础教育信息化应用过程中的"软实力"。但是这一部分学科教师并不能够代替专职的研究人员，他们在信息化的专业素养上通常达不到深层次应用信息技术的要求。

2. 教学资源的特色化和个性化有待凸显

在信息化建设过程中，以应用为导向的学校非常重视教学资源的建设和应用。以人大附中和北京一零一中学为例，它们在满足自身对教学资源需求的基础上，实现了教育资源的共享，向那些不具备自主建设教育资源能力的学校和资源建设能力不高的学校提供了巨大的帮助。但是这也带来一个问题，就是资源内容与形式的单一，不能满足不同学校、不同教师的个性化教学实践。于是身边拥有大量现成的教学资源，但教学中"特色资源"却捉襟见肘。

（二）建议

1. 建设专业的信息化应用研究团队，提升学校的信息化建设研究水平

学校依据自身的实际情况，建立一支专业的信息化发展研究团队，配备专职

的研究人员，研究和探索符合学校自身特色的信息化发展道路。特色的信息化发展需要研究人员了解自己学校的特色、学校的发展状况等，因此在组建信息化发展研究团队时，应当首先考虑那些了解学校实际情况、愿意应用信息化完善学校原有教学方式和管理方式的人员。例如，可以从校内筛选有经验的教师，对其进行专业培训，提高其科学研究的素养等。

2. 创新教师培养的手段、内容与方法

教师培训的形式单一造成了许多问题，如教师培训的周期过长造成教师通过培训获得的技能并不能与技术的更新换代同步发展。在发展过程中，以应用为导向的学校对教师的信息素养要求较高，可以采用多种方式进行教师培训，而不是仅仅局限于单一的培训模式。同时，提高教师培训的效率，让教师通过培训能够跟得上技术的更新换代。例如，可以运用信息化的远程教育平台，扩大教师培训的规模和力度，增加教师培训的频度和效度，注重提高每个参加培训的教师的自身水平和素质，而且要带动本校、校际的教育信息化培训，采取互相帮扶、资源与方法共享的方式，使教师培训走向常态化和优质化。教师培训需要认真制定教师培训的标准、培训的内容、培训的效果评价、制度保障建设等，对这些方面的探索研究是一项重要的工作。

3. 建立资源共享联盟，建设特色资源

学校之间形成联盟有利于优质资源的共享，减少教学资源重复建设的情况发生。研究和开发适合学校间交流的各种教学软件，为教育行政部门和学校师生服务。以北京一零一中学为例，在"非典"期间利用本校的优质教师资源为全国中小学提供了海量的教学资源，为欠发达地区的教学实践提供了巨大的帮助。在形成校际联盟以方便资源共享的同时，还应当充分发挥学校的自主性，建设具有本校特色、符合本校教师实际教学需求的教学资源库。注重信息化资源的开发、建设和管理，针对配套的软件资源匮乏和管理不合适的情况，学校电教中心或现代教育技术中心可连同各相关部门加强协调和管理，加强学校间教育信息软件资源的有效共享，同时将学校的教育信息资源"特色化"的工作做好。

第二节　案例介绍与分析

一、中关村中学信息化发展核心特征及运作模式

（一）学校概况

1. 学校总体情况简介

自 1982 年建校以来，在上级主管部门的大力支持和全校教职工的团结拼搏下，北京市中关村中学先后合并清华园中学、双榆树中学，承办学院路中学，经过 30 多年的艰苦努力，从建校时的 6 个教学班、200 多名学生的初中校，发展成为现有 95 个教学班、近 4000 名师生，在全国有较大影响力的完全中学、北京市示范性普通高中。

经过 30 多年的积淀，中关村中学形成了自己的办学优势和办学特色，办学思路清晰，目标明确，初步建成一支师德高尚、业务精湛、教育与管理思想先进、富有创新精神的优秀干部、教师队伍，构建了规范、开放、多元和科学的课程体系，在教育改革中提升了教学质量，形成了以"恩来精神"、院士文化为主题的系列德育特色活动，在艺术、体育、科技教育方面，促进学生全面发展成果显著，形成了中关村中学人"学生为本，赢在拼搏"的共同价值观，以及科学、民主、务实、高效的管理机制，学校充满了积极向上、开拓创新的生机与活力。学校被批准为教育部"十二五"特色高中建设实验项目校，对促进中关村中学学生的培养和发展有很好的助推和提升作用。

2. 学校信息化建设概况

1）教育信息化硬件建设

多媒体设备走入所有教室及会议室。早在 2003 年，学校就将所有教室建成了多媒体教室，配有电脑、电视、实物展台、投影、音箱等全套设备，并根据设

备的使用情况及信息技术的发展变化不断更新维护，2010 年将原来的投影改成 52 寸液晶电视，今年在南校、北校和本校更换了 102 套多媒体触摸一体机，这些设备的改进大大促进了信息技术在教学中的应用，提高了学生学习兴趣和课堂实效性。学校还拥有多功能会议室三个，现代化多媒体报告厅一个，能够满足日常各种会议需求。

学校建有高标准的计算机机房，除了满足信息技术课教学，还在此开设相关选修课，并用其进行信息技术与学科整合课程的不断尝试。校园的高速光纤网和无线网覆盖各教学楼及办公楼，在校内任何地方均可自由方便地上网。

学校建有四讯道专业级演播室一个，老师讲完课后就可以直接拿到已经编辑好的光盘和录像带，这样专业级的演播室为拍摄各级各类公开课和举办各种活动提供了专业场地和便利条件。为了满足使用要求，学校扩充了演播室的使用面积，安装了升降电视台、卡拉 OK 设备，进一步完善了灯光系统，根据节目制作需要扩展了演播厅的功能。

图书馆也全部实现信息化管理，这些现代化的硬件设施极大地方便了教师和学生查阅各种资料。而且，学校为所有一线教师及需要的职员配备了笔记本电脑、移动硬盘等装备，可以在校园内任何一个地方无线上网，从而大大方便了教师使用信息技术进行教学设计及其他教学活动，促进了教育信息化的发展。学校室外建有大型 LED 电子显示幕，有效地宣传了学校的形象，展现了学校的风采。校园电视台采录编设备齐全，为节目的制作提供了充分的硬件保障。

为满足课程改革的需要，根据高中新课标的实际需求，学校建成了多个数字化实验室，本校区建有理化生三个数字实验室和电子显微镜室，南北校区分别建成一个综合性数字实验室。数字化实验室运用实时测量、数据采集、数据分析和智能控制等先进技术，实现了中学理科实验教学与信息技术的全面整合，适合于中学理科新教材，能够完成新教材要求的数字化物理、化学、生物等各学科实验。

2）教育信息化软件建设

（1）网站建设。学校的网站建设是教育信息化建设的重要方面，学校建有自己的网站，几经改版，网站内容日趋完善，功能日趋多样化，现分为校园外网和内网两个部分，外网是学校对外宣传的窗口，也是展示全校师生才能、加强对外联系的阵地，现设有学校概况、学习园地、师资建设、对外交流、在线应聘等栏目，信息更新及时。各部门都分设管理员，负责稿件的收集和审阅。内网必须凭账号密码登录，涉及校务公告、教务管理、教师论文、常用信息等内容，方便本校教师及时了解学校各种信息。

（2）校园电视台。校园电视台建于 1993 年，每周播放 20 分钟，内容主要为校园新闻，以及和学生相关的专题节目，电视台人员以学生为主，专业教师做指导，从前期策划到拍摄、采编、录音、特效等后期制作主要由学生自己完成，目前已经播出 259 期。随着电视台各种硬件设备的更新换代，学生电视台制作的电视节目也日益精良，特别是在 2007 年学校演播室投入使用后，更是扩大了学生充分施展能力的舞台，借助于演播室的触摸屏等先进设备，特别增添了"读报知天下"栏目，节目形式新颖，让师生耳目一新。先后录制了综合新闻、读报、点歌台、校园短剧、SK 状元榜、访谈等不同形式和内容的节目。2008 年，学校学生电视台制作的奥运专题节目在海淀区举办的奥运 DV 大赛评选活动中获得一等奖。十多年来，校园电视台的学生，在活动中提升了他们的媒体素养，使他们对媒体有了更多的了解，激发了他们在将来职业选择方面的兴趣，他们中多人考入中国传媒大学等多所传媒大学，分别学习主持、编导等专业，他们中还有中央电视台驻外国记者，都取得了不错的成绩。校园电视台的工作是他们人生中一道亮丽的风景。

（3）数字图书馆及电子期刊阅览室。学校为学生电子阅览室 150 台电脑安装了中小学数字图书馆，内容健康积极向上，适合学生浏览。学校还充分利用网络资源，建立了中关村中学电子期刊阅览室，既有配合各学科教育教学的专业性期刊，又有丰富视野、陶冶情操、提高全员综合素质的课外阅读辅助期刊，为师生阅读提供了充足内容。

（4）校网 VOD 视频点播系统。学校 VOD 系统建于 2008 年年初，VOD 服务器为广大师生提供了丰富的教学视频资源，并且为了促进教学交流，还随时将校内各科优秀的课堂实录上传至服务器，校园新闻、多元文化艺术欣赏等校内自制的视频资源也随时上传，以供广大师生查看交流。

（5）资源库建设。学校于 2003 年购买了中央电教素材库，教师可以随时从校内网高速下载各种音频、视频、动画、文字等素材，还陆续购买了各学科优秀的课件光盘、教学光盘等，为教师制作优质课件、上出优质课提供了充足的软件资源。

（6）学籍管理系统。学校学生多，教务老师具有较高的专业能力和信息技术水平，从 2003 年开始，学校教务处开始逐步使用学籍管理系统。随着该系统功能的不断完善和教师操作技术的日益熟练，学校全部学生学籍实现无纸化管理，教务工作更加便捷轻松。学籍管理系统除了被用来管理学生的学籍信息，制作学生的证件卡，还为学校其他系统提供账号，如学校心理服务中心，为师生做心理测试提供账号等。

（7）高中课程管理系统。随着北京市普通高中课程改革的不断深入和信息化条件的不断完善，从 2007 年秋季以来，学校师生借助于高中课程管理系统实现对学生的学分认定、复议、再认定等，基本实现了学生课程、学分的电子化管理。

（8）高中综合素质评价系统。在 2007 年使用之初，学校制作了学生评价的使用说明，并为起始年级的师生进行全员培训。利用该系统中的检查功能，检查师生填写情况，将学生的综合评价成果作为学生的电子档案，为升入高一级学府提供有效考评。

（9）室外 LED 电子显示屏。作为学校教育教学的窗口，室外 LED 电子显示屏在展示学校形象方面起到了非常积极的作用。学校非常重视用好这一资源，由主管领导负责审查播出的内容，并由专人制作上传，学校的教师和学生也积极参与进来。LED 屏上播放的内容非常丰富，如历史上的今天、党史上的今天、中华民俗、各类学校活动、多元文化艺术欣赏、校园新闻等，它已经成为学校对内对外宣传的一块坚实阵地。

（10）网上阅卷系统。以计算机网络技术和电子扫描技术为依托，实现客观题自动阅卷，主观题网上评卷，让学生模拟中高考考试模式，与中高考接轨。网上阅卷自动屏蔽考生信息，确保阅卷过程客观公正，自动登分、加分与统计分析，避免了人工操作可能存在的误差，确保统计分析的质量。

（11）选修课选课系统。高中新课改以来，学校开设的国家选修课程和校本选修课程每个年级都有 20 多门，如何让学生自由地选择课程及如何编班是一项时间紧、任务重的工作，而有了选课系统后，学生在规定的时间内选报自己的课程，自动编班。学生还可以对自己认为不适合的课程进行退选操作，也可补选仍有余量的课程。

（12）信息发布系统。主要目的是推广新的教学改革，将本校优秀教师教学过程的高品质记录和学校现有丰富的多媒体资源，以高可控、易管理的系统进行播放，达到对学校内各班级、办公室及相关区域的覆盖，实现优质教育资源的共享。把能体现校园文化的音视频、图片、文字等信息通过点播、直播的形式展示给大家。通过在校区的大门口、体育场馆、图书馆、教学楼、会议厅和食堂等规划布置终端显示窗口，建设一个创新的信息发布系统，及时把教育方针、时势政策、实时咨询、重点新闻、科普知识、文化娱乐等信息展现在受教育者面前，占领教育宣传的科技阵地。该系统以其先进的技术，强大的功能，在教育教学中得到迅速开发和应用，代表了现代教育技术的发展方向，是教育技术发展的必然趋势。该系统能够更好地利用信息技术的有力资源，将现代教育技术的应用与信息社会发展的方向有机结合起来，充分发挥多媒体网络技术应有的效能，实现建设数字化校园的理想。

（13）媒资管理系统。随着学校的发展，各类图片、视频、音频、文档等多媒体资料日益丰富，因此对这些资料的存储和管理也显得越来越重要。学校目前已经感到对多媒体资料的存储和管理非常不便，特别是使用这些资料时，查找起来非常困难。因此媒资管理系统的建设将会很好地解决这一矛盾。

（14）数字校园系统。利用全方位的信息手段，如网络、手机短信等形式进行发布信息、办公管理、处理日常事务等，它是非常有效的一种形式，可以极大地提高办公效率，提高办事能力。多媒体教学移动终端是基于智能操作系统的平台，教师通过便携的移动终端设备，与显示设备连接，进行交互多媒体教学和演示，可以取得非常好的教学效果。

（15）电脑美术作品工作室。学校学生依托信息技术课堂创作的信息技术作品，在海淀区课堂作品评比中获得很多奖项，为了创造更好的学生自由创作的条件，特设立电脑作品工作室，配有专业教师辅导，学生在这里利用网络，发挥特长，创作更好的作品，更好地提升信息素养。

3）教育信息化教师队伍建设

（1）以各部门领导为主，负责相关管理监督工作。为保证校园信息化建设各项目的顺利实施，学校专门成立了校园信息化项目领导小组，人员分工清楚、责任明确，流程合理，监督控制有效，针对项目实施的不同环节制定不同的对策。

（2）以信息技术教师和电教处教师为主，负责相关技术工作。学校班多人多，各种信息化设备繁多，任务繁杂，为保证这些设备能够正常运作，必须有相关的技术人员进行日常管理及维护。学校现有信息技术教师及电教人员共14人，分别承担着信息技术教学、校园网管理维护、学校多媒体设备管理、机器维修、各种公开课及活动摄影摄像和后期制作、多元文化欣赏节目制作、校园电视台节目制作和培养学生记者等工作，责任到人，分工明确，为学校教育信息化的推进和发展提供充足的技术保证。

（3）信息化培训。在教育信息化大潮中，学校非常重视教师队伍的建设，要求教师必须紧跟时代的步伐，适应时代的发展，积极改变教育观念，在信息化这个大环境中积极提升自身的信息素养。学校非常重视对教师的相关培训，从1999年开始坚持利用假期和课余时间为教师举办信息技术培训班，大大提高了教师的信息技术水平。除了信息技术培训，学校也非常重视教师教育技术能力的提高。学校利用继续教育工程推进全体教师教育技术能力的学习和提高，2005年，全校教师参加了"英特尔未来教育"培训，让教师不只是学会使用信息技术，更要让信息技术有效地运用到教学中去，并且让学生充分利用信息技术开展学习活动。2009年，学校利用三个信息技术教室和一个电子阅览室分批次为近400名教职员工完成了北京市教师教育技术能力培训，让教师更好地学习和掌握了信息技术环境下的教学设计，进一步提高了整体教师的教育技术能力和综合素质。

（4）以一线教师为主，将教育信息化有效落实到教育教学中。优秀的教师队伍是一所学校发展的稳固根基，学校现有教职工337人，全为本科以上学历，其中研究生学历占10%，另外学校有特级教师7人，市区学科带头（骨干）人71人，有一支责任心强、业务素质高的教师队伍。信息化对教学的影响范围不断扩大，正在改变传统的教学理念、教学方法、教学方式，它已经渗透到日常教学的方方面面，为提高教师的信息技术教育教学水平，充分发挥现代化教学媒体在教育教学中的效益，切实把信息技术应用到教育教学中去，学校积极开展以"信息技术与课程整合""信息技术环境下的教育教学"等为主题的校园公开课活动，教师们通过对主题的研讨及对公开课的听课评课等环节，认识到信息技术对教学方式方法的影响和改变，探索在信息化大环境下如何教学更高效。更推出了一系列高质量的信息技术网络环境下的课堂，地理教师的《三个经济地带的特征、差异与发展》是北京市级公开课，已被国家基础教育资源库收录，该课正是利用网络教学的代表。还有老师和学生共建主题网站，让信息化更好地服务于教育教学。

（二）核心特征

学校搭建媒体平台最根本的目的是提高培养学生的效益，涉及教学的各个方面，如利用媒体平台开设校本课程，学科教师的备课、授课，学生课外活动的开展，学校各个方面的管理等。立足学校实际，从学校的教育教学管理、学科建设、学生课外活动建设等方面梳理了学校搭建的媒体平台利用情况，在此基础上，有目的、有意识地引导学校教师积极探索提升媒体平台利用效率的途径，力争实现现有媒体平台的合理、高效利用。

1. 利用媒体平台培养学生综合素养——以"多元文化欣赏课"为例

随着时代的发展，经济的全球化推动着文化的融合，文化生态系统正经受着前所未有的挑战。在这样的社会变革中，作为学校的教育者希望学生了解世界的发展，了解自己民族的文化，以及其他国家的文化特色与价值。因此培养学生的综合素养至关重要，信息技术为学生综合素养的培养搭建了平台。

学校课程研发小组积极思考，结合学校媒体平台，提出利用媒体平台开设"多元文化欣赏"课程，通过学校的闭路电视系统，每天向全校师生播放五分钟的视频，至今已播出千余集，内容涉及文学、艺术、体育、政治、历史、地理等多个方面，古典文化、现代文化与流行文化皆有涉猎，中国传统文化与世界各国文化皆纳入视野，兼顾时效性与学科整合功能，紧贴学生的日常生活。

"多元文化欣赏"课程的内容具有连续性与多元化的设计特点，不仅可以开阔学生的艺术视野，也能增加教师的教学经验。五分钟的课程开始游走于文化的多个层面，既有中华文化积淀的人生智慧与谋略，又有西方文学的源流与浪漫。这种以主题为单元的系列式呈现方式保证了师生在一段时间中的学习关注点，而主题与系列的不断变化又保证了文化介绍的多层面性与多元性，这种呈现形式能够使教师和学生很好地在文化形成的时间、空间与层面三者之间腾挪转换，从而加强了学生和教师对多元文化间区别与关系的认识。

"多元化文化欣赏"课程还具有学科整合功能与时效性。随着"多元文化欣赏"这一课程逐渐成形，老师和学生开始与各教研组的老师们合作，寻找贴近学生学习的教学资源。当今世界，整合学科知识的意义超越了单一学科教学的意义，而且顺应了世界科技文化发展的趋势。

2. 利用媒体平台促进必修课程和选修课程的教学

计算机技术对我们生活的各个方面都产生了巨大的冲击，在中关村中学，计算机的普及率达到百分之百。教师的计算机运用水平在学校培训和教师自学的支撑下逐步提升，并达到了较高的水平。计算机技术在教师的教学过程中所起的作用越来越大。从面上来看，对于教师而言，计算机的主要用于查阅资料方便备课、课堂中替代黑板做一些演示、教师之间的交流、师生之间的交流等，而从教学的本质来看，媒体技术起着不可替代的作用，尤其是在受到时空限制时的实物再现、微观世界展示、宏观世界的微观化展示等方面起重要作用。利用媒体技术做学科试验展示和进行学科试验，引导学生体验学科知识的产生发展过程、理解学科知识本身，在学习学科知识过程中，培养学生的人文素养、科学素养及相关的思想、方法和精神等。媒体技术在学生教育过程中起着重要的辅助作用。

学校选修课程是开放课程，其信息只有满足学生的需求，学生才能选择并积极参与其中。媒体平台既是学生通过网络查阅海量资源的场所，也是学生进行试验和体验的场所。在实际教学中，借助媒体平台独有的优势，学校选修课程教与学的效率不断提升。

3. 利用媒体平台积极开展学生课外活动

在媒体技术的支持下，中关村中学的学生课外活动十分丰富。例如，机器人社团、天文社团等在教师的指导下，学生通过自己的亲身体验，掌握了很多专业知识，如天文知识、C 语言等，并创造性地制作了很多产品，并且积极参加各种类别各个等级的专项比赛，取得了丰硕成果。

例如，学校电视台在培养学生素质方面发挥了很大的作用。随着时代的发展和学校硬件的更新，中关村中学电视台招收的学生记者越来越多，面对利用业余时间来参加活动的学生，学校指导教师十分清楚这些学生的需求，根据座谈调研，学校电视台作为学生课外活动的一个平台，其活动的核心内容是培养学生的素质，努力做到综合素质与专业素质相契合，注意培养学生按电视传播特点及规律去进行电视节目解说词的写作，培养几位撰稿人以适合不同风格的电视节目，同时注重学生的责任意识和团队精神的培养。

4. 利用媒体平台推进学校教育教学管理

中关村中学利用现有的媒体平台提升学校教育教学的管理效率和管理质量，

具体体现在以下几个方面。

（1）利用网络平台整合学生管理，提供教学资源服务。为了方便各个教育教学职能部门对学生的综合管理，学校在校园网站上建立了学校管理集成平台，一是方便学生将相关信息上传到资源库中，二是方便教师进行相关管理。

（2）利用网络平台进行教育教学管理。学校教学处、教育处分别建立了自己的管理邮箱，通过邮箱及时发布相关的教学要求和任务，同时及时回收教师需要上交的材料，这样减少了中间的流通环节，提高了管理效率。

（3）利用网络平台进行科研管理。学校教科研中心利用网络平台发布科研信息，为教师提供科研成果推荐等服务，同时提供各种科研培训、交流信息，促进学校教师参与到教育科学研究中来，提升学校教育教学质量和水平。

（4）利用信息技术进行学科教学管理。例如，在某次全校或全区测评后，如何通过比较来肯定学生的优点、指出学生的缺点并帮助其改正，媒体技术能给出直观形象的分析。

5. 利用媒体平台实现"自我展现"

学校利用校园电视系统、校园网等媒体尽可能为学生提供自我展示的舞台。例如，利用周四班会时间展示学生的达人秀、播放校园新闻；利用学校主题活动，如元旦晚会、体育文化节等展示学生才艺；利用专题片介绍学生中发生的热点；利用网络展示学生的各种成绩等。

学校不但重视为学生提供自我展示的舞台，而且十分重视展示教师的风采。对于在各个时期表现优异的教师，学校通过学校大屏幕、校园网、校园电视台等大力宣传，如"三八"红旗手、"五四"青年教师、区优秀教师等，同时及时报道学校教师在各个方面开展的活动和取得的成绩，如海淀区"十二五"规划课题开题论证会、班主任培训会等。

（三）运作模式

1. 团队协作，相互促进，打造品牌

在重大项目中，中关村中学经常通过团队的力量利用信息技术的优势形成教学成果。以"多元文化欣赏"这门校本课程的开发和教学为例。

课程的初创期主要是以制作组教师为中心进行节目制作，节目内容主要来源

丁小组教师搜集整理的资料，学校领导和教师共同制定每学年、每学期、每周的播放内容，并由制作小组的老师们在"节目"播出前一周完成制作。虽然"节目"可以向全校师生"播出"，但仅仅停留在"我播你看"的层面上。

初级阶段的节目与那时的课堂教学一样，是以教师为中心的单向输出，学生处于被动学习状态。虽然"节目"超越了教室的围墙，扩大了受众面，超越了文字的呈现方式而实现了教学内容的多角度，但是录播的教学形式使教师与学生无法面对面交流。这种仅限于教师小组的"节目式教学"受灌输式教育观念的影响比较严重，注意到了内容的"多元"而忽视了教学形式的"多元"，没有真正达成教学中最为宝贵的"交流"。

课程的发展期是指多学科整合的师生共同学习时期。随着"节目"的播出，来自各科教师的建议与想法也越来越多。这门课程的教学内容不仅可以利用、整合日常教学中的学科知识，而且可以鼓励学科教师和一部分有兴趣的学生参与进来，共同制作"节目"。教学内容的大胆突破不仅带来了良好的"收视"效果，而带来了教学形式的根本变化。例如，技术人员与地理组的老师们一起制作"大国的崛起"专题。这一阶段，实现了师生合作学习、师生互相学习。

课程的现阶段是走向多媒体互动与分层次探究时期。学科的整合与学生的参与使"多元文化欣赏"课有了翻天覆地的变化，但同时也引发了新的问题"如何才能更有效地获得来自观看者的反馈""如何从多个角度促进生生、师生的互动""如何才能让我们的五分钟呈现出教学的深度与层次感"，等等。

在课程教学过程中，学校十分重视教学效果的反馈，并在课程开展的过程中进行了两次问卷调查进行教学效果测评，许多同学表示"每天下午5分钟的多元文化赏析成了我们了解世界文化的一个窗口""每天短短五分钟令我受益匪浅……我不仅得到诸多的课外知识，更学会了如何做人做学问"等。

2. 依托项目，小组研发，共同发展

以学校地理教研组开展的"虚拟课堂"为例，学校相关教研组以小组协作的形式，合理高效利用媒体平台支持开展教育教学活动，参加了"信息技术的科学应用与促进教学方式的改革"项目。借助网络这一虚拟课堂和显示课堂相结合，实现跨学校、跨年级、跨班级，甚至是跨学科的网络授课，在课程的开发、实施和研讨的过程中，以课题研究为框架，以课堂教学为媒介，以问题探究为线索，以互动探讨、自我反思为形式，立足在课改中进行课题研究，更新教学理念，转

变教学方式。

地理组重点推出《旅游地理》及《自然灾害及防治》两个选修模块，共经历了六个实践阶段：①准备阶段——熟悉平台，激发兴趣；②启动阶段——调查学情，自由分组；③推进阶段——专业指导，加强认识；④再推进阶段——提出问题，深入思考；⑤交流阶段——现实课堂，总结交流；⑥总结阶段——深入推进，结论共享。学生在选课平台上进行课程的选修，老师在平台上介绍课程设计，学生根据情况选择地理教师中的任何一个老师进行学习，授课教师通过网络调查和测试，将四名或者六名知识掌握程度不同的学生组成一个小组，组际总体水平相当，以便为小组内的合作交流提供保证。学生可以在规定的时间段内，在网络平台上自由驰骋，不必受统一教材、统一进度、统一知识的制约。每个学生都可以根据自己的兴趣爱好、学习习惯、学习进度和深度，自由地调用所需要的信息资源；可以根据自己的知识基础和学习速度自定学习进度，主动参与网上练习和讨论、提出自己的看法和建议；可以根据自己的理解和相关的知识去重组或构建新的知识等。

通过这样的方式，充分实现了教学的个性化，赋予了每个学生在学习的时空、内容、方式和数量等方面的自主权和调控权，促使教学的中心转向学生，由对教的重视转向对学的重视。凡是学生能够自己解决的问题，都让学生自己解决；凡是学生不能独立解决的问题，组长（版主）或教师就要通过网络启发、引导、组织大家一起讨论，合作解决。

经过一个月左右的网上学习，教师根据实际情况把学生集中起来，进行现实课堂授课，总结上一阶段情况，解决学生网络学习中的问题，布置下一阶段的任务并提出相应的要求。网络技术给学生创造了一个能自主安排的学习环境，虚拟课堂改变传统的地理教学方式进行"1对N"的单线推进而呈现出的多线并进的特点，同时利用现实课堂弥补虚拟课堂的不足，很好地实现教学目标，最终真实提高学生能力。

3. 个体本位，寻求援助，形成特色

由于媒体技术提供了开放式的平台，教师个体可以立足个人特长，充分发挥媒体的辅助作用，积极开展媒体支持下的教学试验探索，在此过程中积极通过网络寻求各种技术支持，在不断实践中逐步形成个人授课特色。例如，天文指导教师刘洋就是在这种模式下逐步成长起来的，他带领的天文社团按部就班地进行建

设，组织了多次活动。

第一步，基础知识准备。知识储备要求：数学基础、外语能力、物理学知识、历史文化知识；天文学分类：实测天文、行星天文、恒星天文、宇宙学。

第二步，规划社团活动目标。

第三步，组织活动：组织主题活动，并指导学生通过网络来实现知识准备，借助学校天文台和天象厅进行试验和实践。

通过调查分析，学生在教师指导下，利用媒体平台在活动中总结了如下经验：学生更好、更全面地掌握与主题核心相关的天文知识；在利用网络查询筛选知识内容的过程中，学生对知识的学习更为自主；教师的参与可以帮助学生更有效地筛选组织有价值的信息。

4. 立足宏观，细化管理，提高效率

学校从宏观上设立了利用网络进行相关事务的管理，如教科研信息的及时发布、教师与学校管理者的交流、学生信息的管理等，使很多管理细节精简化，提升了学校管理的效率。

（四）问题与反思

学校信息化建设在校领导的大力支持下，正日益改变着学校的教育教学环境和模式，为学校实现高效管理提供了先进手段，但是在这十多年的建设发展中，学校信息化建设也凸显出了一些问题。

1. 缺少高屋建瓴的长期建设规划

目前，学校信息化发展非常迅速，但学校的教育信息化建设经费使用周期长，加上学校建设时间一般以假期为主，导致建设的滞后。学校信息化建设团队以信息技术教师为主，缺少理论水平高的研究团队对整个建设提出高屋建瓴性的中长期建设规划。

2. 人员配备不足

学校的信息化建设团队以信息技术教师为主，辅以电教老师等。这些人员在学校中的地位比较尴尬，既要负责教授信息技术课程，又要进行学校信息化方面的维护工作。这些教师都是超负荷工作，在教学方面，很难有精力再去钻研，在信息化方面很难有时间再去学习，导致两个方面都不是很精深，给他们的评职工

作带来困难。信息化建设的团队没有时间参加高端的理论学习和培训，就没法成长为一个拥有高端理念的研究团队，也就没法对学校的信息化建设提出富有建设性的规划，这在很大程度上阻碍了学校的信息化建设。

3. 资源的不充分利用

学校对硬件资源的使用较充分。但是，部分硬件设备在项目立项之初是满足需求的，但是经过整个项目的前期立项到后期建设完成的过程，则出现了硬件资源不能满足实际使用的情况。这主要是因为缺乏硬件厂商对硬件建设的及时升级及应用指导。如何发挥设备资源的最大应用价值，是非常值得研究的。

在软件资源方面，什么样的软件资源值得大家去共享，什么样的资源有最大的共享价值？现在不管是个人资源还是学校资源都很丰富，但是适合共享吗？愿意共享吗？这些都是值得去研究的问题。学校内的资源，如何让老师们充分利用，如何发挥校内资源的最大价值，在这些方面的应用研究还很少。

根据学校制订的学校中长期发展规划，学校不仅积极争取条件更新信息化发展的硬件设施，同时也在不断培训教师，改变教育观念，提升个人信息化设备硬、软件的使用水平。通过参与到《北京市海淀区教育信息化发展核心特征和运作模式研究》课题中，教师们不仅积极梳理了学校已有的利用信息化促进学校各项工作的经验，同时积极思考了其中的局限与不足，制订了改进的方案，并积极实施，到目前为止已取得一些进步。我们坚信，根据课题组课题研究目标的设计，只要我们坚持研究下去，我们将取得更多更有效的经验，从而真正充分发挥信息技术的功能，全面、有效地促进学校各项工作的顺利开展。

二、北京理工大学附属中学信息化发展核心特征及运作模式

（一）学校概况

北京理工大学附属中学始建于 1950 年，前身为成立于 1940 年的延安自然科学院，即北京工业学院附属中学，1980 年就被认定为海淀区重点中学，2004 年成为北京市示范高中，办学 60 多年来，形成了"人文奠基，理工见长"的学校特色，为国家培养了大批优秀人才。

（1）优秀的教师队伍：学校有特级教师 5 名，市区级学科带头人及骨干教师 62 名，另有外籍教师数名。在专任教师中，具有研究生学位、双学位的教师占 96%。学校涌现出一大批全国及北京市优秀教师、优秀教育工作者、北京市"紫禁杯"班主任，同时拥有一支由高校、科研院所教授学者组成的专家导师团。

（2）丰富的教育资源：学校建有一流的天文实验室、气象教室、机器人实验室、生物分子实验室，以及"咖啡舒吧""茶艺教室"等多个专业教室，设有先进的信息数字网络实验室，校园网信息点千兆到桌面，拥有丰富的图书资源，与中国科学技术协会、中国气象局、北京理工大学等多家单位建立了合作伙伴关系，校外教育资源丰富。

（3）富有特色的课程体系：学校已构建"钻石型"特色课程体系，包含学科基础类、学科拓展类、CPS 活动类及人格养成类四类课程，其中书院课程、SDP 课程、荣誉课程及服务性学习课程等别具特色。学校开设了八大领域的百余门校本课程，"茶艺·悟道"课程的师生多次出国参加"中国日"交流活动；同学们在"化学工坊"课上可以亲手研制肥皂，在"生活实验"课上能够自制"寿司"……学校出台了《北京理工大学附属中学学分认定与管理制度》，引导学生全面而有个性的成长。

（4）大胆革新的人才培养模式：学校与北京理工大学联合创办了"理工实验班"，吸纳了优质教育资源，满足了不同潜质学生的发展需求。"理工实验班"采用"一体多面的钻石型"课程体系，实行"双导师制""双学分制"，尝试弹性学制，使学生提前感受大学教育，体验大学生活。2011 年，学校成为"基础教育阶段，创新人才培养项目"基地校，通过开设过渡性课程、体验性课程，对接大学实验室等培养模式，为有物理特长、对物理感兴趣的学生提供了个性发展的平台。同时，学校设立了"学生发展指导中心"，引领学生规划人生、发展学业、成长心理；"车道沟书院""悲鸿画轩"等专业教室为学生提供了自主学习的空间；与美国、澳大利亚、英国、日本等国家和地区的知名学校建立了友好合作校关系，扩大了国际交流。

（5）民主管理的文化氛围："尊重信赖、相互关心、承担责任"是学校的主流文化。学校设有"校长信箱"，倾听学生和家长的心声；实行"校长接待日制度"，搭建学生与校长对话的平台；成立"学生代表工作室"，聘任"学生校长助理",让学生广泛参与学校的民主管理;成立"家长委员会",促进家校合作;举办"18 岁成人典礼",让学校、老师与家长共同见证学生的成长;"接力日记大家写"活动使学生在民主管理中增进友情。

近年来,学校获得了多项殊荣,先后被评为北京市科技示范校、德育工作先进校等。同时,学校还是联合国教科文组织的项目实验校、"基础教育阶段,创新人才培养项目"基地校、全国气象科普教育基地校、全国体育及艺术传统项目校。2011 年,学校被《北京日报》等京城主流媒体和新浪教育频道联合推选为"代表北京最高水平的国际教育品牌校"和"学生培养最具增值力的品牌中学"。

在学校领导的高度重视下,学校信息化建设在基础设施建设、信息资源建设、信息技术普及、运用信息技术提高教育质量和管理水平方面都取得了巨大的成绩,各部门相继应用了各类业务系统,如 VOD 系统、图书查询系统、照片管理系统、音像资料查询借阅系统、学生成绩分析系统、中小学信息管理系统、高中新课程管理系统、综合素质管理系统和 FTP 文件服务系统等。

2009 年,学校入选北京市首批数字校园建设项目实验校,经过不断努力,部分应用系统已经投入到教育教学工作当中,同时根据实际需要不断修改完善现有平台,在教育部等各级领导的大力支持下,重点建设学生成长支持平台,以及在这一过程中对数字校园的建设模式与应用模式进行探索。2011 年,学校抓住"抗震加固"的契机,优化升级了学校的网络基础设施,使校园网的速度达到千兆到桌面,为学校信息化发展打下了坚实的基础。

（二）核心特征

1. 自主学习平台,转变学习方式促进学生自主发展

中小学网络教育的发展模式将不仅体现在课堂中,还会更多地体现在课堂之外,通过网络将学习材料和学案素材提供给学生使用,学生利用网络超前学习、复习功课和书写作业,极大地提升了学生主动学习的意识,体现了以学定教、高效课堂的根本。

2. 智慧教室,转变教学方式激发学生学习兴趣

教室不再是唯一的学习场所,有效整合的课堂是快乐的课堂,是充满生机、充满灵动的课堂。应该说，信息技术与学科整合的研究促进了学生良好学习习惯的养成，积淀了学生发展的潜能，为学生的终身学习奠定了坚实的基础。

3. 校园办公系统，转变管理方式促进学校发展

在数字化校园建设过程中，学校尝试利用网络环境建立学校管理平台，教师的教研、交流、反思，管理者的日常办公、师生信息管理、教师评价，学校对家长、社会的信息发布、反馈接收等都统一在管理平台上进行。这一探索改变了传统的沟通方式，营造了良好的交流空间，推进了资源整合，加快了信息流通，规范了办公流程，减少了办公成本，从多方位提高了管理效能。

4. 坚持"以实用为导向，以效益为指向"的信息化发展原则

数字校园是一系列信息系统的组合，作为现实校园的数字载体，数字校园具备数据源分散、应用异构、需求动态发展等特性，为保证数字校园整体建设的快速和有效，在建设过程中必须遵循科学适用的原则，即围绕学校的办学理念，紧密结合教育教学工作的实际需要，以实用为导向，以效益为指向，建设好用、易用的数字校园系统，促进信息技术与教育教学工作的融合。

学校在发展信息化的过程中坚持自己的原则，注重信息技术的实用性、稳定性、开放性、先进性和安全性。"实用性"表现为坚持将"应用"作为数字校园建设的核心目的，坚持实用的设计原则，紧紧围绕学校的实际需求，与知名企业紧密合作，定制开发学校应用系统，重视用户体验；"稳定性"指的是"硬件设备"的稳定性和"应用系统"的稳定性两个方面，"硬件设备"的稳定性表现为设备性能稳定且正常运行时间长、无故障时间长，"应用系统"的稳定性表现为学校数字校园的系统功能能够充分满足学校工作需要，系统能够长时间稳定运行，系统维护量小；"开放性"表现为学校数字校园的应用系统具有良好的开放性和兼容性，采用面向服务的公共管理平台，通过信息门户、统一身份认证和公共数据交换，整合、集成各类应用系统和各种信息资源，满足当前、适度超前、适应发展；"先进性"表现为在学校信息化的规划、设计和建设中，采用先进的思想、超前的规划、成熟的技术与设计方法，符合当前潮流与未来发展趋势，以便跟上信息技术的发展，具有较强的生命力和长期的使用价值；"安全性"是指学校在信息化发展中，数字校园

的应用系统涉及学校各个职能部门的大量数据，安全运行至关重要。必须采用先进的安全设备和技术，加强用户教育，强化安全意识，落实"人防"和"技防"措施，构建全方位、多层次、完善的安全保障体系，以保证系统及数据的安全。

5. 制定具体、明确而又突出学校核心应用的信息化发展目标

北京理工大学附属中学在信息化发展之初就制定了具体、明确而又突出学校核心应用的发展目标，坚持"培养学生主动发展，引导教师专业学习，营造数字化的教育环境"的发展目标。

学校通过数字校园的建设，进一步巩固学校信息化建设成果，健全信息化管理与运行机制；提升领导干部与广大师生的信息素养；整合学校各类资源，推动信息技术在教学、科研、管理与服务中的深层次应用；提高教育质量，提升学校核心竞争力，实现学校科学发展；为中小学数字化校园建设发挥示范作用，经验共享、共同发展，最终实现示范校优质教育资源的区域共享。

6. 采用切实可行的信息化发展模式

通过数字校园一期建设，在实践过程中我们不断学习和消化，逐渐理清了数字校园的建设思路，坚持"求真务实、稳步推广、随机应变"的信息化发展模式，在实际的推广实施过程中具有很强的可行性。

（1）求真务实。学校数字校园建设以实用为原则，围绕教师、学生、家长的需求开展应用规划和建设，不求大而全，但求产生切实的效益。

（2）稳步推广。数字校园建设是一个系统工程，它涉及多个设计细节和执行环节，按照统筹规划、稳步推广的原则，边建边用，确保功能稳定，解决实际问题。

（3）随需应变。根据使用反馈，反复修整改进，贴合实用。兼顾好硬件设施与软件系统的比例关系，兼顾好基础平台与各应用系统之间的数据关联，兼顾好学校各部门之间，以及学校与学生、家长之间的联动关系。

（三）运作模式

1. 进行全面、具体而有重点的信息化发展规划

在北京理工大学附属中学的信息化发展过程中，全面而具体的信息化发展规

划是保证实现学校信息化发展目标的重要措施之一。数字校园是学校信息化的核心建设内容和应用系统，学校对数字校园进行了重点规划，拟建设一个基础平台和六大应用系统：校园基础支撑平台、资源管理系统、校园办公系统、一体化教学教务管理系统、学生成长支持系统、教师专业发展支持系统、国际教育支持系统。其中，校园基础支撑平台提供基础服务、用户信息和数据的集成互通，支撑学校的办公、教学、学生成长及教师专业发展。

结合学校办学实际需求，学校数字校园的建设重点为教师专业发展支持系统、学生成长支持系统、国际教育支持系统。同时，确定学校数字校园的建设分三期完成，并坚持"边建设，边探索"的原则，及时总结每一期工程建设中的经验教训，为下一期的建设提供借鉴，最终建成有学校特色的数字校园，如表 4-1 所示。

表 4-1　数字校园建设内容

阶段	建设内容			
一期	基础支撑平台	资源管理系统	一体化教学教务管理系统	学籍管理系统
	智能排课系统	日程协同	个人网盘	场馆预约
	工资查询	—		
二期	教师专业发展支持系统	学生成长支持系统	成绩分析	信件中心
	即时通信	多语言宣传门户	校本课程	教学评价
	网上阅卷			
三期	国际教育支持系统	教学研讨	信息发布	公文流转

第一期：建设基础支撑平台，搭建支撑层与服务层，建设教务管理、学籍管理等常规应用，同时建设校园办公一期、智能排课等具体应用。

第二期：在维护已有模块的基础上，总结一期建设经验，重点建设教师专业发展支持系统、学生成长支持系统；完善校园办公系统，建设即时通信、信件中心等实用功能，同时建设成绩分析、教学评价等贴合实际教育教学工作的系统，不断推广数字校园相应功能。

第三期：建设国际教育支持系统，完成整体建设规划内容，实践与研究各应用系统在校内各部门使用情况，总结数字校园建设模式。

目前我们已经完成了一期工程的建设，在建设过程中积累了宝贵的经验。

2. 云桌面系统，破解远程办公和移动教学的难题

支持移动教学，是北京市中小学信息化建设的硬指标。以前，为了满足电子化教学的要求，制作新颖的课件，老师们常需要拎着电脑到处走。应用"云桌面"系统后，老师们可以在任何地方、使用各种终端设备通过网络登录到自己的虚拟桌面，彻底解决了数据携带、软件版本升级、系统应用兼容性等问题，更加高效、安全地满足教师移动办公和移动教学的需要。

3. 完善的保障机制

北京理工大学附属中学在发展信息化的过程中非常注重保障机制的建设，在经费保障、组织保障、人员保障和制度保障等方面都投入了巨大的精力，制定了相应的规章制度和落实措施，形成了较为完善的保障机制。

（1）在经费保障方面：为保障数字校园建设的正常进行，各级领导给予学校大力支持，保证数字校园建设资金及时、足额到位，确保专款专用，达成建设精品示范性数字校园的目标。

（2）在组织保障方面：建设初期，学校的主要任务是成立建设项目组、明确项目组成员和相关制度，由时任校长陆云泉牵头，组织起包括主管校长商俊水及各相关处室负责人在内的数字校园建设项目领导小组，除校领导小组外，信息中心全体人员及每个处室及学科分别有1～2人参与项目实施过程中的测试及反馈，深入开展需求调研工作，对数字校园建设进行全面、系统的规划设计。

（3）在人员保障方面：数字校园建设过程中，有团队成员负责协助施工方完成需求调研、原始数据收集等工作。协助施工方开展应用项目的测试，完成与本部门（学科）相关模块的测试工作。施工方根据项目建设需要，项目经理常驻学校办公，确保数字校园建设过程中相关技术服务。系统功能完成后，组织相关人员进行培训，部门（学科）相关负责人收集应用过程中发现的问题和改进意见，并及时反馈。施工方及时修改调试，确保功能建设贴合实际应用并积极推广。定期召开由施工方、监理方和校方三方人员参加的数字校园建设工作会，及时通报进展情况，反映存在的问题，讨论解决问题的方案，初步审核系统功能等；监理方全程把控进度，提出监理工作要求，规范业务流程，协助校方完成各项工作。

（4）在制度保障方面：建立了一整套完善的规章制度，引导各项工作朝着健康、平稳的方向发展。内容包括人员保障制度、安全保障制度、用户管理制度、突发事件处理制度、奖惩制度、激励制度、业务流程规范。

（四）问题与反思

1. 学校信息化团队成员变化快，缺乏稳定性

由于信息化团队的成员来自不同部门，是所在部门的骨干，来自所在部门的工作任务很重，经常会因为所在部门工作的变化而更换人员，导致信息化团队的成员不稳定，信息化素养参差不齐。

2. 学校信息化团队成员的知识陈旧，研究能力不够

学校信息化团队中的技术人员基本上是学校的信息技术教师、电教人员等，进入工作岗位之后，基本上都是教学、技术支持双肩挑，接受新技术、新应用的培训机会非常少，学校组织的信息化培训，更多的是信息化应用能力的培训。因此，随着时间的推移，学校信息化团队成员的知识越来越陈旧，这对学校探索符合自身特色的信息化发展道路非常不利。

3. 学校教学资源分散，统一管理缺失

在信息化建设过程中，虽然学校非常重视教学资源的建设和管理，逐步建成了音视频管理系统、VOD 系统、照片管理系统和文件管理系统等资源管理系统，同时还采购了大量的专业机构开发的教学资源，如中国知网、中学学科网等。但是，具有学校特色的、适合本校学生的教学资源仍然缺乏统一管理，这类教学资源大量地分散保存在学科教师手中，资源内容与形式单一，重复资源较多，缺乏个性化。

上述问题严重影响了学校信息化应用能力的提升，解决这些问题不仅需要学校提供经费的支持，更重要的是制度的保障和政策的倾斜。例如，适当减轻信息化团队成员在本部门的工作任务；创新信息化培训的内容和方法，对信息化团队成员和学科教师、技术人员进行差异化培训，学科教师侧重于信息化应用能力的培训，信息化团队成员侧重于信息化研究能力的培训，技术人员则侧重于信息化专业素养的培训，根据培训内容选择不同的培训方法，鼓励技术人员参加在职专业进修等。

三、北京一零一中学信息化发展核心特征及运作模式

（一）学校概况

北京一零一中学是北京市重点中学、北京市高中示范校。学校曾获得许多荣誉称号：北京市科技教育示范校、北京市电化教育优秀校、北京市科技教育先进校、北京市艺术教育示范校、全面育人办学特色校、全面育人培养学科特长生显著校、全国群众性体育工作先进单位、全国优秀家长学校。学校还荣获北京市科技教育最高奖"金鹏奖"，北京市艺术教育最高奖"金帆奖"，全国首批科技创新教育十佳学校。

学校始终坚持全面贯彻执行党的教育方针，坚持按教育规律全面育人。先进的办学理念、高素质的教师队伍、把握时代发展脉搏的教育改革，使学校获得高质量的办学成果。"百尺竿头、更进一步"是学校追求的永恒不变的目标。

相对于显著的教学成果，近年来北京一零一中学的教育信息化建设也取得了巨大的成效。目前，一零一中学近百间教室全部配备了现代多媒体教学设备；组建了千兆校园网，大部分千兆直接到桌面，部分可以百兆到桌面；具有 120M 独享带宽出口，充分保证了互联网的访问速度；同时建设了 5 个专用机房和百人电子阅览室，可满足 600 人同时上机学习或上网浏览，教学楼、办公楼、学生机房及阅览室实现快速联通，教师及学生可以随时享受到互联网带来的便利；专用教室通过 80 寸液晶屏和中控系列保证了教学的实施效果。

在学校的信息化硬件基础设施建设的同时，校领导同样重视数字化校园软件平台的建设工作。校园网内部有邮件服务器、WWW 服务器、FTP 服务器、VOD 服务器等应用服务器，为学校老师和学生，以及外部用户提供相应的服务。数字化图书馆、教学资源库、自主研发的教务管理系统等为同学和老师提供了便利。

（二）核心特征

1. 完善硬件基础设施的建设，为学校的应用搭建有效的平台

数字化校园硬件基础设施的建设是学校教育现代化的基础，它包括现代化的教育教学设施配置及合理分布，以及连接、维持设施正常运转的保障措施等。

北京一零一中学自 2000 年建立了新的信息中心，将学校的网络中心、多媒

体机房、多媒体综合教室等一些主要硬件设施建设进行了仔细的统筹规划。

（1）网络主干：基于信息技术发展形势及可持续发展原则，学校从最初构建的 100M 带宽的快速以太网，发展到现在的千兆以太网，为学校的各种应用提供足够的带宽支持。校园的 VOD 系统可以有效地为所有的教室提供充足的资源，校园电视台可以通过学校的快速网络将信号直播到每一个教室。同时，互联网的接入从最初的 8M 到现在的 120M，为全校师生提供了快速的互联网访问服务。早在 2006 年，学校的语文教师已经通过网络为香港地区的圣文德书院实现了网上授课，同时还实现了京港两地的英语网上辩论赛。

（2）网络中心：配置有各种系统服务器、资源服务器、核心交换机、路由器等。最初为了保证网络运行稳定可靠，网络中心的设备选择了信誉可靠、性能稳定、扩充性优良的专业产品。服务器有 HP、IBM 等品牌的专业服务器，交换机有 CISCO 等公司的产品。现在随着不断扩容，校园主干网络已经升级到千兆网络，并且，设有专门的 WWW 服务器、邮件服务器、数据库服务器等，基本提供了各项应用的所需。

（3）计算机机房：配置有 5 个专用的计算机机房，通过星形网络拓扑结构实现连接，再通过交换机连接校园主干网。同时，在图书馆增设大型的电子阅览室，为学生的活动提供更好的平台。

（4）多媒体教室：升级原有的多媒体教室，在每间教室配备有多媒体计算机、72/80 寸液晶触摸屏、多功能视频展示台、功放音响等，教室不仅可满足正常的教学活动，还可以用来直播校会、开展培训等多种活动。

此外办公楼、学生宿舍楼、实验室等也在充分享受着数字化后的便利，数字化物理实验室、通用技术实验室、生物实验室中先进的设备也保证了学校教学效果的不断提升。

2. 软件应用逐步推进

（1）核心应用：学校建设有 WWW 服务器、邮件服务器、资源库服务器等。自从 2000 年后，学校的 WWW 服务器经过改版升级，已经成为学校的一扇窗口，它为学校的宣传发挥着巨大的作用，同时也为广大的师生提供各种服务。邮件服务器作为主要的信息中转站，在学校的信息化建设中同样功不可没。

（2）常用软件平台：学校还设置了专门的资源库服务器，将各种常用的资源及时提供给学校的师生，不断推动教科研等活动的开展。学校配备有 VOD 系统等软件资源平台，借助快速的校园网连接，不仅可以实现学生电视台、学校视频等常规的点播，也可以实现学校视频流的实时再现。学校的"网上阅卷系统"能够帮助教师快速收集到考试的各项信息，为任课教师、教学领导快速提供各项精细的统计数据，为学校的教学提供了有效的支撑。

（3）自有软件：学校从实际出发，自主研发了"教务管理系统"等软件平台。在多年教学管理实践的基础上，针对实际，学校开发出中小学教务管理系统。采用 C/S 模式及 B/S 模式，集学籍管理、成绩管理、报表输出及排课于一体，操作使用方便，为学校的教务工作及学生学习情况分析提供了助力，使教学管理者和任课教师从烦琐的教务工作中解脱出来，提高了工作效率。最新的"题库系统"实现了题库管理、课堂快速测验、答题结果统计等各项功能，为教师的课堂教学提供了便利。

3. 有线网络连接到无线网络覆盖的过渡

数字化校园是一项持续建设的过程，不能一蹴而就，也不能大而全、华而不实。学校以"建得好、用得上、出成效"为出发点，相关应用系统做到让管理者、老师、学生易学爱用，真正减轻了工作和学习负担，提高工作和学习效率，在通盘规划、逐步建设的过程中获得大家对信息化工作的支持和认可。

目前，北京一零一中学正在对学校实施无线覆盖，可以说，在校园信息化建设过程中，无线技术的成功应用已经成为校园提升信息化的重要手段。通过部署无线网络，为教师与学生之间搭建更好的交流平台。可以通过便捷的互联网接入方式，随时随地查找资料。此外，无线网络还能为学校多媒体教学等应用提供支持。

4. 远程教育服务大众

101 远程教育网作为国内首家中小学远程教育网站，在中国远程教育史上具有里程碑意义。1996 年至今，服务用户数量累计超过 500 万人次，在全国各地设立分中心和代理机构 500 多家。网校课程及学习资源涵盖了人教版（六三制）、人教版（五四制）、北京版、首师大版、浙江版、河北版、湘教版、江苏版、鲁教版、上海科技版、华东师大版、鄂教版等国内主流课程版本。

101 远程教育网也是现今用户规模最大的一所网校，由全国 4000 余名一线优秀教师任教，为网络学员提供同步课堂及多种网络学习服务。从最初的北京一零一中学到现在的北大附中、北京四中、北师大附小、天津南开中学、南京师范大学附中、山东师大附中等国内重点学校，师资队伍越来越庞大。凭借强大的互联网技术，远程网络教学改变了传统教学模式，融入全新的网络教育理念，将国内最优秀的教育教学资源实现全国共享，在中小学生与优秀教师之间构建了一条信息高速通道。

（三）运作模式

1. 以需求为先导，逐步推进

校园数字化平台建设是一个庞大的系统工程，涉及计算机技术、网络技术、通信技术、项目管理等多个方面，学校的各级领导根据学校的实际，在项目分析和规划设计时，就进行了整体考虑、统一规划，以确保信息化发展的延续性。

对于这样一个周期比较长的项目，涉及需求调研、方案论证、系统选型、部署与集成、人员培训、推广应用、运行反馈、修改完善等多个过程，因此设计过程必须统筹安排、分步实施，确保项目的进度和质量、降低失败的风险。

2. 以应用为核心

学校信息化建设的核心目的就是"应用"，使各个职能部门实现管理信息化，实现上下级部门之间更简便快捷的沟通，实现不同职能部门之间的数据共享与交换，提高决策的科学性和民主性，减员增效，形成充满活力的新型管理机制；为广大师生提供个性化的综合信息服务，让师生之间的交流更通畅；为老师的教学提供更多样化的手段，让课堂不断适应教育发展的需要。因此，学校始终坚持以应用为主导、让更多实用的系统应用跑起来。

例如，为了更好地促进教学的发展，学校建设了以"走进课堂"为主题的资源库，将优秀教师的优秀课例等共享出来供大家参考，内容涉及中学阶段的12个学科，同时鼓励学科教师的跨学科听评课活动，为教师的专业发展积极铺路。

3. 逐步整合各项资源，形成统一的服务体系

面对众多的应用系统，如果不能互联互通、不能共享数据，就会形成一个个的信息孤岛，导致重复建设、重复工作，严重影响学校的信息化建设和日常管理工作。因此，在后期整合的过程中就需要确保各个应用系统之间的数据共享与实

时交换。在统一认证的基础上，将分散、异构的各种应用和信息资源进行聚合，实现数据资源、互联网资源、各种应用系统的无缝接入和集成。

同时,在学校信息化建设的过程中,校领导也积极听取各方面的需求和建议,信息中心、教务处、德育处、各教研组等相关部门的主要人员均需要参与,在应用推广的过程中,由信息中心提供技术支持,大家集体协商,进行改进,这种良性的建设模式也让学校的一些应用平台有了良好的群众基础,应用起来自然水到渠成。

（四）问题和思考

伴随着信息化飞速发展的脚步,无论是普通的学校教师还是计算机教师、电教人员,他们的信息化水平的高低将直接影响到学校信息化硬件设备的使用率,当一种新的信息化手段出现后,如何将其有效地在教学活动和日常管理活动中利用起来,也是当下学校面临的一个主要问题。所以抓好学校教师的信息化培训工作就显得非常重要,不同学科的教师均需要进行思考和研究,探索本学科和信息化的整合,将应用落在实处。

四、人大附中信息化发展核心特征及运作模式

（一）学校概况

人大附中是一所享誉中外的著名中学,学校先后被授予"北京市首批重点中学"、"北京市首批高中示范校"、"全国劳技教育先进校"、"全国现代技术教育示范校"、"国家级体育传统校"和"全国教育系统先进集体"等称号,人大附中的办学目标是"国内领先,国际一流,创世界名校";办学理念是"尊重个性,挖掘潜力,一切为了学生的发展,一切为了祖国的腾飞,一切为了人类的进步";学生培养目标是"全面发展+突出特长+创新精神+高尚品德"。

一直以来,人大附中高度重视现代教育技术的发展和应用,始终致力于教育信息化的超前探索。1995 年开始多媒体教学,1996 年建成学校第一个互联网站,1997 年开始网络化教学、1998 开始国际远程教学,1999 年开始实施数字图书馆和学校教学资源库工程,2000 年建成国内中学规模最大的网络阅览室,成立学生网络俱乐部和网络安全社,2001 年启动数字化校园工程,建成国内首家

学生网络实验室。2002 年启动国家"十五"重大科技攻关课题"中学（网络）教育示范工程"，成为全国范围内参与投标并唯一中标的中学。2003 年启动无线网络教学示范项目，建成国内首家虚拟科学实验室和设计技术教室。2004 年启动国家基础教育知识网格研究工程。2005 年 10 月，国家发改委等 8 大部委联合下发了 CNGI"基于 IPv6 的国家基础教育网格应用示范"课题任务书，人大附中、清华大学、北京理工大学、国家图书馆、长沙一中共同承担本课题的研发任务。2008 年 12 月 3 日，由人大附中承担的 CNGI"基于 IPv6 的国家基础教育网格应用示范"项目通过验收，成为 IPv6 教育网络的国家级骨干节点。在此基础上，人大附中发起成立了"国家基础教育资源共建共享联盟"，其宗旨是将人大附中和其他优质学校的优质教育资源与社会分享，以实现社会责任的最大化。至今，联盟成员已达 4000 多家，取得了良好的社会效益，众多学校和师生从中受益。

2009 年人大附中联合 39 所全国知名学校共同承担国家应用示范项目：基础教育信息资源开发与服务试点工程。

2012 年 4 月，教育部副部长杜占元一行到人大附中调研，对人大附中的信息化建设给予了高度评价。2012 年 6 月，人大附中成为教育部教育信息化试点校之一，并应邀参加了 9 月教育部组织的首届中小学信息技术教学应用成果展，展出的主题就是人大附中创立的"基础教育资源共建共享联盟"。

（二）核心特征

1. 建设了先进的数字校园，为人大附中教育教学改革奠定基础

1）基础设施

校园网络建设是现代教育技术发展的基础。1998～1999 年，人大附中建设了第一代校园网，逐步建立和完善了强大的校园网络系统，并以光缆直接连接了人民大学教育网。

第一代校园网建立之初虽仅有 270 多个信息点，但遍布了主要的办公室和教室，使学校各个角落全面联网。第一代校园网为百兆网络，由光缆连接校内的五大重要建筑物，最初只有两台 Digital 服务器提供核心网络服务。

2002 年 4～9 月，人大附中校园网升级为第二代网络，核心交换机配备了双机冗余模式，主干设备和光缆升级为千兆网络，实现了安全管理和绿色网络，信

息点数量扩充为 1900 多点。2006 年 3 月至今，人大附中校园网升级为第三代网络，校内总信息点增至近 5000 点，存储容量 100TB，互联网接入带宽 200M，接近一个大学的校园网络规模。2010 年学校引入 iPad 教学项目，2011 年学校全面建设无线网络，为物联网、智慧校园和移动教学研究奠定了基础。

2）应用系统

人大附中因特网站开创于 1997 年 1 月，几乎是国内中学最早建立的因特网站之一。网站建立之初，便刊载了大量学校照片和简介，为宣传学校形象起到了重要作用。官方网站经历了 2002 年、2006 年和 2011 年三次重大改版，丰富了大量内容和功能，也为学校各部门的宣传、招生和选课起到了关键作用。

（1）行政办公方面，早在 1999 年年底，学校便建设了先进的 Exchange 邮件系统并一直坚持到现在，极大地提高了学校的办公效率。随后，财务、人事、教务、学籍等部门率先实现信息化。2010 年，学校开始建设人大附中校内信息平台和协同办公系统，整合各部门的信息化应用，目前该平台已经上线并取得重要突破。

（2）教学方面，人大附中在丰富的教学资源的支撑下，建设了教育教学管理系统，研究性学习平台、Moodle 个性化学习协作平台，先进的学籍管理、自动化的阅卷系统和成绩分析系统，不仅如此，人大附中还为教学部门建设了一大批先进的教学实验室，如虚拟科学实验室、多媒体教学实验室等，为提高教学质量起到了极大的促进作用。

（3）德育方面，人大附中建设了学生综合素质评价系统、心理健康测评系统、体质健康测评系统和师生互动社区。学校为学生提供班级网站服务，每个班级可以通过班主任向信息中心申请建立班级网站，让学生们可以获得更多自主交流的网络空间，使信息化的建设成果向学生延伸。

2. 创建了基础教育资源共建共享联盟，推动教育资源均衡发展

学校非常重视教育资源建设，一直将教育资源建设放在优先发展的战略位置，建设了庞大的校内教育资源库。早在 1999 年，校园网络刚刚投入使用时，学校便组织了大量学科教师进行资源库的建设，创建了首批教学共享资源，截至目前，人大附中的校内有效资源近 40T，在国内中学界一直处于领先地位。

为促进课题成果的推广，回报社会，为了更好地完成国家基础教育网格应用示范课题，以研究促进应用，以应用推动研究，实现对全国各地的优质基础教育

资源的集成和共享，2005 年 12 月 19 日，人大附中依托"中国下—代互联网示范工程 CNGI 应用试验专项，基于 IPv6 的国家基础教育网格应用示范"课题，经教育部科技司批准同意，发起成立了"国家基础教育资源共建共享联盟"，该联盟的主要目标是依托课题，通过网格计算技术，实现对全国各地的优质基础教育资源的集成和共享。

2006 年 5～12 月底，联盟和中国互联网协会宽带 P2P 应用推进联盟，共同发起并联合举办为期 7 个月的"国家基础教育资源网上西部行"公益活动，面向新疆、内蒙古、宁夏、贵州、青海等地具有网络条件的学校免费开放。在为期 7 个月的活动中，共播出从小学到高中各年级课件 929 节，累计播出时长 1238 小时。据统计，在线收看小学课程的总人数为 15 750 人、初中课程为 525 000 人、高中课程为 126 000 人，7 个月的观看总人数达到 666 750 人。

2006 年 7 月该联盟举办中国基础教育资源共建共享论坛，随后又举办国家基础教育信息技术成果应用大奖赛暨多媒体课件大赛，截至 2012 年 3 月 18 日，该联盟已有 1246 所名校加盟、37 057 条优质资源。该联盟举办的 G12E 网站已有 627 980 位实名注册会员。

2008 年 6 月，人大附中联合全国 30 余所知名中小学，在钓鱼台召开基础教育资源开发与服务讨论会，计划在五年时间内建成优质基础教育资源 20 000 课时，发展更多的节点学校，探索优质基础教育资源开发服务的公益性和可持续发展机制。

2009 年，人大附中联合 39 所全国知名学校共同承担国家应用示范项目：基础教育信息资源开发与服务试点工程。这个项目是为了整合国内优质基础教育资源，依托国家和地方已建各种形式的网络教育基础设施，建设兼有共性服务和个性服务的国内优质基础教育资源远程教育共享平台。通过试点工程，探索优质基础教育资源普遍服务的公益性和市场化运作机制，形成国家免费基础教育资源的重要补充渠道，提高基础教育质量，促进教育公平。解决当前优质教育资源分配不均的突出矛盾，满足普遍提高国民素质的长远需求，使远程教育进入以信息资源开发利用为核心的发展阶段。

2010 年 8 月 8 日，由人大附中主办的国际名校长论坛在北京友谊宾馆隆重开幕，来自国内外的 500 多名中小学、幼儿园的校长、院长及教师，以及 50 多名专家学者齐聚北京，就"教育·创新·人才——不同背景下的共同关注"这一主题发表演讲、互动交流。邀请了"联盟"的一些学校的校长参会并作报告。联盟学校六盘山高中金存钰校长、四川什邡中学胡晓明校长、新疆农二师华山中学邱成国校长分别在大会上做了《创新机制办学，拓展途径育才》《学生震后心理辅导》《发展学生，成就教师》的报告。

目前，人大附中、北大附中、清华附中、首师大附中在海淀区教委的领导下，开始进行跨校选课和学分认定试点。试点成功后将进一步在联盟内推广，这将延伸"通过网络共建共享优质基础教育资源"的广度和深度。

3. 超前开展网络学习和网络教育，推进教学模式变革

网络教育是拓展办学空间和学习时空的有效手段。人大附中在 2003 年 1 月成立了现代教育技术研究与发展中心，致力于网络教育形式的研究。2003 年 4 月，严重急性呼吸综合征（SARS）肆虐京城，由人大附中研发中心开发的"人大附中远程教育网"应运而生。作为空中课堂的延续，北京市教委委托人大附中等学校策划并参与了 2003 年暑期北京市中小学数字学习环境，在暑期继续为北京市中小学生提供免费学习指导。作为北京市教委"空中课堂"在线指定网站，人大附中远程教育网在 SARS 期间免注册、全开放，向北京市及全国所有中学生提供免费同步教学服务，为北京市中学生停课不停学做出了贡献。

据统计，SARS 期间，人大附中网站访问人数最多时每天登录 48 万人次，首页点击率每天最高 490 万次，每天登录学生最多 47 万人次，平均每天登录学生 28.6 万人次，平均每天首页点击率 315.7 万次，平均每天在线答疑教师 63 人，平均每天在线答疑主题 1018 个，平均每天发帖数 8319 张。

人大附中研发中心先后承担了多项国家级重大科研课题，其中最著名的是国家"十五"重大科技攻关计划"网络教育关键技术及示范工程"项目"中学教育示范工程"课题、教育部重大科研项目"中国基础教育知识网格中心节点示范工程"和国家发改委 CNGI 项目"基于 IPv6 的国家基础教育知识网格工程"，为基础教育的信息化建设起到了良好的示范效果和广泛的社会效益。

4. 大力开展远程教学活动，探索跨校选课、协同培养新模式

远程教学是实现教育公平、履行社会责任的重要技术手段。人大附中在远程教学领域一直超前探索，取得了丰硕成果。

1998 年 4 月底，学校和加拿大渥太华里德高中实现了基于国际互联网方式的远程多媒体交互式教学。1999 年 12 月，学校与美国纽约州立大学实现了基于

ISDN 方式的远程多媒体交互式教学，美方将此次活动通过国际互联网向全世界直播。美国参议员特发来公告表示祝贺。1999 年 12 月 22 日，学校和美国纽约州立大学实现了基于视频电话会议系统的远程多媒体交互式教学

2000 年 4 月 6 日晚，高一、高二的 30 位同学在学校实验楼远程教学教室里与美国纽约州立大学堪顿分校进行了远程教学，启动了第一期远程教学计划。两校经常性地通过远程教育方式进行英语、数学和生物等学科的双向教学活动。目前，学校与美国中学的远程活动十分频繁。

2000 年 12 月 29 日，学校作为中心站点对十个远郊区县同时进行"一点对十点"的远程多媒体交互式教学开通。

2001 年 10 月 29 日，学校又开通了与日本大阪教育学院附属中学间的中日远程数学教学。中日两国的高中生分别用英语给对方讲述课本里没有的数学内容。学校学生表现极为出色，让对方师生都感慨地说他们是"彻底输给了中国学生"。

2002 年 6 月 1 日，教育部部长陈至立视察学校的现代教育技术工程，现场观摩了"一点对三点"的远程教学活动，并对学校在现代教育技术方面所做的工作及取得的成绩表示肯定。

2002 年 11 月 6 日，北京人大附中-湖南长沙一中-湖南湘潭中学的"两地三校"远程教学项目开通。2004 年 12 月，学校与北京八十中、密云三中进行了远程校本教研活动。2005 年 1 月，学校与意大利教育部通过远程网络召开远程会议。2005 年 5 月至 2006 年 4 月，学校与中国香港培正中学先后进行了三期京港远程交流活动。2007 年 10 月，学校与宁夏六盘山中学开展远程教学活动。2010 年 12 月学校与美国菲利普斯中学开展中美远程活动。

2012 年，实现人大附中、清华附中、北大附中、首师大附中四所学校学生跨校网络选修课程。目前已开设名家讲坛、科幻物理、应用随机过程等 14 门课程，供四校所有学生网上选修，2012 年，四校共有 800 多名学生选修跨校网上课程。

目前，学校的远程交流活动十分频繁，很多交流活动已经常规化。远程教学的广泛开展为国内外中学的相互学习、相互提升做出了不可磨灭的贡献。

（三）运作模式

1. 刘彭芝校长亲自参与推动信息化建设

一直以来，刘彭芝校长高度重视人大附中的信息化建设。刘彭芝认为，"信

息化是当今经济和社会发展的大趋势。实现基础教育的跨越式发展，必须以教育的信息化带动教育的现代化，占领中学现代教育技术的制高点。我的理想是建一所世界一流的学校，这样的学校要有一流的现代教育技术，要有懂得运用现代教育技术的一流人才"。

人大附中的信息化发展，不管是第一个校园网站的建立，还是远程教室的建设，不管是网络教学的开展，还是基础教育资源共建共享联盟的成立，都离不开刘校长的大力支持和亲身参与。

"十五"期间，人大附中承担了国家"十五"科技攻关计划重大项目"网络教育关键技术及示范工程"——中小学示范项目。人大附中与东南大学、清华大学、北京大学等国内知名大学一起参与了课题的研究开发工作。2010 年 11 月 29 日，该项目获国家科学技术进步奖二等奖。

国家科学技术进步奖是国家科技方面的最高奖项，人大附中也成了全国中学中首次获得该奖项的学校，这表明人大附中在信息化方面走在全国前列。

2. 以需求为导向，建设了一支跨学科跨部门的信息化工作团队

学校领导在一开始就认识到，学校的信息化建设不是一个部门或者几个部门的事情，而是全校各个部门通力合作的事情。譬如 CMIS 在学校推广的时候，学校成立了 CMIS 工作小组，小组由学籍管理员、学生卡管理员、系统管理员、教务处、年级组长和班主任组成，每个人都有自己明确的职责和分工，这样 CMIS 就能在学校很快地推广和应用起来，学校也因此被评为北京市学籍管理先进单位。

在数字校园建设过程中，学校也成立了数字化校园建设小组，小组由主管副校长、信息中心、电教中心、教务处、德育处、教学部门相关负责人组成，教务处、德育处、教学部门作为业务部门提供需求，信息中心和电教中心作为技术部门提供方案，大家集体协商，学校最后决策实施，这种以需求为导向的建设模式能够很好地调动业务部门的积极性，也能够提高学校信息化建设的质量。

信息化本来就是服务一线、让大家都能受益的事情，它的建设不仅仅需要用户的参与、专业人员的服务，也离不开主管部门和学校领导的大力支持。只有大家都参与进来，信息化建设才能在正确的道路上越办越好。

3. 以服务为核心，与一流的 IT 公司合作，提高 IT 服务质量

人大附中信息化建设的一大亮点就是很早就引进了专业的 IT 服务团队，进

行 IT 服务外包的实践。人人附中信息中心非常重视服务的质量和效率，一直把服务支持工作放在信息化建设的前面。

为此，人大附中信息中心和神州数码合作，引进了专业的 IT 服务人员，制定了有针对性的 IT 服务流程和服务手册，成立了专门的 IT 服务中心，为全校教职员工提供维修、培训、数据中心维护等一系列工作，使得信息中心的人员有时间和精力集中在项目建设、应用推广和课题研究等方面，大家各取所长，相互促进，人大附中的信息化建设得以快速成长和发展。只有解决了制约信息化发展的人力资源问题，信息化建设才有快速发展的空间和时间。

4. 将信息化建设与培训、推广、使用协调起来，进行可持续化的信息化建设

信息化建设是一个系统工程，需要将建设与培训、推广、使用协调起来，信息化建设的成果才能被大家消化，信息化建设才能得到越来越多人的支持，才能持续地进行下去。设计开发相应的平台、软件、资源等，引入相关的专家人才队伍进行培训指导，制订相应的培训计划，建立相应的管理和使用制度，如平板电脑进入教育系统后如何与原有各种技术形态之间协调共生，如何让系统中的每个个体在适应原有技术形态的基础上适应这种新兴的技术形态等。这都是我们必须思考和认真对待的问题。

人大附中每一项信息化建设都成立工作小组，制订详细的项目计划，包括需求调研、项目预算和进度、培训计划、推广人员等，保证人大附中信息化能够取得预期效果，进而保障人大附中信息化能够持续快速的发展。

五、花园村第二小学信息化发展核心特征及运作模式

（一）学校概况

1. 学校特点

北京市海淀区花园村第二小学（以下简称二小）是一所全日制公办小学，一校两址。上善、优雅、开放的校园环境为学生提供了人文、安全、舒适的学习、游戏、活动空间。

二小是一所优质校，是中国教育信息化理事会理事单位，北京市电化教育专业委员会会员校。先后获得"北京最具品牌影响力的小学"、"学生培养最具

增值力的品牌小学"、"学生成长最具幸福感的品牌校"、"校园环境建设最具教育品味的学校"和"北京市电化教育优类校"等国家、市、区级多种荣誉称号。

2. 关于数字化二小

数字化智慧校园为孩子们提供上善、优雅、开放、安全的教育环境；丰富的资源助力学校教育教学全面发展；多平台、开放的空间实现学校、社区、学生、家长、教师的近距离沟通和深度融合；数字化二小充满的生机与活力给予学生无限的憧憬与梦想。

一直以来，赵建捷校长对学校数字化发展进程极为关注。在赵校长的整体规划和参与下，二小数字化发展的脚步走得愈发稳健。数字校园结构如图 3-3 所示。

学校的数字化建设经历了三个阶段。

第一阶段（2004～2008 年）的校园网络化。2004 年，网络进校园。学校办公区实现了网络化办公——中央控制室、多媒体报告厅建成；学校首个网站面向社会开放，让社会各界更为及时、准确地了解学校理念和各部门工作动态。学校教学楼（现名为"为学楼"）是北京市首座数字化教学楼。北京晨报、晚报、教育报纷纷进行报道。数字化教学楼的落成不仅是学校数字化校园发展的里程碑，也是北京市数字校园发展史上一个重要的节点。

第二阶段（2008～2011 年）的校园互动化。学校完成了计算机教室第二次换代更新；新概念互动教室服务于课堂教学和教学展示交流活动；虚拟演播室建成，学校电视台成立并投入使用；本校的远程户外大屏运用于各种集会、体育教学，同时是学校的又一个宣传窗口。北京市中小学管理信息系统、海淀区基础教育教师学生家长互动平台、FTP 等多平台服务于学校、教师、学生，以及家长和社会。

第三阶段（2011～2012 年）的校园智能化。学校致力于创建智能校园，建设了智能互动区、数字化互动教室、单片机教室、机器人教室、智能书法教室等一批高科技数字化项目。在规划、标准、数据、应用四个统一的基础上对信息系统进行融合、改造，实现了教学、科研、管理和服务的资源共享，校园智能化更上了一层楼。

（二）核心特征

数字能力已经成为终身学习的关键能力之一。对于一所学校来说，数字校园的本质不是信息环境的优化及数字空间的拓展，而是基于此的教学和管理过程的重构。这一过程重构是学校教育教学适应和主动迎接时代发展、技术进步的必然。立足今天，放眼明天，借助海淀区信息中心数字平台，以"视教平台"为依托，建设教学（研）、资源两个主线的校本云平台。数字化革命促进了二小"数字校园"的持续发展，形成了二小"数字研究"的核心特征（图 4-2）。

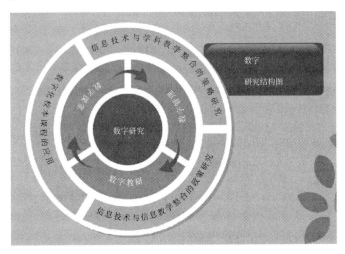

图 4-2　数字研究结构图

　　二小数字研究主要由课堂、教研和管理三部分构成。研究主要以课题为依托，以日常的教学、教研和管理为平台展开。几年来，学校先后参与了北京市"信息技术与学科整合的研究""信息技术与英语学科整合的研究""家校绿色通道党建课题"等信息技术领域课题研究，并先后于 2006 年和 2012 年承办了北京市小学电化教育专业委员会年会。在数字课题的引领和推动下，教学模式、教研模式和管理模式不断发生着变革。

1. 数字课堂，变被动接受式为互动交流式

　　数字化的发展必然导致一些变革，数字化的发展速度影响着变革的速度。交互式电子白板系统是每间教室的必备系统。"按按按"课堂教学反馈系统帮助教师第一时间掌握学生学习的进展情况，针对学情及时、有效地调整课堂教学策略，有效提高课堂效率。电子互动教室是最吸引孩子们的空间。学生人手一台平板电脑，根据教师的要求，自主选择完成哪些练习，何时提交，随时和教师在网络上

交谈，这种学习方式大大减轻了学生的压力，提升了兴趣。智能书法教室、单片机教室、机器人教室为学生创设了极好的学习环境，在专业的教室里进行专业知识的学习，提高了学生参与度和专注度，拓展了学生视野，从而提高了学生学习的效度。

2. 数字教研，变封闭单一为开放互动

教研活动是学校教学活动必不可少的重要组成部分。数字教研在以往教研活动的基础上，变得更为开放。过去听课要到授课班级，与授课的老师和学生同时坐在一间教室里，安安静静地完成 40 分钟的听课、笔记活动，再找时间进行交流、研讨。有了"班班通"，听课教师就不必在本已经很拥挤的教室中听课，听课教师的数量也不受教室大小的限制，在听课的同时，教师们就可以进行及时的交流和研讨。学校远程视教平台也是本校和分校教师进行空中教研的又一途径。学情分析系统为教师、教研组、学校管理提供第一手的评价数据，减轻了分析试卷的人力和时间，同时提供学生和家长个性化的评价，为促进学生学业进步提供了有效支持。

3. 数字管理，变费时低效为短时高效

在学校数字化发展的进程中，学校的管理也悄无声息地进入了数字管理阶段。海淀区教师学生家长互动平台是学校、教师、学生、家长之间沟通的纽带和桥梁。通过这个平台，实现了学校、教研组、年级组、教师、学生家长之间的及时沟通。信息可以在很短的时间内到达。北京市中小学管理信息系统是学校实施有效管理的又一平台。学生的基本数据、学籍数据及评价数据皆在其中。它不仅为每位学生建立了电子学籍，更为每个学生记录下了他们的成长历程。在学生入学、毕业、转入、转出、办理各项证明的时候，该系统为学籍管理部门提供了快捷的查询方式，大大提高了办事效率。

（三）运作模式

随着科学技术的飞速发展，人们的认知能力与手段、思维结构与方式在快速转变。相应地，人才培养目标和要求，教育教学理论、思想、观念、技术等也在发生深刻的变化。应该说，大发展、大变革的时代，既强烈呼唤课堂教学模式的改革创新，同时也为其改革创新提供了新的理论依据和必要而可行的技术条件。

这些年来，教学改革的呼声日益高涨、不绝于耳。因为当前课堂中的教学模式确实存在着以下弊端。

第一，当前的教学模式以教师传授知识为主要形式，轻视培养学生发现问题、解决问题和创新的能力。这种形式又与我们的教学目标相左，教学效果饱受诟病。

第二，教学过程追求完美的学科知识体系，忽略知识本身的内在联系，导致资源的浪费（许多学过的知识在乏味地反复），不仅没能激发学生学习的主观积极性，反而抑制了不少能动性。

第三，当前教育对象具有特殊性。个性化、不均衡化、冲动化是其典型特征。而当前教学模式较少关注多样性发展，方式、方法与策略不改，难获成效。

第四，PPT 使用"泛滥成灾"，看上去现代化的教学模式变成了新型的填鸭式、灌输式教学。学生、教师都被 PPT 牵着走，甚至有些教师离开 PPT 都不知道该如何上课。课堂已经或正在失去其存在的意义。

在信息化时代的大背景下，面对挑战和机遇，学校一直致力于以学生为中心的教学研究。学校教师在课题引领下，积极研究，大胆尝试，最终形成了以应用为导向的信息化发展运作模式。

1. 关于主体课堂——课堂、课题中的数字应用

应当说多媒体教学，尤其是大量动画视频资料的使用，加深了学生对抽象、间接、乏味的概念的理解、记忆和掌握。这种教学条件的改变，也提高了教学模式的适应性。借助课题研究，在专家的指导下，教师深度挖掘现代教育技术的功能，课堂教学中教师对设备的使用更加充分、更加有效。学生的积极性也因此被充分调动，学习兴趣和学习主动性都有了显著提升。

2. 关于作业与活动——评价、资源的数字应用

有效的辅助作业平台在极大地激发了学生的参与积极性的同时，使学生个性化的练习更加有效，为实现每课的学习目标起到了积极的推动作用。学生自主选择"17 作业网"、"100e 英语听说训练平台"及"阿帕图英语"等网站上的作业完成，在绿色、安全的应用环境下实现了资源的共享。利用网站上的评价反馈功能，学生不仅能够得到来自教师的个性化评价，还能与同学、家长进行交流，这些都为学生的积极成长搭建了适合的平台。

3. 关于教师专业发展——培训的数字应用

教师的专业发展一直是学校关注的重点工作之一，只有教师发展了，学生才能发展，学校才能发展。培养和提高学科教师的信息素养、数字能力是信息化时代的一项重要战略。在学校稳步推进数字校园建设的进程中，新设备投入使用前，学校都会邀请专业人士对教师做分期分批的培训，手把手地教给教师如何进行设备操作和使用，直到教师准确把握，熟练运用。

在积极进行全员培训的同时，学校还积极搭设平台，外请专家进行专题培训和课堂教学指导，为教师提供展示、交流和分享的机会，使教师的专业水平得到迅速发展。近年来，学校教师在各级各类的评优课和论文评比中，获奖的比率和奖项逐年增加。在北京市小学电话教育专业委员会第十三届年会上，学校16名教师分别在交互式电子白板环境下、1对1（计算机教室、平板电脑教室）环境下展示了16节现场课，得到与会者的好评。

（四）问题与建议

1. 问题

（1）缺少专业的信息化建设和研究团队与持续提升教师应用能力之间的矛盾。目前学校的信息化工作人员严重不足，不能形成专业的教育信息化服务与研究队伍，这对学校教育信息化发展是很不利的。

（2）教学资源的特色化与学生个性化需求之间的矛盾。目前的教学资源内容和形式较为单一，不能满足学校、教师、学生的个性化教与学的需求。在资源的建设和开发过程中，又因为缺少专业的信息化研究团队而影响了学校信息化发展的速度和进程，在一定程度上阻碍了课堂教学重构的发展。

2. 建议

（1）建立学校信息化建设和发展研究团队，整体规划数字校园发展蓝图；从教与学的实际需求出发，以学科教研组活动、全体教师集会为平台，开展持续的教师培训教师的活动，盘活校内可用资源，让资源流动起来，发挥教师和团队的最大效用，解决时间和资金带来的困难，使教师培训走向常态化、优质化。

（2）建立区域校际联盟，形成区域资源共享。校际联盟的资源共享，可以有效避免资源的重复开发和建设，同时，在各校间形成合力，能够加速共享资源库容量的增加。在资源开发和建设的过程中，教师和学生的信息素养得到不断增强，数字能力得到提升，学校的特色在信息化发展中得到彰显。

六、立新学校信息化发展核心特征及运作模式研究

（一）学校概况

1. 学校基本情况介绍

北京市立新学校的前身是由著名教育家熊希龄先生于 1920 年创办的香山慈幼院，她以设施完善、治学严谨、师资队伍精干、学生成绩优良蜚声海内外。新中国成立后，香山慈幼院逐渐发展成为一所集中学、小学、幼儿园于一体的公立学校。

立新学校先后被评为 "全国科研兴教先进单位"、"全国科学教育实验基地"、"国家级教育体制改革试点项目——基础教育课程教材改革试验项目学校"、"全国中学教育科研联合体学校"、"中国基础英语素质教育实验基地"和"教育部人文社科重点研究基地"等，各种殊荣让立新学校的发展跨上了更高的台阶。

近年来，曾校长提出了"一年起步，二年初见成效，三年大见成效，五年特见成效，十年建成品牌学校"的远景规划，确立了"设备现代化，队伍高水平，质量上优秀，市区窗口校"的发展目标，以"孩子向往、教师幸福、社会满意"的办学理念为宗旨，坚持民主管理、创新管理，以推进素质教育和构建魅力课堂为主线，努力探索教育教学规律，创新教育特色，注重内涵发展，坚持"明理、诚信、博学、笃行"的校训，与时俱进，改革创新，用先进的教育理念和教育智慧，为创造适合学生发展的教育，把立新学校建设成为一所"孩子向往、教师幸福、社会满意"的学校而努力拼搏。

2. 信息化建设情况——新形势下的学校信息化发展五年规划

学校信息化建设情况——新形势下的学校信息化发展五年规划如表 4-2 和表 4-3 所示。

表 4-2　学校信息化发展五年规划（1）

一级项目	二级项目	工作目标
基础建设	网络基础：拓展带宽	千兆无线网络校园全覆盖
		有线网络：更换核心网络设备，综合布线改造，建成千兆至万兆校园网络
	标准教室建设	将全校教室改造成标准教室
	信息发布系统	能连接中、小、幼的校园统一信息发布平台
	高清录播系统	建成能覆盖中、小、幼的课堂录播系统，实现校内外的点播功能
	"教育云"建设	构建学校"云"存储、"云"计算等教育平台
	馆室房建设	建设 3～5 个信息化专业特色馆室，满足选修课和教育教学的需求
	视频会议系统	满足校内外和国内外的远程视频会议的需要
	电子书包教室	在教育教学资源数字化的基础上，借助现有条件，在部分班级进行试点
	虚拟终端	借助云技术实现终端虚拟化
	校园一卡通系统	教师和学生借助一张校园卡使用校内所有应用
	数字广播系统	实现中、小、幼的数字广播系统全覆盖和互通互联
	高清校园电视台	实现高清信号转播的校园电视台
	智能机房	实现学校机房管理智能化
	服务器整合和虚拟化	对服务器上所有的平台和数据进行迁移和整合，利用"云"技术实现虚拟化管理
资源建设	课堂教学资源库	教育教学资源库实现课堂教学信息化
	电子图书库	学生电子阅览书库
	视频素材库	满足教育、课堂教学需要
	图片素材库	满足教育、课堂教学需要
	电子版教案库	满足教育、课堂教学需要
	试卷库	满足教育、课堂教学需要
	数字化课程建设	实现主要学科和有条件的学科，课程资源和课堂资源网络化

表 4-3　学校信息化发展五年规划（2）

一级项目	二级项目	工作目标
软件平台建设	办公自动化系统	统一数据接口，实现公文管理、信息管理、档案管理无纸化，通信交流、学籍管理、课程管理、专用教室使用、教学质量管理、教学常规管理网络化
	在线辅助教学系统（知识库系统）	开发在线考试和在线答疑系统
	特色学习网站	科技、国防、数学、摄影、篆刻等相关的特色学习网站

续表

一级项目	二级项目	工作目标
软件平台建设	网上招生、招聘系统	网上招生和招聘系统
	网络学习空间或学习社区	实现网络学习空间"人人通"
	互动教学应用系统	借助网络环境，实现课堂教学的互动，提高教学效率
技术人员队伍建设	网络管理员	专职
	电教员	专职
	照相、摄像人员	专、兼职
	技能培训	借助校内外的资源进行信息技术人员技能培训
	人才培养	多种途径开展人才培养，招聘一名硕士和博士
教师培训	应用软件使用	—
	课程开发	—
	网络教学	—
	技术与教育融合	—
	理念培训	—
学生学习	网络学习空间	—
	互动教学应用系统	—
	在线辅助教学系统	—
	特色学习网站	—
	电子书包	—

（二）核心特征

1. 基于信息化环境下的教学方式和学习方式变革

环境的改变引起行为的变化。信息化教学环境的改造，是为了引导教师适应教学行为和教学模式的创新和变革。信息化的效果主要体现在课堂教学和学生学习方式的变革上。搭建信息化环境，是为了满足学生多样化和个性化学习的需求。学生学习效率的提高、学生兴趣的提升、个性化学习需求的满足，是对信息化建设效果的良好体现。

2. 利用信息化推动学校日常管理

立新学校是一所集中学、小学、幼儿园于一体的公立学校。一校多址，以及跨越多个学段和年龄段的学生的教育教学现状，为学校高效管理和教师的日常办公提出了挑战。利用信息化的优势，推动学校的日常管理和提升教育教学效率势在必行。为此，学校提出了无纸化办公平台和教育、教学、后勤等管理平台的整体开发。通过平台的开发，彻底打通幼儿园、小学、初中和高中教育，以及教学、后勤、学科之间的纵向联系。

3. 利用信息化延伸教育和教学的空间

信息化的优势之一在于无限拓展的时空性。网络学习空间、互动教学应用系统、在线辅助教学系统、特色学习网站、电子书包等平台的开发，能很好地拓展教育和教学的空间，为学生的课外自主学习和交流提供强有力的支撑。

4. 拓展教育教学空间，为学生课外学习提供学习空间和学习社区

学习时空的拓展能满足学生多样化学习和终身学习的要求。为学生搭建学校和社会之间、学校和学校之间、班级和班级之间、小组和小组之间等多样的学习空间和学习社区，能有效地转变学生学习的方式，改变学生的学习习惯，提高学生的学习兴趣，提升学生学习的效率。

（三）运作模式

1. 组织机构和参与人员职责的确定

一滴水要想不干，最好的办法是融入大海；一个人要想始终处于不败之地，只有融入团队之中，借助团队的力量发展自己、完善自己。个人的力量再大也是有限的，只有借助团队的智慧和力量，融入团队之中，才能获得长足发展。

构建有效的团队框架、找到合适的成员、展望切合实际的发展目标、制定宽松适度的管理制度，是团队能有效运行和持续发展的基础条件。

该校信息化课题的成员包含三个部分：教育教学领导、信息技术教师、学科年轻和骨干教师。教育教学领导起引领和指导、协调的作用，信息技术教师负责技术支持和信息化环境改造的实施，学科教师主要进行信息技术与学科教学整合的实践探索和经验总结。

2. 为构建良好的信息化环境打下坚实的基础

（1）网络基础改造。①构建快速、高效和稳定的网络环境，支持高格式的视频流、所有教室和会议场所的快速无线应用等各种应用。②网络设备达到核心

交换机万兆、二层交换机千兆水平。③网络线路全部采用6类线，适用千兆数据交换。

（2）教室教学信息化环境改造。①利用1~2年的时间，完成全校教室信息化环境的改造。②搭建有线和无线网络环境，支持平板电脑互动教学。③改造教室投影显示设备，完成触控一体机的改造。④改造教室音响设备，支持教师日常教学的多种需求。

（3）教师办公环境改造。①完成全校教师办公电脑的更换，为每个办公室更换打印设备，满足教师日常办公对硬件设备的需求。②支持教室和办公室有线网络和无线网络的全部覆盖。③利用虚拟桌面技术和瘦客户端技术，开发虚拟应用平台，为教师日常办公和教学搭建平台。

3. 搭建信息化应用平台

（1）OA平台和管理平台的搭建。搭建全校的集中小幼于一体的无纸化办公和管理平台，提高办公效率，节约办公时间成本和管理成本。平台的开发将满足领导、教师、学生和家长的各方面的需求，并实现后台数据的无缝衔接和相互交换。

（2）信息发布和宣传平台的搭建。利用楼道发布系统和显示系统，将有线电视信号和网络信号接入信息发布平台中，实现重大电视节目的直播和教师、学生日常活动文字、图像、音视频信号的播放。

（3）教学管理平台的搭建。为了支持网络环境下的课堂教学，学校搭建了师生互动平台、答疑平台、组卷考试平台等教学平台和教学管理平台。信息化发展的最终目的和最直接的效果体现在课堂上，所以课堂支撑系统的开发至关重要。网络环境下的课堂教学中师生互动平台、答疑平台、组卷考试平台等软件系统的开发，能有效引导教师转变教育教学方式，提供给老师更多的教育教学手段。

4. 建设教学资源库

学校基于现有资源库，建设能有力支持课堂教育、教学的丰富资源。信息化环境下的教育和教学，丰富的资源是学生自主学习和教育教学互动的前提。在有限的时间内为学生提供更多的信息和更多样化的学习选择。只有在多样化的、有学科特性的教学资源的支持下，才能给以教师为主导、学生为主体的教育提供基础。

七、十一学校信息化发展核心特征及运作模式

（一）学校概况

北京十一学校原为中央军委子弟学校，1952 年在周恩来、罗荣桓等老一辈革命家的亲切关怀下建立，聂荣臻元帅用新中国的诞生日为学校命名。学校于1992 年提出并实行"国有民办"的体制改革，自此，学校得到快速发展，成为师资力量雄厚、环境设施一流、办学质量优秀的现代化学校。

面对新的机遇和挑战，学校通过制定《北京市十一学校行动纲要》，进一步明确了学校的办学理念、发展目标和文化价值观。在新时代，学校的使命是：创造适合学生发展的教育，将"十一学生"塑造成为一个值得信任的卓越的品牌；把十一学校建设成为一所受人尊敬的伟大学校。

十一学校的文化价值观是：改革创新，敢为天下先；创造适合学生发展的教育，办人民满意的学校；与共和国一同成长，共和国的利益高于一切；海纳百川，包容共生；聚天下英才，做英雄事业；追求卓越，反对平庸，拒绝低劣；不为高考，赢得高考，追求素质教育与优秀升学成绩的统一实现；在工作中研究，在研究状态下工作；学校未来发展：培养-研究型学校；师德高品位，专业高学识、能力多方位、研究高水平；干部行为准则：公、勤、谦、坦；课程改变学校才会改变；主体性教育：学生能做的，老师不要包办；优秀做人，成功做事，全面发展，多向成才；把学校办成教职工心灵的栖所、教师施展才华的舞台、教职工的幸福家园；不可侵犯的教代会民主权利；敢于否定自我，不断创新发展战略；生活上可以照顾，工作上不可以照顾；卓越的领导者是学校最宝贵的财富；建设国际化学校，培养具有中国灵魂、世界眼光和多元文化理解能力的一流人才；一心办学，心无旁骛，敬业笃志，乐业奉献。

（二）核心特征

1. 以行政管理为切入点的软件建构模式

行政办公是校园高效运转的保证。教师除了教书育人，总会牵扯到其他事务性的工作，如果这些工作牵扯了老师们过多精力，必然会影响教育教学的质量。

因此，只有先将教师从繁杂的行政事务中解脱出来，才能让教师有更充分的时间去备课、反思提高教学质量，而提高效率正是信息化技术的初衷，为此学校首先建设的平台就是电子化的办公平台。在这一平台中，首先建立了电子化的组织机构图，并让每一位教师能够通过组织机构图找到其他老师所在的岗位。由于十一学校教师人数较多，想要找到相关工作的负责人很不容易，加上每年都要进行事业单位内部聘任，岗位人员有一定的流动性，更增加了一定的挑战性。通过组织结构图的方式，就可以方便学校教职员工在组织结构图按照部门、岗位、人员的结构找到相关的人员，同时清晰的岗位名称进一步缩短了寻找时间。学校还将电子信件系统与组织结构图进行了整合，这样当教师无法实时联系上其他教师时，就可以通过组织结构图找到并给其他的教师发送电子信件。此外，使用者可以在组织结构图上选取特定的教师组成自定义小组，每次可以直接选取这一小组的成员发送电子信件。由于支持上传各类附件，大大方便了各位教师进行信息交流和下发各类通知公告，自 2007 年年底开通使用后，平台上已有超过 33 万条电子信件的记录，平均每天平台上产生约 180 条电子信件。这说明在十一学校，交流沟通的途径已经由电话、纸质材料的方式转向信息化平台。同时，这一平台对于使用者有较好的黏合度，符合教职工的日常操作习惯。

在这一平台的基础上，结合不同职能部门的需要，学校又相继建设了文印管理、预算管理、资源预约、报修管理、电子工资条、科研项目评审督导、校园出入管理、车辆预约管理等信息化模块，在一定程度上提高了相关职能部门的工作效率。

2. 紧密围绕教学改革的系统演化

自 2010 年以来，学校开始新一轮的课程改革建设，率先建设分层分类课程体系。在这一体系下，课程设置更为细化以适应不同学生的个性需求。在实行分层教学、"走班"上课的教学模式后，根据教育教学过程中涌现出来的新问题，十一学校初步建立和完善了数字化教育教学平台，可以有效支撑学生自主选课、自习管理、作业布置与评分、网上阅卷、家校沟通、过程性评价体系、各项社会实践活动申报和评分等应用。

分层教学对信息化工作提出许多新要求。在分层教学模式下，每位学生的课程表都是不一样的，这就打破了传统教学模式中按照行政班进行排课的方式，课程表排定后，学生在同一时间登录选课平台进行课程报名，对服务器和数字化平台的负载能力、吞吐量都提出了一定的要求。在每位同学的课程表中安排若干节自习课以进行自主学习并加深理解，由于每位同学的自习时间不同、各时间段的空闲教室不同，所以自习课信息的筛查、统计和选择也必须通过信息化平台进行。此外，十一学校根据国际化的先进教育理念创立并完善了教学过程中的过程性评价体系，把每个学期分为若干阶段，由各任课教师对每位学生各门课程的各学习阶段进行记录和评分，客观反映学生们在这一学习阶段的理解和掌握水平。通过把过程性评价折合到最终的总成绩中，激励学生注重学习过程中的积累和思考。家长可以随时通过信息化平台了解孩子的学习近况，进行指导和督促，共同帮助学生成长。十一学校丰富的社团活动、社会实践对学生们的身心健康和全面发展起到了很大的推动作用。为保证社团、社会实践、职业考察等各种活动的报名和评分过程中的公平性，每项活动都通过信息化平台进行申报和公示。在活动结束后，学生需上传自己在本次活动中的收获和总结，大部分材料以图片、文字、视频等多媒体信息的格式上传到服务器中，相关教师根据学生们在活动过程中的表现和这些证明材料给学生评分，各项评分优秀的学生可以申报优秀学生等荣誉，激发学生全面发展、自我完善。

在信息化平台基础上，相继完成学生成长服务中心、学生管理学院、家校沟通、网上阅卷、作业布置与评分、校长有约、学长有约、名家讲堂等模块，促进学生成长。

3. 信息化设备走进各个学科功能教室

传统教室主要使用黑板、粉笔等工具进行课程内容讲解和知识传授，由于教学工具的限制，图片等多媒体形式的知识内容难以呈现，实验性、操作性强的课程中，教师的一些实际操作无法高效地展示给每一位同学，加之互联网时代中知识更新速度快，十一学校在每个学科教室都引入电脑、实物展台、电子白板、投影仪、无线网络等现代化教学工具，保证学生机和教师机可以随时连接到因特网获取最新的知识。通过实物展台等工具，教室中的每位同学都可以对教师的每一步操作和讲解进行观察和学习，提高了知识传递效率和准确性，把学生带入了丰富的立体化教学环境中。其次是电子白板的普及使用，电子白板可以有效记录和回放教师的板书，对于教师教学和课堂反思与提升是大有裨益的。然而，新的技术往往带来新的挑战，白板技术的使用需要结合常态化的培训系统，帮助一线教师适应教学技术的变化。例如，白板边界的定位方法，白板笔的检测等在日常使用时经常出现的问题，需要及时总结且在教师们还未遇到之前进行讲解，避免影响教师们的教学流程。与此同时，笔记本和平板电脑开始逐步走入每间教室，这些设备可以有效支持图片、声音、影像等各种多媒体教学方式，符合信息时代的发展要求，在无线网络的支持下，师生可以随时对需要查阅、讨论的内容进行深度搜索和学习，并提供了多种师生互动方式，一个学生提出的好问题可以通过投影仪迅速展现在每位同学面前，获得充分的讨论、交流、思考，切实提高学生学习的主动性。通过对学生们学习信息的汇总，教师能够随时掌握学习进度，并发现学习过程中可能存在的问题，了解学生们的掌握情况，调整教学内容，充分达成教学目标，并在这一过程中潜移默化地提高学生们对信息时代的新技术、新工具的灵活运用能力，使学生们成长为顺应时代发展的栋梁之才。

除了原有的学科功能教室进行了设备改造，学校的技术学科还开设了专业性很强的技术课程。在汽车设计课程上，学生们可以使用精度较高的手绘板进行汽车原始模式的设计，同时高还原度的显示器保证了色彩的准确，这样的环境和条件使得有兴趣的学生可以在兴趣最强的年龄段接受和专业设计环境一样的训练。数控机床是机械技术课程上要用到的主要工具之一，在这里，学生们可以学习数字化控制的机床是如何通过铣、刨、切割等工具将图纸上的零件变成实物的。

4. 为"每一位学生都获得发展"的教学理念而服务

由于系统是由校园一线教师开发的，系统中必然要融入更多的校园文化而不是商业价值。系统的设置更为精细和合理，如在过程性评价中，可以根据不同课程、不同单元的特点，设计不同的评价指标及权重，数字化系统深入教学的各个环节，以往，教学被视为一门艺术。台上一分钟，台下十年功，是对这一现象最好的诠释。但现在，随着时代的发展，我们更需要用一种科学的工具对教学过程进行量化分析，使之变得更为合理和有效。首先是教学目标设定的细化。教学目标是教学的开始，如果教师们不能明确每一节课堂的目标，就不容易有效地掌握课堂。但在教学目标设定文字编写上，往往容易变得模糊化，而模糊化的文字会导致教学评估的试题编写缺乏针对性。

（三）运作模式

1. 以海淀教育信息中心为支撑

2009 年年底，十一学校从国有民办回归公办体制，信息化建设正处在第二轮建设的关键时期,海淀区教育信息中心的每位老师对学校信息化建设进行帮助指导。上级部门的关心与支持为学校的建设提供了思路和方向,为学校的发展提供了宝贵的智慧和经验。

2. 全体教师参与信息化系统运行

作为一个为全校教师服务的信息系统,在运作的过程中总是会遇到各种各样的问题,十一学校各个部门老师全程参与系统改进过程。校内的“金点子”等活动收集到了很多建议,这些建议为系统不断提升起到了重要作用。

3. 由校内教师进行需求调研和系统开发

自 2009 年开始,学校开始引进了专业信息技术人才,他们除了教授传统的信息技术课程,还需要参与校园信息化建设。改变了以往学校只能购置市场提供的产品的现状。信息化软件是一个和需求紧密结合的系统,如果在系统上不能及时实现一线教师的想法,就会降低对用户的黏合度。虽然可以通过一定的命令达到使用效果,但如果不能贴近一线教学要求,紧靠行政手段是无法达到教学效果的。因此由懂得开发技术的老师来完成调研和实现是一个快速而有效的方法。目前十一学校已建成了自己的系统代码仓库,所有系统的源代码由自己管理。

4. 常规维护由专业外包工程师承担

学校的硬件系统由企业承包,完成校园基础硬件设施的建设。软件系统早期也是由教师们根据学校的实际需求,在已有成熟产品的源码上进行开发和管理。企业的参与在基础部分往往可以加快信息化的建设,但到了软件建设的后期涉及系统的改进与升级部分,企业往往无法适应学校需求的变化速度。对此,学校将校园的常规维护工作包括网络维护、摄像、会议布置等,交由专业的外包工程师承担,而将熟悉教学和开发的教师的主要精力用于教学系统的开发上。

八、玉渊潭中学信息化发展核心特征及运作模式

（一）学校概况

1. 简介

北京市玉渊潭中学数字校园是运用互联网技术以全新的视角打造的教学、学

习、办公、管理的平台，它从学校的实际应用出发，通过人性化的操作流程，以及精致、简易、舒适的操作界面，给学校的领导、教师、学生及家长带来全新的体验！它把学校内部的各个教育教学元素紧密联系在一起，既可在此开展生动、新颖的教研活动，又可丰富师生生活，促进学校的德育建设；既可灵活运用工作流表单进行协同办公，又可对学校进行统一管理与决策；既可以促进教师与学生的有效沟通与了解，又可方便地进行家校互动……数字校园，为学校全体师生打造了一个全面提升学校竞争力的综合性战略平台！

学校的管理理念：①建设现代学校制度；②建设研究、包容、合作、进取的团队文化；③健全预防和惩治腐败工作体系，落实党风廉政建设责任制；④坚持工作流程，做到"建立标准，坚守制度，精细流程，及时反馈，有效调整，坚持不懈"。学校的育人理念：为学生的终身发展和人生幸福奠基。

办学理念：敦品为翠玉，砺学成渊潭。

2. 亮点

Portal 平台是学校的亮点。学校从 2011 年开始建设数字校园，主要是以硬件建设配合软件开发为主，最有特色的是学校 portal 平台，它整合了学校原有的 OA 系统、成绩分析系统、VOD 系统等多个平台。国际水准的平台架构与清新简洁的页面设计，不但可充分满足师生的浏览习惯和一致性的功能体验，更可体现校园精神与文化内涵，彰显创新独特的办学理念。强大的社区管理模式可帮助学校铸造品牌，加速提升学校的国际化水准，助推学校走向世界。

平台以 Web2.0 的互联网架构体系为指导思想，是一个内容自生长，教师和学生共同建设、共享使用的平台，包括门户、教学资源社区、教研组社区、考试社区、文化社区、知识社区、班级空间、个人空间、工作系统等。教师和学生在平日教与学的活动中利用社区提供的机制和服务，进行沟通、交流、分享，共同完成教学任务与学习任务，实现教学资源多元供给，为学校打造了一个师生共建共用的全新交流互动平台。

平台的所有页面是动态的、个性的。每个人的页面不同，而同一个人在不同的时间看到的页面也不同，班级、所加入社区或好友创造的内容随时地分享过来，可以随时了解整个平台的动态，给教师和学生带来 Web2.0 的体验，增加了师生对平台的黏度。

无处不在的分享、评论、搜索、推荐、下载、收藏、存储、关注等，以及互联网的社区框架，为学校教学教研的开展带来崭新的体验，为学校的德育建设开辟了全新的阵地，并极大地促进了学校各项工作的信息化进程。

平台符合国际标准 JSR168 及 JSR286，它提供个性化、单点登录、聚集各个信息源的内容等功能，并作为信息系统表现层的宿主。聚集是指将来自各个信息源的内容集成到一个 Web 页面里的活动。学校将现有的各个系统和数据整合为一个统一的整体，把各种不同的数据、信息及服务一致地展现在平台上。开放性的系统架构及二次开发工具为学校的互联网运用创建了一个互联网技术的生态系统。

（二）核心特征

学校通过对国内外数字化校园建设和技术发展趋势的分析，建设的数字化校园是在一定的标准和规范约束下的、开放式的、可持续发展的、符合技术趋势的、人性化并且安全高效的综合信息化服务体系。

数字化校园首先具备一站式登录，各个应用平台之间不再是信息孤岛的存在方式，而是底层数字彻底打通的单点登录方式；其次，网络实现了全面覆盖，不仅是基础硬件环境的部署，还包括深层次的物联网技术的实现，最终达到了人与物、物与物的互通；再次，信息化资源的云处理，基本可以做到按需分配，提高了硬件资源的有效利用；复次，实现了信息化数据的安全性；最后，通过各种信息化的管理和服务模式，降低了学校日常工作的综合成本。

（三）运作模式

1. 教学教研

（1）将教师的知识管理与互联网技术紧密结合，展示自我，加强教师对专业知识的搜集、分析、评价、加工、重组的能力，提升教学能力与学习能力。教师的个人空间，可以分享教学计划、教学总结、教学反思或教学心得等，还可上传照片或视频，参与话题讨论，关注其他教师的动态，与其他教师进行交流。除此以外，更可以按照自己的认知方式对教学资源进行梳理，将所积累的知识信息进行重新加工组合，提高各类教学素材的质与量，形成适合新的教学情境的资料，形成自己个性化的教学知识库，并与其他教师互相分享，提升教学效果。

（2）独具创新的内容自生长教学资源库，打造全校教师的知识共同体，并可形成教师本人个性化的教学资源，使教学工作的开展落到实处，切实促进学校教学质量的提升。平台的教学资源库，其内容（试题、试卷、图片、教案、课件、视频、论文、提问、解答）的产生全部由教师自由上传，每一个文档都会贴上多个标签，以便其他教师更好地搜索归类，进行知识管理。这是一个教学资源共建共享的开放平台，教师们既是资源库的建设者，也是享有者，通过将各年级、各学科的知识点进行多维度的分类、存储，即可建立全校层面的知识体系分类，让所有教师按照统一的知识体系进行教学，并将优秀教师的经验留存于此，让更多的老师和学生来学习，形成学校宝贵的教学资源宝库。同时，教师还可将资源库的内容进行提炼、加工，形成适合自己所教学生的教学素材，更好地因材施教，进行个性化教学，并形成一支学习型教师队伍，从根本上提升学校的核心竞争力。平台使用的时间越长久，越能体现其巨大的价值。

（3）运用"豆瓣小站"的设计思想与页面布局，形成以教研组或备课组为单位的教研社区，为学校的教研活动带来全新的模式与体验

教研组社区的建立，将对教师的备课方式、教材分析、资料存储、专业理论的学习，以及教师的备课质量、学习热情、工作态度等方面的掌控带来新的模式与变革。这里可查看同事们的备课动态与内容；将教师分享的各类资源或素材按照教师姓名、知识点、素材类型、格式等维度进行归档，方便不同需求者的使用；教研组还可利用社区的功能进行分工协作式的集体备课，不同的教师负责不同的内容素材，形成一整套教研组内部的教学资源库，利用社区内所有的教学信息去解决教学中的问题，不断积累教学资源，并依此产生教学理念和教学方式上的创新，从根本上提高自身的教学水平，提升教研活动的质量。

（4）全体师生共建共享的考试中心，是学校提高应试成绩，提升教学效果的最有力的保障。无论是教师还是学生，都可在这里分享与该次考试相关的复习资料，交流考试心得，提问与答疑，发表对该次考试的评论与话题，查询试卷分析、各题的得分率、错题分析、易错点等，还可查询到自己需要的相关考试信息，表达取得好成绩的喜悦，倾诉考试后的失败感。考试中心的建设，充分调动了学生学习的积极性，对提高学生的应试成绩有很大帮助，最终将提高教师的教学效果、学校的教学质量。

（5）教学工作与互联网的紧密结合，将使教师乐于与同事协作，乐于分享自己的教学经验与心得，乐于参与教研活动，并有助于提升教师的信息素养，与同事更有效地共事。教学资源库、教研组社区、教师个人空间的使用，可使

教师懂得如何去获取信息，如何去评价和有效利用所需的信息。教师将更加熟练地收集与自己教育教学相关的信息，对信息进行分类储存和上传，能从实际出发考虑利用信息的最有效方式，能经常努力地将其整合到自己的学习和教育教学策略之中，提升自身的信息素养。同时，还可促使教师改变工作态度，教师之间形成互帮互助团结协作的和谐工作氛围，促进教师队伍的稳定，提升教学质量。

2. 德育建设

（1）把学校开展的各项活动以文化社区的形式呈现出来，体现校园文化内涵，营造学生的精神家园，带动学校德育工作的开展。针对运动会、文艺汇演、体育比赛、精彩讲座、各类社团等，可创建学校、年级的文化社区，学生可将文字新闻、文字评论、心情日志、说说、精彩照片与视频自由地发布在这里，还可参与互动话题的讨论和投票等，每个学生都是社区的建设者，都可以成为社区的网络编辑，做到人人参与，人人互动，从而展示自己的作品与风采，展示自己的DNA特性，从而形象、生动、直观地彰显校园精神，成为学校德育建设的载体，提升德育工作的整体水平。

（2）把学校开设的各种兴趣课程或选修课程以知识社区的形式展现，贯彻课改精神，激发学生对学习的渴望，让学生感受学习的快乐。知识社区开辟了学生对课外知识探索学习的一片天地。学生因对某一主题的共同兴趣和知识获取、交流需求而参与到社区中来，并可在这里查看同学的学习动态，进行分享、评论、提问、解答、讨论，发图片，发视频，发资料等，构建知识体系，共同参与相关知识的活动，使学生的课余时间得到充分利用。这种活动形式内容丰富，且充满正能量，有效推动了学校的德育建设。

（3）班级空间的创建，有利于树立班级形象，带动班集体的各项建设，并让家长更多地了解孩子的动态，促进家校互动。班级空间包括班级活动的图片、视频、日志心得，对班级事件的讨论、投票，对优秀作业、作品的展示，每个同学的生日提醒，对一些活动的投票或问卷调查等。班级每个同学都可参与进来，这也是家长与班主任、任课教师之间无障碍沟通的渠道，更可以成为各个班主任之间学习、交流、借鉴的有效载体。对班级空间的参与和管理，使每个同学都可以是班级建设的组织者、承担者，最大限度地发挥了学生的主体意识，激发了学生主体参与班级管理工作的热情，从而推动全校的德育建设工作。

3. 学生成长

（1）学生个人空间的建立，可促进学生发现自我、认识自我、展示自我，与更多的同学进行交流，并可形成自己的成长记录，将中学生活的轨迹留存于此。学生利用自己的个人空间，不仅可以书写自己的成长经历，上传自己的照片与视频，记录自己的生活感悟，还可以展示自己的作文、绘画、书法、手工作品，展示考试的试卷、奖状证书，不仅可以将曾经和同学、老师的互动讨论，老师的评价和寄语，同学的赠言等留存于此，还可以关注其他同学、老师的动态等。

（2）通过对学校教学资源库和知识社区的应用和参与，可改变学生的学习方式，促进学习的多样化，培养学生自主学习、协作学习的能力。对教学资源库的使用，可使学生学会对知识的归纳、分类、总结，并可根据自己收集的试题、试卷、教案等文档，从中提出问题，在得到解答之后，还可与老师或同学进行讨论。通过加入知识社区的学习，学生可掌握协作式学习的策略，学会互帮互助、探索讨论，既培养了学生的合作意识，又培养了主动学习的能力。

（3）个人空间的使用和对社区的参与建设，必将提高学生的自主能力，为培养学生的信息素养和终身学习打下良好的基础。

学生运用互联网技术在社区和个人空间的使用过程与所有操作，也是培养学生的信息素养与信息能力的过程，并可改变原有单一的、被动的学习方式，而变成充分调动、发挥学生主动性和多样化的学习方式，以促进学生主动、富有个性地学习，而积淀下来的信息能力才是让学生受益终生的东西。

4. 学校管理

（1）运用 portal 技术，提高工作效率，为学校的管理工作带来更好的体验。科学、高效、无缝地整合学校现有工作系统于平台；最大限度地利用学校现有资源，实行集中管理、统一维护，保护 IT 原有投资，降低了 IT 成本；对发文、公告、文档的统一发布，可促进信息共享，快速获取自己相关的信息，大大提升了工作效率；个性化的工作页面，服务不同岗位、不同层面的领导，全面满足办公需要。

（2）OA 系统，带来先进的管理理念和办公方式。OA 系统使办公流程清晰、规范、可控，可以保留流程，有据可查，消除不必要的流程和环节，避免重复劳动，提高工作效率；无纸化办公，实现办公自动化，代替大量手工操作，解放人的创造性；杜绝推诿和扯皮现象，使每个人责任清晰，约束其迅速执行；不同的流程和表单可以同步、共享、交叉、分流、合流，实现协同办公；工作透明化，有利于自我促进完成；提升自信，释放活力，以先进的办公方式促进教职员工素质的提升。

（3）教师发展评价系统为学校建立一支高素质的教师队伍提供了保障。系统完善的技术架构可帮助学校开展经常性的教师评价，将终结性评价与过程性评价相结合，并且内置丰富的指标库，为教师的成长和发展指明方向，使教师看到自己的成就和不足，激励内部活力与潜在动力的发挥，也为领导客观、准确地把握学校工作的状况，调节学校工作的目标与进程提供了数据支撑。另外，系统具备强大的存储功能，可形成教师评价成绩档案，若横纵对比分析，可获取有价值的信息，促进教师提升自我，为学校全面考察教师提供保证，最终提升学校的核心竞争力。

（4）学情分析系统利用先进的信息化手段，对数据资源进行分析、挖掘、组织。凭着雄厚的信息技术优势，学情分析平台应用先进的设计理念和科学的统计分析方法，有效地解决了数据采集、统计分析的信息化、自动化问题，并深度挖掘基础数据，从横向与纵向、静态与动态等方面对教师的教学质量、学生的学习状况进行了科学详尽的统计分析，实现了对学情质量及时有效的监控、诊断和反馈。

（四）问题与反思

北京市玉渊潭中学数字化校园建设已经初具规模，目前，正在抓紧实施后续的二期、三期工程。数字学校是学校发展的必经之路，在学校领导班子的带领下，全校师生将不断反思、总结，全力投入到数字化校园建设当中去。

九、石油附中信息化发展核心特征及运作模式

（一）学校概况

北京石油学院附属中学（简称石油附中）位于海淀区学院路，是一所拥有初中、高中的完全中学。学校与北京林业大学、北京语言大学、北京科技大学、北京大学医学部、北京航空航天大学，以及石油勘探开发科学研究院、石油化工科

学研究院等诸多高等院校和科研单位相邻，具有良好的人文地理优势，为办学提供了良好的社区环境和丰富的科学文化资源。

办学目标：海淀一流，在北京市有较大影响、在全国有一定知名度的开放性示范校。

办学思想：以德治校，依法办学，突出特色，育时代新人。

校训：团结勤奋，求实创新。学校的基本遵循：为每个学生的发展提供优质服务。全体石油附中人正朝着这个目标努力前进。

（二）核心特征

1. 基础设施

1）计算机教学方面

20 世纪 80 年代中期，学校已使用苹果电脑进行 Basic 的教学。

20 世纪 90 年代初，使用 PC286、PC386、PC486 进行 DOS、Qbasic 的教学。

20 世纪 90 年代末，使用奔腾计算机进行 VB 教学。

2006 年至今，学校购置了双核多媒体电脑，进行网页制作、图片处理，对加入声音视频的多媒体进行创作。

2）学生教室方面

2002 年以前，学校均为普通教室，教具以粉笔等实物教具为主。

2002～2009 年，普通教室增设了投影、实物展台等，为多媒体教学打下了坚实的基础。

2009 年至今，多媒体教室内添加了电子白板，形成了教与学的互动。

3）校园网方面

2002 年以前，由于没有实现校园网络化，只能进行模拟网络教学，个别行政管理部门安装了 MODEL，后期才更换为 ADSL。

2002～2004 年，学校办公室、专业教室、普通教室等全部实现网络 10/100M 到桌面，拥有 DNS 等三个专用服务器，实现办公时间可上互联网，网络带宽出口为 2M。

2004 年，学校开始建设校园网，并逐年购置了防火墙、流量控制器、大容量存储设备，以及十多台提供各种功能的网站、管理和文件服务器，全校实现校园网络化，网络带宽出口为 6M。

2012 年，为加强服务系统的安全性，学校购置了存储备份系统。各服务器的系统、数据库、文件可定期自动备份，网络带宽出口提升到 100M。

4）专业教室方面

2006 年，学校建立了实录教室，可以实现实时、四机位录课，课堂录像课后即可在校园网内进行点播。

自 2006 年开始，学校新建多功能厅，厅内可容纳近 400 人进行报告、演出等活动。

2007 年，学校新建远程会议室，全区十七所试点校可进行远程会议。

2. 应用系统

（1）学生管理类：为减轻学生课业负担形成的心理压力，学校购置了中学生心理档案系统，通过心理调查，了解学生心理动向。

（2）教师管理类：学校的电视节目录制管理系统可以为学校教师定时录制各类电视节目，并上传到校园网或者刻成光盘；课例点播系统可以实时录制各类公开课、示范课，也可进行全校直播，课后视频资源可以进行点播；图片管理系统为三级管理，可以实现学校、部门、个人按权限上传下载图片资源；学校综合管理平台为校本课程中学生选课管理提供了便利条件；协同办公系统实现了无纸化办公；多媒体发布系统和校园电视台实现了校园内多文化传播作用。

（3）教学资源类：为方便教师备课，学校购置了中央电化教育馆资源库，可以配合全国不同的教材，提供针对性的教学资源，各种资源每年都进行更新。清华同方教育软件资源库和中国基础教育文献资源总库，为全校师生提供了最大最全的动态资源系统。

（4）网络安全类：金山毒霸、防火墙、流量控制器、ARP 专用防火墙、火星舱存储及备份系统等都为学校的系统安全、数据备份提供了保障。

3. 发展方向

（1）校园电视台。正在建设的学生电视台将为学生的课余生活增添一抹亮丽的色彩，它以活跃校园文化、传播校园信息、服务于学生为宗旨。同时，也为学生搭建一个锻炼能力、展示才华的平台。这里将不仅培养学生兴趣，也锻炼学生的能力、发展学生的特长、展示学生的才华，为他们将来走向社会奠定基础。

（2）各系统之间统一认证。学校现在使用的各种类系统共计 16 个，由于各系统的开发单位不同，数据结构不一致，各系统间无法交换数据而导致各个系统成为一个个"信息孤岛"。同一个用户，进入校园网的不同应用系统，需要多次进行身份认证，缺乏统一的访问资源和应用接口，导致许多工作的简单重复和管理效率的低下。如何进行系统整合，实现单点登录，是今后应该进行深入研究的内容。

（3）媒体发布系统。学校即将建成媒体发布系统，在各教学楼层，各主要人员聚集地点将会放置媒体发布终端共 20 个。媒体发布系统将会增加校园活力、活跃课间气氛、扩宽学生的视野、使学生体验参与的乐趣。如何有效地丰富媒体内容，让更多的学生参与进来，反映学习生活，反映成长烦恼是我们所追求的。媒体内容由学生自主创作，有利于提高学生的文化素养与创作能力。

（三）运作模式

1. 充分发挥软件的功能，提高教育教学效果

（1）心理辅导、缓解课业压力。学校的"心理应用系统"是一套用于中学生心理测试的软件。自引入该系统后，学校每年都会依据测验结果为初一和高一年级的学生建立心理档案，同时也会依据年级的需求为高三学生提供职业兴趣测量。2012 年 9 月至今，学校已完成了 300 多名新生的心理建档工作；施测的问卷有"中学生心理健康问卷"、"自我效能感综合量表"、"学业价值量表"和"家庭教养方式问卷"。同时也为高二年级的 300 多名学生进行了心理普测；为高三年级部分班级施测了"考试焦虑量表"。在测量数据的使用上，将收集的数据分析处理，以整体数据的形式回馈给各年级，针对个别情况特殊的学生，由校心理辅导室单独发送邀请书。该系统的使用，使得学校能更方便快捷地了解学生整体的心理状况，并能够依据学生的需求展开有针对性的教学教育活动。

（2）无线网络为智慧校园打下基础。学校于 2012 年开始建设无线网络，校园内各楼层、室外共设 100 个无线 AP 终端，可以实现校园内任意地点无线覆盖。无线网络不仅可以作为有线骨干网络设施的补充和延伸，更能非常有效地解决有线网络实施中的困难，做到雪中送炭。在已经建成的校园网基础上，增添无线网

络环境，扩大网络使用范围；为移动多媒体教学应用提供移动平台；便于便携式电脑使用网络；支持个人数字助理（PDA）的网络应用；使得校园网络的应用更为灵活多变；为外来的宾客提供便捷的网络接入服务。

（3）协同办公简化办公流程。学校使用了可视化协同办公系统，此系统可以根据学校的行政设置来建立组织结构，学校按部门、学科、年级等不同的分类共建立了 27 个组别，详细的组别设置方便教师查找。每周末，行政人员将下周的周程及时发布到日程安排中，学校要求每位教师到校后要及时登录协同办公系统，养成收看办公通知的习惯。学校根据系统的功能，为每位教师在系统中配置了文件柜，每个人有 1000M 的空间，老师们可以将通知文件等群发给全部教师，或者部分教师，也可以发送给某一位教师。也可以将文件放入自己的文件柜，同时共享给全部或部分教师。在协同办公系统的帮助下，校园内实现了无纸化办公，及时通信功能加强了各部门之间的联系，大大提高了办公效率，协同办公系统已经成为学校行政工作中不可或缺的工具。

2. 加大教师培训，提升教师信息化素养

数字校园的应用结果终归是由教师队伍来决定的，所以教师的信息素质极其重要，学校也非常重视此项工作。

学校的教师培训工作主要分三个阶段：普及阶段、提高阶段和共享阶段。

2001～2003 年为普及阶段，主要培养一些计算机的基本技能，帮助全校教师通过北京市教师信息技术达标考试，基本掌握办公软件、上网和课件的使用。

2004～2007 年为提高阶段，主要培养教师获取资源的能力，即如何迅速地获取需要的最佳信息资源，以及自制信息资源的能力，体现为课件制作能力的提高，参加教师课件制作评比活动中获得全国、市、区级奖几十项。

2007 年至今为共享阶段，在信息技术与各学科相互融合期间，教师积累了大量的信息资源。学校创建了一个资源库，将教师积累的信息资源加入资源库，可供校内教师共享使用。

3. 积累素材，资源共享

随着信息化在教学中的深入应用，各学科教师在备课和教学中积累了大量的素材，教案、课件、活动照片、教学及活动视频等信息资源正以几何级数增加。为了能够进行科学的管理、方便的资源查找和获取，学校按行政职能和学科为每

位教师开辟了 FTP 资源空间。每位教师的空间中都包含教案、课件、论文、素材、其他信息，教师可以将资源随时上传到 FTP 空间。全校教师的资源汇集在一起，形成了一个可以共享的资源库，方便教师查询相关学科的素材和资源，也为教师备课节省了时间。

学校信息化建设历经十年变迁，现已稳步走向成熟，信息化已为教育教学提供了有力的保障，为每一位学生的发展提供了优质的服务。

（四）问题与反思

学校有上级单位下发的教育教学软件，也有学校根据本校实际需求购置的软件，由于各系统独立使用，数据互不相通，存在同一套数据需要向不同的系统重复录入的问题，为正常的教学工作带来困扰。如何实现不同公司开发的系统间的基础数据互通，减少重复劳动，是学校面临的最大问题。

信息化建设飞速发展，如何最大限度地使用好信息化设备，更高效地服务于教育教学，是学校面临的又一个问题。

十、上地实验小学信息化发展核心特征及运作模式

（一）学校概况

北京市海淀区上地实验小学坐落在海淀区上地高科技信息产业基地，1998年9月正式成立。在海淀区信息化高位运行的基础上，学校不断思考：如何发挥教学环境的最大效果和调动学习者的最大能动性，如何充分利用海淀区现阶段超前的硬件设施及信息技术，推动学生学习方式的变革，培养学生自主学习、终身学习能力，从微观层面深入研究学校信息化变化对教育教学工作的影响。

为了使学校的各种教育教学资源达到全方位的共享，实现统一的管理，更好地加强教育教学管理工作，为学生及教师提供更完善、丰富、优质的教育资源。连续几年，学校进行了数字化校园的工程项目改造，建设了一整套先进的全自动多媒体系统、简捷的后台管理系统及全自动的录播系统。改造后，全校实现统一管理与资源共享，充实了多元化的教学手段，提高了学生学习的多样性、趣味性与主动性，学校的教育教学总体水平有了很大的提升。

（二）核心特征

建校以来，学校在信息化建设方面的资金投入是巨大的，其中，市区级专项经费 2000 多万元，除每年上级拨给的电教经费，学校还自筹资金 50 万元以上。

建校伊始，教室内的电教设备只有 102B 光学投影仪。随着时代的发展、校领导的重视、上级领导部门的大力扶持，2001 年学校建成了百兆到桌面的校园网，教室内有了教学用的计算机，学校的网络出口带宽是 128K；2004 年增加到一兆，且真正达到 24 小时开通。

自 2005 年起，学校信息化建设进入快速发展阶段，首先是区信息中心拨专项经费为学校校园网升级；其次，学校自筹资金建成多功能演播室；2006年，对教室计算机进行更新，到 2009 年随着校园网的进一步升级，学校的信息化建设得以更快发展，网络中心增加了三层交换机，二层交换机也进行了换代，布线采用六类线，实现了千兆到桌面，建成了无线网，出口带宽也增加到了 15M。

2010 年以后，学校开始筹建数字化校园，2011 年申请专项经费，2012 年两个校区一起实施，至此，学校的信息化建设已具有一定规模。

1. 硬件方面

（1）两校区实现光纤自连。视频会议系统、可视 IP 电话实现了校区间快捷无障碍通信；两校区间还可以通过视频直播系统实现异地课程观摩。

（2）专用教室方面。本部有 150 多米² 的多功能厅，可以实现三机位、多画面、720P 的视频采编播，北校区达到了 1080P。

（3）校领导多方筹集资金，建成了北校 iPad 互动录播教室。本校平板互动教室，可以凭借强大的后台系统使部分课程的纸质教材变成集视音频、文本图像于一体的多媒体教材。

（4）本校升级改造了两个计算机教室，其中一个是云计算机房，全校所有教室更换了多媒体系统，投影仪变成了互动电视，台式展台变成了吸顶式的。

2. 软件方面

（1）学校将依托网络平台实现教室多媒体远程管理、电子学籍管理、资产管理等。

（2）人员配备上，学校也是尽可能地保证，现有专任电教教师4人，全部是本科学历，且有电教岗位证书、相应网管证书等。

（3）学校目前参加了区信息中心的多个试验项目，如互动教室、学情分析、进校刷卡等，还参加了国家和市区级信息化课题，如"基于Pad的新型教学方法的实验研究课题"（中国教育学会"十二五"科研规划课题）、"海淀区基础教育信息化发展核心特征和运作模式研究"、"网络条件下区域间校际协作与互动策略的研究"等。

（4）重视信息化全员培训，每学期定期进行信息化手段培训，使全体教师尽快掌握新设备新软件的使用，及时了解信息化发展动态。

3. 学校基于以上发展历程，始终坚持以应用为主导，充分发挥现有软硬件资源的作用

1）深度体验网络教学

网络平台被运用到教学中大大促进了学习方式的新变革。学习者通过网络平台可以"按需学习"，即在任何时间、任何地点都可得到他们所需要的各种信息，还可以了解到学习内容的使用记录、与当前学习主题相关联的内容、对当前学习的评估记录、对学习内容的编辑更新记录、与学习内容相关的方法策略和学习活动；通过学习的交互记录，学习者可以获得最适合自己的学习内容、方法、策略及工具；学习者可以随时随地组织学习网络地图，以找到志趣相投的学习伙伴，来共享社会人际网络和认知网络。

学校以网络为平台开展探究、互动式学习。在学习过程中，每个孩子都有机会发表自己的看法。首先是提升了兴趣点，锻炼了学生的逻辑思维能力、合作交流能力、解决问题的能力，也有利于师生交流和生生交流。通过交流分享，发展学生搜集与整理信息、分析与解决问题的能力，培养他们的信息素养、信息意识。孩子们在课堂上更加主动、积极、个性和勇敢，这正是我们培养自主创新人才所需要的。

2）初步尝试移动学习

移动学习是指在数字化学习的基础上通过有效结合移动计算技术带给学习者随时随地学习的全新感受。移动学习目前也与终身学习、协作学习等结合，被认为是一种未来的学习模式，或者说是未来学习不可缺少的一种模式。

如何充分有效地使用移动计算技术辅助教学和学习成为这个领域研究的中心。学校也在区教育信息中心的大力支持下，建成了一个互动教室，师生可以通过移动终端进行学习，把书本上呆板的文字图片变成动态形式，补充大量的视频信息，更为方便灵活地实现交互式教学活动。互动教室投入使用后，基于互动教室的新型教学方法也是我们下一步急待研究的方向。

（三）运作模式

1. 以学校需求为导向，建设学校信息化环境

学校依据自己的办学需求，从实际出发，依据规划设计方案，建设了一整套先进的全自动多媒体系统，大大促进了信息技术在教学中的应用，增强了学生学习兴趣和课堂实效性，建设简捷的后台管理系统方便教师直接进行管理操作，省去了不必要的麻烦。全自动的录播系统更是为教师录课、直播，教师之间的交流、评价提供了保障。同时，信息化环境的建设也实现了全校统一管理与资源共享，充实了教学资源库，给教师备课、教学带来了便利。

迄今为止，学校共有 51 个配有多媒体互动教学系统的现代化教室；专业教室信息化配备逐步完善，如多媒体教室、网络计算机教室、"云计算"计算机教室、平板互动教室等；新近建成了校园信息发布系统，这套系统也是遍布整座教学楼的电子图书阅览终端，储备电子图书 3 万多册；学校还开通了校园内部办公网，新改版的门户网站已经正式发布；还有就是全面覆盖的校园无线网络系统，保证每台计算机可随时随地 24 小时联通国际互联网。

学校老师在课堂教学中，人人熟练掌握电脑、互动电视、吸顶展台等多媒体设备的使用和基本课件的制作，电教设备使用率高，五层多媒体教室使用率达到平均每天三节课。

信息化的建设，最终还是要让学生从中受益。学校学生在丰富的多媒体辅助教学中能够更深层次地理解所学知识。学生在这样的环境里学习，对现代化设备使用得心应手，运用信息技术发现、分析和解决问题的能力也不断提升。先进的信息化手段，为学生的自主学习、自主发展提供了有效的支持。例如，在数学建模论义、讲故事等学生比赛和活动中，小选手自制课件，声情并茂地演讲；课堂上，班级小讲堂、口语交际、学科教学等活动，学生自己制作 PPT 自己演示；课间，学生们自己选择楼道大屏中自己喜欢的电子图书，兴奋地翻看、讨论。

2. 不断探索课程特色

学校位于上地信息产业基地，这里是我国第一个以电子信息产业为主导的，集科研、开发、生产、经营、培训、服务于一体的综合性高科技工业园。其中涉及计算机、通信、电子信息、生物工程与新医药、新材料及能源环保等高新技术产业和名牌企业。对于这样的地域优势与区域资源，学校一直充分利用，开发相关友邻单位为科技实践活动基地，组织师生到联想集团、中关村生命科学园、中关村生物医药园等地参观学习。同时，邀请这些单位的科技人才和学生一起活动，举办讲座，大力推动了学生整体科技水平的提高，培养了学生的劳动技能和创造才能。

在专家的指导下，学校一直致力于探索有效的"自主教育模式"，结合学科特点进行整合与开发。学校为丰富学生的文化底蕴、安排多彩的校园生活，开展了无线电、棒球、健美操、语文思维训练、数学建模论文及自主阅读等各式各样、多种形式的校本课程，合理安排这些校本课程嵌入到基础课程中，以促进学生自主学习能力的培养和全面素质能力的拓展。重点开发与试验多样课程，学校将其命名为园区课程，在这里面有结合园区条件及学生兴趣开发的选择性课程，还有以高科技、信息化为主线的拓展性课程。

（四）信息化学习存在的问题及应对策略

1. 信息化学习的创新

信息化学习为自主创新提供了大量的即时信息，如果只停留在吸收信息上，那么创造的源泉终究会枯竭。因此，面对大量的信息，要利用所学进行创新，教师在课堂上把这些信息进行有效的组织和编排，使教学得到优化，同时也要让学生加强基本技能的练习，培养独创新型人才。

2. 注重信息化教学中的人际交往

教育过程不光是传授知识的过程，更是情感交流的过程，学生从与他人的交往中开发智力、陶冶情操。信息化教学中，学生之间不是直接面对面的，而是教师通过信息技术把分散在课堂中的学生连接成小组性的团体，利用声音、文本和图像等各种符号以此来表达情感和传递信息，由此形成一个虚拟的沟通环境。这种交往环境与传统教学环境完全不同，它是虚拟的，实际上是一种人-机关系。

在这种关系下，学生的私有化空间封闭性更强，人际关系减少，因此，教师和学生要突破封闭性，加强交流，注重交往，在拓宽学生的知识面的同时，也要使学生形成健康的心理和完美的人格。

随着信息化的推进，教育技术和网络技术逐渐被深度整合应用到教学和学习中。我们将看到越来越多的新型学习方式被探索和实践，不断推进高素质、自主创新、可持续发展人才的培养。在教育领域全面深入地运用以多媒体计算机和网络通信技术为基础的现代化信息技术，促进教育改革和教育现代化，使之适应信息化社会对教育发展的新要求。

十一、石油学院附属小学信息化发展核心特征及运作模式

（一）学校概况

1. 基础情况

北京石油学院附属小学（简称石油附小）位于海淀区学院路 20 号，地处著名的北京八大学院文化圈；始建于 1957 年，1966 年后隶属于北京市海淀区教育委员会；具有优良的校风和较高的教学质量，在周边地区具有良好的声誉。特别是近几年来，学校的知名度不断提高，使学校的规模不断扩大与发展，形成一校三址的格局。在海淀区和北京市均具有一定的知名度，是一所具有较大办学规模的全日制公办小学。

学校始终遵循"以依法治校为根本、以民主治校为途径、以科学治校为目标"的办学规律；始终奉行"以生命影响生命，以智慧点燃智慧"的办学理念；始终恪守"以激发兴趣来启迪心灵，以培养习惯来奠基人生"的办学宗旨；始终践行"精心办好人民满意的素质教育，全力打造石油附小的优质品牌"的办学目标；教育学生"在对他人的理解、包容、欣赏中，学会完善自我；在对世界的认知、熟悉、探索中，懂得热爱生活"。

2. 学校信息化发展历程

学校坚持"信息化为教育教学服务为核心"，以提高课堂时效、改革教学方式和学习方式为目标，大力推进信息化教育的实践。从 2003 年开始，学校教育信息化得到快速建设与发展，在十余年的建设与发展进程中，学校始终坚持三个

协调发展，即系统建设与人员培训协调发展，设备投入与教学应用协调发展，终端应用与网络服务协调发展。目前学校信息化系统整体上已粗具规模，具备了一定的综合信息化应用与管理水平。

1）多媒体教学应用阶段

2003 年：30 个普通教室安装多媒体教学设备，开始多媒体教学改革实践。学校基础网络工程完工，实现所有教室、办公室联网，学校信息化教育进入网络化时代。

2004 年：实现所有教室多媒体设备安装并投入使用，多媒体教学设备实现普及。

2006 年：校园网络实现升级改造，教学楼内实现无线网络全覆盖。网络建设进入无线网络与有线网络相结合的发展阶段。

2）开展互动教学应用与研究阶段

2009 年：为 66 个教学班安装了电子白板，交互式电子白板进入教学实践。

2010 年：交互式电子白板普及所有教室。

2010 年：为满足数据资料的存储与有效管理，学校投资构建了数据存储系统并投入使用。

3）全面建设数字化校园阶段

2012 年：石油附小三校址网络互联互通。数字化校园综合系统建设项目启动。

（二）核心特征

1. 明确学校信息化应用与建设原则，有序稳妥推进学校教育信息化，以信息化促进学校素质教育的实施

学校信息化工程是一项复杂而庞大的系统工程，同时信息技术高速发展的特征，决定了学校信息化建设不能一蹴而就，必须走稳妥设计、循序渐进的发展道路。在这样一项长期工程中，我们逐步摸索出学校信息化建设的基本工作原则。

（1）系统建设与人员培训必须协调发展。

（2）设备建设与教学实践必须协调一致。

（3）终端应用与网络服务必须协调匹配。

2. 打造优质的网络平台，满足现代教育需求，为全面打造数字化校园奠定基础

1）满足基本教育教学需求，建设完善的基础校园网络环境

（1）网络是教育信息化建设的重要内容，也是实现教育信息化的物质基础和先决条件。2003 年年底，学校网络基础网络建成；2004 年由于学校格局调整，海淀区志新二小与石油附小合并，同年两校网络实现互联；2011 年 6 月，海淀区二里庄小区配套学校划拨石油附小管理，为东校区，2012 年年底，东校区基础网络建成后，实现三个校址的光纤互联。

（2）不断优化网络环境，2008 年部署流量和行为管理系统设备，加强网络监控。2009 年核心交换机更新升级为万兆交换机，数据交互更为便捷。2011 年网络出口流量从 6 兆提升到 26 兆，实现教育信息网、联通和电信三网并行，确保网络高速、安全、畅通。

（3）实现校园广播系统、电话系统、监控系统全数字化、全网络化。2011 年，东校区完成基础网络建设，IP 广播系统、IP 电话和 IP 监控系统建设一步到位。2012 年实现了三个校址网络、广播、电话、监控系统技术标准的统一。

在实现各校区间基础网络互联互通的基础上，学校为了满足日益增加的数据需求，同时为了加强统一的资源存储与管理系统的建设，以满足新的教育教学需求，2008 年学校首次布置了 8T 磁盘阵列网络存储系统；2010 年曙光龙存系统部署完毕，学校网络存储空间增加到 28T。存储空间与管理机制上升到更高的水平。

2）充分利用网络系统平台，促进学校教育的整体提升

在积极构建高水平网络基础工程的同时，学校逐步强化了网络应用系统的建设与发展，2010 年，为解决教育过程中资源建设和多校区的信息交互的困难，学校部署了 NBC 协同办公系统和资源管理系统，实现学校文件与数据传输网络化，移动存储设备的使用大幅度减少，网络应用的安全性、便捷性得到提升。

2011 年，本校建成基于校园局域网络的综合信息发布与管理系统，2012 年东校区、南校区综合信息发布与管理系统也相继建成。该系统的建成并投入使用，为学校教育教学信息宣传、发布拓展了新的途径与渠道，提高了教育的时效性，为学校信息发布实现分布式管理提供了技术支持和保障。

3. 重视信息终端技术水平建设与提升，促进先进教育技术装备的应用与实践，以教育信息化促进学校素质教育的进一步发展

1）多媒体教学设备得到广泛应用，交互式电子白板和互动电视大规模进入日常教学实践

经过多年的发展建设，学校多媒体教学终端有效地将教师常规教学方式与计算机技术、网络技术、多媒体交互技术结合起来，实现了真正意义上的数字化教与学。课堂上教师利用多媒体教学终端设备将图形、数字、影像、动画、声音等教学媒体进行整合处理，使得学生更加易于理解和掌握抽象的学习内容，教师鼓励学生通过网络提取学习资料、进行交互反馈、开展自主学习，让学生的学习能力、信息搜集整理能力、综合探索能力、实践创新意识、协同-协作的问题解决能力得到充分的培养和发展。

2）引进数字实验设备，建设数字化科学实验室，培养和提升学生的科学探究能力

2012 年，学校为探索科学课新的教学模式与手段，提升学生科学探究的能力与水平，引进了北京友高数字化实验平台，开始了数字化科学实验教学的探索与研究。

数字化实验装置是一种集传感技术、光机电一体化技术、软件技术于一体的先进科学实验设备，由采集器、传感器和软件系统组成。学校为学生系统引进了电压传感器、电流传感器、微电流传感器、力传感器、温度传感器、光强传感器、湿度传感器、PH 传感器等丰富的传感仪器，可以完成物理、化学、生物等学科的探究实验，实验进程中充分发挥数字设备和传感器技术优势，实现了科学数据的高精度测量、高速采集与数字化呈现，为学生突破传统实验壁垒提供了高效能的工具与实现可能，为学生进一步开展科学探究、创新实践提供了良好的技术支持。

（三）运作模式

1. 以教育教学应用为主导，稳步推进信息化建设工作

学校高度重视校园信息化建设与管理工作，针对学校信息化发展提出了"三个协调"的建设原则，信息化建设工作纳入学校年度整体计划中。在设备的具体

采购和配置上，本着"最大限度满足教育需求""中档偏上，适度超前"的指导思想逐步实施信息技术装备基础建设。

例如，2012 年，为满足教学日益增加的示范课教学和课堂实录的需求，学校投入百万资金对原有的阶梯教室进行了彻底改造，建设成为一个课堂教学、录播一体的多功能录课教室。

2. 重视教师及专业人员培训工作与装备采购建设的同步

（1）与合作伙伴协同做好教师的培训。为课堂引进电子白板和互动电视，开展互动教学研究。最为重要的是帮助教师掌握基本的操作技能，改变教师的授课观念，学校先后组织了 5 次大规模的培训工作；同时为了帮助教师顺利地开展互动教学活动，学校与公司达成持续性合作机制，由公司派出技术支持人员开展持续性技术支持，让教师在日常的教学活动中无后顾之忧。

（2）重视不断加强信息技术教师培训。信息技术教师是学校信息化建设与发展的核心力量，积极组织信息教师参加各级各类技术培训，走出去开阔教师的眼界，是持续提升信息技术教师素质的基本途径。另外，在提高专业教师知识和技能的同时，鼓励信息教师跨学科参加各类教育教学活动也是提升他们专业素养的重要途径，从不同的角度审视教育，跳出教育看待信息技术教育的发展是非常重要和必要的。

以上是学校近十年信息化建设与发展的基本历程和经验，在回顾与总结的过程中，我们的工作逐渐走向规范、走向成熟。实践告诉我们，面对高速发展的信息时代，作为学校信息化建设的管理者、实施者必须始终坚持信息化建设为教育教学服务、为师生成长与发展服务、为学校办学水平持续提升服务这一根本宗旨，时刻保持头脑清醒，决策冷静，行动稳健，工作务实。积极、稳妥、高效地开展各项建设工作，为素质教育的实施保驾护航。

十二、图强二小信息化发展核心特征及运作模式

（一）学校概况

北京市海淀区图强二小创办于 1982 年，地处海淀西南，目前一校两址。学校信息化建设整体设计紧紧围绕学校的实际应用和教师需求，在教育信息化

建设中注重健全组织结构，完善相关规章制度，加强网络基础建设，建立信息资源数据库，拓宽信息畅通渠道，在本校的电子校务、教学科研中发挥了巨大作用，同时，还通过资源共享，面向五棵松学区其他学校和家长提供信息资源共享，为本区域的教育信息化建设和公共服务体系建设做出了贡献，在学校的信息化建设方面探索出了一套切实可行的运作模式。

目前学校 48 个教学班全部装备了大屏幕触屏、先进的计算机房、互动式教室。学校还投资 30 万元建设了天文馆，促进了学校天文教育特色的发展。无线网覆盖校园，先进的电子演播系统、视频点播、电子阅览室完成了升级改造，硬件建设较好地满足了学校的教学需要。

（二）核心特征

信息化建设是现代学校一项基础的、长期性和经常性的工作。信息化建设和管理水平是学校形象和地位的重要标志，对提高学校的办公效率和办学水平起着重要的作用。为了加强信息化建设的领导，建立良好的管理机制，确保信息化建设科学、健康、可持续发展，学校成立了信息化建设领导小组，负责统筹规划、指导全校信息化建设。

1. 完善信息资源数据库，建设数字化图书馆

为了实现资源整合共享，体现学校办学特色，学校图书馆储存了大量儿童和教师读物、各个学科丰富的科研成果及大量宝贵的文献资料，建设了集期刊论文、电子图书、科研论文于一体的"数字图书馆"，该数据库具有明显的教育教学资源特色，可用性强。

2. 利用教育信息化平台，促进各项工作提质提速

学校利用信息化平台，紧紧围绕学校行政管理、教育教学、家长学校和宣传交流，搭建起全方位、立体的、多层次的信息畅通渠道。2012 年 9 月，学校在办公楼显著位置安装了电子显示屏，将各种重要信息及时地传达给全校师生，为方便师生和家长了解学校概况和基本信息，将学校重大活动和会议通知等重要信息及时发布到校园网，并且可以与家长进行互动交流。学校建立了电子档案系统，便于查询完善，使学校档案管理真正服务于管理和教学，不再仅仅是上级检查时候拿出来，平时使用不方便的形式上的档案，学校的电子档案多次受到上级领导

的好评。

（三）运作模式

随着海淀区信息化进程的加快和兄弟校的迅猛发展，学校加快了信息化建设进程，2011 年，学校制订了《图强二小信息化"十二五"发展规划》。在信息化建设的时代潮流中，学校紧紧把握信息化的发展趋势，加快学校信息化建设步伐，促进优质教育资源的共建共享和人才培养模式的改革创新，对保障上下政令畅通和促进学校各项工作、提高学校的办学水平和地位产生了积极的推进作用。

1. 网络建设确保高效安全，硬件确保先进可靠

学校在网络基础建设方面立足长远，主要特点如下。①提高了网络系统安全和管理能力。②增加网络服务器和存储设备，优化调整校园网络基础服务系统，对学校网站资源、音视频资源、教学和办公资源进行网络资源整合，提高校园网络的服务能力和水平。③聘请专业公司对学校网络设备进行定期维护，确保高效。

目前学校分别与三家专业科技公司签订长期合同，包括硬件维护、软件升级和教师培训等方面的服务，这样使学校设备运转顺利，教师很快适应新设备的使用，并且公司有专门技术人员常驻学校，有效保障设备的运行。

2. 依托学校信息管理系统，建立和完善学校电子档案系统

学校的信息基本管理模式是以教务处为控制中心，对所涉及的所有数据进行集中的、统一的管理。其他部门在教务主管部门的授权下可以对数据进行录入、修改、查询、统计、打印等操作。这样就将教务管理部门的绝大部分工作（如教学任务数据录入与变更、成绩管理、学籍管理、教材计划、学生数据、成绩录入与查询、课表查询、考试成绩查询等）分解到各教研组和教师，从而能够及时、高效地进行数据处理。数据处理模型是以教学计划为中心，结合学生学籍数据、教师数据和教学资源数据，并自动提交给学校进行公布和检查。

学校档案是学校在各项管理活动中形成的，真实记录了学校的教学、科研、改革等工作的历史和现状，是学校师生智慧和经验的结晶，是知识信息储备的一种形式。学校档案在学校开展教学、科研和各项管理工作中有重要的利用价值。

电子档案——作为学校信息化建设的重要组成部分,尤其为学校的管理和决策提供了科学而翔实的依据,其开放性和便于查询的特点起到了传统档案所不能替代的重要作用。

1)电子档案为教师教学和科研提供强大助力

学校的教学档案真实记录了学校教学工作的内容、方法、途径和效果,反映了教育工作的全过程。电子档案查询的开放性尤其使广大一线教师受益。教师在改进教学方法、探索教学改革的新路子时,需要利用大量的资料,不断总结经验,研究解决新问题,这就需要借鉴和参考以往工作中形成的材料。因此,学校充分发挥教学电子档案独特的作用,利用齐全完整的教学档案,为指导教学科研、提高管理水平、促进教学方法的交流,提供真实可靠的依据,克服了传统档案不便于查询,甚至束之高阁的弊病。

2)电子档案为学校教育教学工作管理提供科学依据

学校档案不仅是学校发展的历史凭证,而且详细真实地反映了一所学校的历史全貌,它随着学校的发展而在逐步地积累。学校电子档案中保存着反映学校发展的足迹和资料,具有较强的系统性、直观性:有学校的历史和荣誉,有教师、班级和学生的档案,有各种教育教学工作的总结和评价资料,有学校的各项规章制度和重大决策记录等。

学校管理者可以随时调取各班级情况和学生情况,可以调取各个任课教师的自然情况和获奖情况,从中研究和发现管理规律,避免管理偏差。学校可以根据档案提供的人事信息,使各位教师扬其长、避其短、司其职、用其智,最大限度地发挥人才效益,避免人才积压和学非所用现象的产生,促进教职工队伍的优化配置,促进教育教学工作的开展。学校人事档案在调整工资级别、评聘专业技术职称、评先评优、晋级晋职等方面,可提供重要凭证,以便做到公平公正。

3)电子档案为学校工作的检查和评估提供最有力的支撑

学校档案在评估工作中的凭证和依据作用是不可替代的,任何一所学校所进行的各种形式的评估,最有说服力的依据便是档案材料,有了这些材料,才能对一个单位进行客观、公正、全面的评估,它直接影响着学校评估工作的结果。评估结果直接影响到一所学校的声誉和地位、关系到学校命运和前途,而学校的电子档案则能主动积极地提供各种服务,为评估工作的顺利进行保驾护航,使学校档案在服务于管理和教学的同时,更能做到及时向上级汇报,形象而生动地展示学校的各项工作全貌。在各项检查中,学校的电子档案多次受到上级领导的好评,为创建和谐校园、数字校园起到了突出的作用。

学校在今后的工作中，将继续开发电子档案的作用和潜力，使之更加便捷高效地服务于学校的教学和管理，以其独到的功能在学校各项工作中发挥越来越重要的作用，使电子档案工作始终保持旺盛的生机和活力，为构建和谐校园而努力。

3. 建设数字图书馆，服务学生和教师

目前，学校图书馆是"传统图书馆+数字图书馆"的复合模式。纯数字图书馆模式由于要耗费大量人力和财力，也没有必要去搞；复合图书馆模式则适合学校图书馆的现状，它可以在传统图书馆的基础上，实现与数字图书馆的有机结合，优势互补。它在形态上是数字图书馆与传统图书馆的复合，在资源上是纸质资源和数字资源的复合，在服务上是传统服务和网络服务的复合，在技术上是数字技术和传统技术的复合。

（1）做好教学光盘、磁带管理。现在随书光盘越来越多，最好的方法是建立随书光盘数据库（即通过压缩或一定格式转换，变成师生能通过校园网共享的资源）、随书光盘目录数据库，并统一编入音像库。

（2）做好已购入电子图书馆系统的资源补充。在购入纸质图书的同时，选购一定量的最新电子图书，利用电子图书馆系统的电子书添加功能予以补充，使师生常看常新，更好地发挥数字图书馆的作用。

（3）制定数字化的原则与范围，不搞重复建设。在对以前的教学资源进行数字化加工处理时，有所选择，不搞重复建设。而是根据师生需求、图书馆的任务和可能的条件，来决定馆藏文献数字化的原则与范围。

（4）重点建设有特色，有重点需求的数据库，这也是学校数字图书馆今后发展的方向。这样，一是可以做到资源的共享，二是对重要资源保护有利。

（5）数字资源组织加工统一标准和格式，如电子文献的著录格式、标引规则、数据指标、符号转换等方面的标准化，以及应用硬件与软件的兼容化等，便于实现资源共享。

（6）加强版权意识，尊重知识产权，严格按法律办事，做到合理开发、充分利用。

（四）问题与反思

随着教育信息化建设进程的加快，教育信息化发展面临着新的发展机遇和挑

战。学校将继续从教育教学的实际需求出发，本着好用、实用、够用的原则开发和选择相应的信息化软件和硬件，更好地为教育教学工作服务，同时也希望上级能够加强对全体教师的信息化培训，为学校提供更多的资金和技术支持。

十三、五一小学信息化发展核心特征及运作模式

（一）学校概述

北京市海淀区五一小学（简称五一小学）是一所集优良传统和时代特点于一体的现代化学校。她始建于 1954 年 5 月 1 日，原是中国人民解放军总后勤部干部子女寄宿制学校。2002 年 7 月 9 日，海淀区宣布原永定路一小、永定路二小撤销建制，归并五一小学统一管理，在各级政府的关怀、支持下，五一小学实现了优质教育资源整合，实施了校园全面改造。规模办学后的五一小学设施完善、设备先进，是一所规模较大的现代化小学。彰显个性化设计理念的现代化教学楼，楼楼相连、层层贯通、色彩靓丽、庄重大方，成为周边地区一道靓丽的风景。步入其中，学校展室让人们追溯着五一小学 50 多年的发展史；740 米^2 设计独特的师生图书阅览室，体现了人文的关怀；学校信息现代化建设，融中控、录课系统、VOD 为一体，已进入北京市基础教育的先进行列。在教育就是服务的思想感召下，确定了"和谐发展、为每个孩子走向成功奠基"的办学理念。优质的教育使学生全面发展、健康成长，同时也赢得了社会的赞誉、家长的信赖。不懈的努力使五一小学成为英才辈出的摇篮、名师成长的沃土、教育科研的基地。

北京市五一小学目前有三个校区，本校区教学楼二期工程于 2011 年完工，并于 9 月 1 日投入使用，一分校与本校紧挨着，另一个是晋元庄分校。五一小学晋元庄分校是海淀区教委为发挥优质学校的辐射作用而特批的一所分校。它于 2005 年年底竣工，2006 年春季开始在一年级招生，同年 9 月 1 日正式开学。

（二）核心特征

为贯彻《北京市中小学数字校园实验工作实施方案》指导意见，通过对学校现状分析，结合当前中小学信息化的发展趋势，从信息化的建设方面考虑，将数字校园建设规划的总体目标定位为：通过 2～3 年建设，利用先进技术手段，构建数字化的教学环境、科研环境、管理环境、生活环境，提高办学效益和工作效

率，突出学校现有优势，提升教育管理水平，最终提高学校的核心竞争力，实现学校的跨越式发展，并在数字校园建设中体现整体解决方案的特色性、先进性、易用性及可扩展性。

（1）营造数字化的管理环境：促进学校各部门的信息共享，提高学校的行政办公和管理水平。

（2）营造数字化的教学环境：为师生、家长提供丰富的学习资源、灵活多样的学习方式，为师生、家长的交流提供便捷的通道。

（3）营造数字化的科研环境：为师生提供科研活动平台，促进课题研究和课题成果转化。

（4）营造数字化的服务环境：为师生提供便捷的生活服务，促进服务朝多元化、国际化方向发展。

（5）营造数字化的展示平台：综合信息发布是数字化校园的基础，根据海淀区五一小学校园内综合信息发布展示需求，学校前期已经定制了一套先进完整的信息发布及数字化互动教学平台，并于2010年和2011年在教学楼门前和学校环型操场上安装两块30多米^{2}的LED屏幕，并且在学校门厅展示区构建了综合教育信息发布平台，目前后台设备及展示端已全部搭建完成，2014年2月，学校在校领导的支持下完成了本校与晋元庄分校的光纤连接工作。至此学校与所有分校实现了网络统一管理的目标，网络点数覆盖到全校。平台可实现实况转播、电视直播及校园综合信息的发布，可通过提前预设的自动播出表单实现自动滚动播出，并能随时进行学校新闻、学校通知和学校重大活动的插播或直播。学生可以利用此平台进行互动学习。校园综合信息发布及数字化教学平台配合功能强大且方便灵活的后台发布管理模块，大大简化了管理人员的日常操作，从而实现校园内的无纸化办公，推进数字化智慧校园建设。

（三）运作模式

1. 在信息化建设过程中科学、合理规划

建设规划的制订需要从学校整体的高度全盘考虑。系统规划既要从时间上、发展上进行纵向考虑，又要考虑各个部门及其他校外机构的协调配合问题；既要考虑信息标准建设、公共基础系统建设、应用系统软件建设、信息安全建设、支撑体系建设等信息校园建设项目的分步实施，又要考虑这些建设项目的协调发展。项目建设的各个环节相互关联，在建设的过程中，要有计划、有步骤地实施。根据学校实际需求和业务流程的特点，制订合理的分步实施规划，体现学校办学特色。

2. 以应用推动网络基础设施和服务的发展

校园网建设一般都是从网络基础设施开始，随着服务要求的提高，特别是增值和拓展服务的发展，软件系统反过来对硬件提出更高的要求，对底层的软件开发平台、支撑系统也会提出新的需求，这些都要求软硬件基础设施有新的发展。想要建立真正意义上的整体数字化校园，就必须统一规划、建设、管理服务器软硬件资源，以满足校园网中多层次立体化服务对系统管理、安全、共享、降低成本的要求。通过新应用带动基础设施建设，达到更高性能的数字化服务。

管理向服务的转变是教育发展的趋势，也是学校工作转变的重点。通过整合服务资源，提高服务水平，实现对服务资源的充分利用、管理和有效投放。服务的整合包括：各种学生服务的集成和管理机制的建立，通过统一后台管理，结合服务引擎、内容和服务导航等提供一站式的服务获取方式，提升最终用户，即教师、学生、家长的使用体验。

3. 统一标准，整合资源

遵循计算机软件行业的各项国家标准、教育部颁布的《教育管理信息化标准》、各级领导部门的规范标准及学校已经建立的信息标准，同时参考国际上通行的软件开发标准和规范，建设一套规范的信息标准、技术标准、接口规范等，保障信息交换的及时、准确和安全。只有遵循统一的信息标准，才能使不同部门建设的应用系统之间进行数据流通与共享，使系统具有良好的兼容性。

学校信息标准的建设，将根据数字校园的总体目标和工作任务，分析工程对标准化的需求，借鉴国内外成功的标准化工作经验，按照"五统一的原则"，即统一指标体系、统一文件格式、统一分类编码、统一信息交换格式、统一名词术语，集中力量规划和编制信息标准和规范体系，指导和推动数字校园的建设，为项目规范有序地运行提供支持与服务；建立学校标准贯彻实施机制，为标准的实施提供有效服务。

信息资源散布于不同部门，对相关信息资源的有效整合是数字化校园整体性能实现的核心和基础。通过对各种数据及其管理、使用权限的汇总分析，对共享和交换需求的充分理解，以及对管理业务流程的梳理，实现资源的准确获取、高效管理、有序控制。

4. 全面培养全校师生的信息素养

数字校园建设后，需要大量切合实际的培训。培训工作要周密计划，认真组织实施，全面培养和提升全校师生的计算机及网络应用技术水平，促进教学和科研发展。

第五章

自下而上的学校信息化运作模式

自下而上的学校信息化运作模式的基本理念是"围绕学校办学理念进行规划，以应用为核心，统一规划软件、硬件、资源、培训等，围绕师生需求开展应用研究"。其核心特征是：教育信息化决策机制完善，教师信息化意识强，信息技术与"教、研、评"融为一体。其运作模式是：因地制宜，整合资源；学校与企业之间协作紧密；建立学校教育信息化内部沟通机制。

第一节　模式介绍与分析

一、基本理念

"围绕学校办学理念进行规划，以应用为核心，统一规划软件、硬件、资源、培训等，围绕师生需求开展应用研究"是自下而上的学校信息化运作模式的基本理念。校长的信息化领导方式是正确决策的前提，教师及教务等学校相关人员以应用为需求导向，真正体现以人为本、以需求为导向，确保教育信息化的"受益"者是教师与学生，充分体现教育信息化的主体是人。同时，我们必须时刻提醒教育信息化的主体是人，以此模式带动或促进校长、教师，以及教务等相关人员教育信息化的观念与思想的提升，最后让教育信息化落实到课堂中，使其在教育教学中发挥信息技术的巨大促进作用。同时，这种模式也充分体现了教育信息化的建设者是教师，只有他们才真正懂得课堂中需要什么样的信息技术，而不是把信息技术"塞进"课堂。

二、核心特征

（一）教育信息化决策机制完善

现代信息技术在教育领域的广泛应用，必然会带来教育方式和学习方式的重大变革，对传统的教育思想、模式、内容和方法都将产生强大的冲击。因此，以教育信息化实现学校快速发展，已经成为现代学校发展的必然选择。提高学校对教育信息化重要性和紧迫性的认识，统筹规划，因地制宜地制订信息技术发展规划，把工作落到实处，切实利用信息技术促进学校发展和课堂教学，对于信息化建设的顺利实施是非常重要的。

完善信息化决策机制，需要学校领导阶层转变教育观点，主动变革管理模式，树立与信息时代相适应的教育价值观、学生观和教学观，提高自身的信息意识和信息素养，同时，这也是现代学校信息化建设中的一个必然环节。在制定决策的过程中，以校长为首的学校领导层应该尽量与教师、教务等相关人员一起进行决策，体现教育信息化的整体性，确保教育信息化的投入符合学校整体的发展规划，满足教师、教务等相关人员的业务需求，展现教育以人为本的宗旨。

（二）教师信息化意识强

教育信息化的根本目的是促进教育教学的发展，而为了实现这个目的完全要靠一线教师的教学理念与教育信息化的意识。毕竟硬件是"死"的，而人是"活"的。

例如，育英学校的管理人员不断探索视频会议系统在多校区管理、教育教学等方面的创新应用；老师积极地利用校园的无线网络进行"推送"式学习和自我研修，让信息技术无缝式地深入到课程教学和自己的学习生活中。

教师是教育教育信息化的实施者，教育信息化对师资队伍的素质提出了很高的要求，教育信息化能否真正推动教育的现代化，完全取决于教师的思想、教育观念，所以教师必须具有信息意识。

（三）信息技术与"教、研、评"融于一体

由于学生基础水平存在差异,采用静态的横向比较来评价教师的教学效果是不科学的。育英学校开发了学籍管理平台,并构建教学评价数据模型,对原始数据进行分析,通过进行动态的纵向和横向相结合的评价机制,绘制教师教学情况趋势图,提高评价的客观性,改善评价的效果。另外,育英学校还购置了网络教学平台,该平台设计了基于学习过程的评价体系,可自动记录学生在线学习情况,保存学生提交的作业、作品、日志,以及自评、互评记录及教师的评价意见等。根据公认的评价量规进行量化统计,形成学生的"学习成长轨迹",有利于对学生的学习进行过程性评价,以此来改善和促进学生的学习。

三、运作模式

为了适应信息社会的飞速发展,提高学校的综合竞争实力,全面提升师生信息素养,实现学校与社会、师生和家长之间便捷有效的沟通,海淀区的很多学校都提出了"打造数字化校园,提升办学层次,扩大办学空间"的数字化校园建设的整体目标和规划方案,通过全体教师共同努力,实现了信息技术为教育服务、教育为学生发展服务的目标。

（一）因地制宜,整合资源

实现教育信息化应该以学校需求为导向,把当前和长远结合起来,既满足当前工作需要,又适应未来技术和应用的发展,同时本着节约的原则,依托学校网络安全环境,以服务日常工作为主线,依托学校信息系统整合现有资源,实现与其他相关业务平台的互联互通、信息共享。

（二）学校与企业之间协作紧密

由于海淀区有一些中小学办学基础条件非常好,并且学校的知名度也非常高,所以很多企业愿意将这些学校作为试验点免费试用新推出来的信息化产品。

随着一些中小学办学规模的不断壮大,新建了很多校区,这种"一校多址"

的现实状况就更迫切地需要信息技术的力量,如果按照传统的教学管理模式进行管理具有很大的困难。

例如,育英学校针对这种"一校多址"的情况使用了 OA 系统,各个部门大量流程化的工作,如文件的处理、各种会议的通知、申请、汇报等,可以通过 OA 系统进行传递,这样就可以规范各项工作,提高单位协同工作的效率,以免因为地理位置造成沟通的不及时,从而影响教学效果。实施 OA 系统避免了学校人力资源的浪费,提高了整体工作效率。

（三）建立学校教育信息化内部沟通机制

校长的教育信息化领导力对教育信息化的发展和建设是至关重要的,但关于教学中需要什么硬件建设,当然还是一线的教师最有发言权。所以,当教师提出一些要求时,反映到信息化中心那里,然后再传递给学校,这个过程是需要一定时间的,校长除了在大局中对教育信息化进行把控,其他的事情完全由信息中心直接与教师进行协调并确定,即使需要上级进行批示,也是相当快的,所以教师在课堂中探索新的教学方式的积极性特别强。例如,数字校园的建设就是打破校内的信息孤岛,其核心是在人、数据流和信息三个层面的全面整合。育英学校经过多年的努力,学校的数字校园已经形成了一定的规模。数字校园建成后应该能够为全校师生、家长及社会用户提供统一的、一站式的信息服务渠道;能够将校内的各种数据联动起来,实现各应用系统中数据的互联互通;能够实现数据在应用系统间的共享和统一,建立校级的统一数据平台,实现全校性交互数据的共享,变"人找信息"为"信息找人",做老师和学生爱用、易用、好用的系统。

四、问题与建议

在教育信息化发展进程中,我们必须清醒地认识到,加快推进教育信息化还面临诸多的困难和挑战。"自下而上"的信息化运作模式也存在一定的问题。

（一）教育信息化的观念的再提升与大转变

我们必须时刻提醒教育信息化的主体是人,如果人的观念与思想没有提升,教育信息化是很难推进与达成的,更不可能真正地落实到课堂教学中,发挥信息技术的巨大促进作用。当然,硬件的建设是前提,但如何进行硬件的决策与购买,应该交给学校的教师来决定,这样能避免教育信息化的过度浪费与"作秀",所以,自下而上的教育信息化建设与应用应该充分地信任校长、教师等,应该将经费直接拨到学校的账户上,相信学校会按照自己的需求去进行教育信息化的建设,而不能把我们的"顶层设计"强加给学校,并且这种强加式的结果就是将每个学校当作一个被动的接受者,学校的积极性就会受到很大的打击,慢慢就会对教育信息化产生"厌恶"。未来教育信息化的发展必将是一个个性化发展的进程,每个学校未必都需要配备"平板电脑教室",这完全取决于教师的素质与能力,更取决于每个地方的教学特色,所以我们必须把权利交给我们的教师,他们才是真正的教育信息化建设的决策者。

(二)"方法"与"工具"要同步

当某一类型的信息技术工具应用到课堂中时,教师面临最大的困难不是这种工具的使用方法而是将工具与教师的教学法有效融合。虽然,"自下而上"的这种模式教师有一定的积极性,也乐于去探索某种工具如何才能有效促进课堂的教学,但愿意去做并不代表会做好,所以,培训就显得尤为必要。但培训不能"形式"化,应该将常规化培训与针对性培训同时进行,不断习得新的教学方法,只有这样才能充分发挥信息技术的"功效"。

(三)回到原点——尊重与重视信息技术教师

"原点"具有"起点"和"终点"的双重性。作为起点,是一事物发展的内在逻辑起点,是具有生命力的核心要素。作为终点,是原点发展的文化积累的结果,是起点所追求的终极目标。因此,"原点"是一个历史与逻辑相统一的范畴。抓住了原点,就抓住了问题的根本。而在教育信息化推进过程中,我们往往忽视"原点",忽略信息技术教师的真正作用与价值,把信息技术教师等同于修理电脑、制作课件等的相关人员,"自下而上"的运作模式也完全不能剥离信息技术教师这一教育信息化发展过程中的中坚力量。但往往由于我们过多地关注学科教师,并且过度地把权利交给学科教师,他们也会对信息技术教师"呼来唤去",从而使信息技术教师找不到归属感,他们的积极性就会不断消减,严重影响教育信息化的推进进程。所以,我们应该多给予信息技术教师经费上的支持，为他们多提供一些校外的培训使其拓宽自己的信息技术视野，并尽最大可能地为他们提供编制、差旅补贴和购书经费等福利，留住这些将推动教育信息化发展的主干力量。

第二节　案例介绍与分析

一、育英学校信息化发展核心特征及运作模式

"问道于教师、问道于学生、问道于家长、问道于社会"是育英学校的工作原则，也是我们开展各项工作的前提和基础。在这一原则的指引下，学校在信息化建设方面也形成了自下而上的决策与应用型教育信息化运作模式。

（一）学校概况

学校的信息化建设是以教师、学生、管理人员及家长为主体，以教学、科研、管理活动为主要服务对象，在传统校园的基础上，以网络为基础，从环境、资源到活动全部数字化，实现网上办公、网上管理和网上服务，通过校园数字化实现资源高度共享、信息高速流动，建设数字化教学、科研与管理环境的现代化校园。

1. 学校信息化建设概况——明确问题与优势

育英学校有着悠久的历史，教育现代化是其校园建设一贯的主线。学校始终坚持"现代教育技术在教育、教学和管理中的运用是实施和谐教育的必要因素"的理念。在实施"以人为本的可持续发展"办学理念的过程中，十分重视现代教育技术在教育教学中的运用。在运用过程中坚持"可持续发展、为教育教学服务、适度超前"的指导方针，不断地对教学方法、教学手段、管理方法、管理手段进行改革、更新、充实和发展。近几年，学校在信息化基础建设方面取得了很大的成绩，教师的信息技术水平和能力也都有了很大的提高。随着学校规模和影响力的进一步扩大，学校所承担的发展责任也日益增大。分散教学、办公的现状给学

校管理带来了诸多困难和瓶颈，学校的教学、教育水平的提高反过来也对学校的管理水平提出了要求。为解决目前学校在管理上遇到的问题，进一步提高学校的综合办学能力，匹配学校向国际化发展的长远目标，需要进一步提高学校信息化的应用水平，用科学、先进、智能的管理方式来提高学校的管理水平，促进工作效率的提升，建设具有育英学校特色的数字校园。

2. 教师需求分析——明确目标与方向

（1）广大教师需要进一步开阔视野，了解当下学校信息化建设的基本状况，知道哪些学校的哪些建设做得比较好，放到自己的学校来是否适用。

（2）对教师加强培训，建立信息技术培训和过关制度。

（3）教师能够明确地表达出自己或自己学科的需求（资料、设备、管理等方面），学校信息中心做好服务。

（4）建立一个团队共同做出有学校特色的数字校园。

（5）在硬件建设方面要有系统规划，要有预留的空间。

（6）硬件建设到一定程度后要把软件开发和应用放到重要考虑的位置上。

（7）学会借外脑，明确本校的需求和定位，要有外部的技术团队进行保障。

3. 学校信息化建设主要内容——明确策略与做法

注重新建项目与已有软硬件的整合；注重学校应用与市、区统配应用的整合；同时通过数字校园的建设，提升校长的领导力，激发中层的创造力，提高师生的信息能力，在学校建立起一支信息化中坚队伍。

（二）核心特征

1. 注重内容，讲求实效

既要重视平台硬件建设，更要重视应用开发和信息源建设，保证平台的实用性；既要满足平时应用，又要防止重建设、轻应用，充分发挥平台的作用。

2. 技术先进，安全可靠

依靠先进科技，借鉴国内外先进经验开展建设工作，注重系统设备的可靠性和先进性，采用符合当前发展趋势的先进技术，并充分考虑技术的成熟性，保障平台安全平稳运行。

3. 立足当前，着眼长远

平台建设工作将以学校需求为导向，以应用促发展，立足当前，考虑长远，适应未来技术和应用的发展，不断提升平台技术应用水平。

4. 体验至上，运用为先

变"人找信息"为"信息找人"。通过信息技术，结合学校相关的权限，实现消息、资源和数据的推送。在规划和建设过程中，始终把用户体验放在首位。

5. 适度规划，绿色环保

不是所有的学校业务都可以信息化。学校应认真区分信息技术擅长的事情、人擅长的事情，根据学校的实际情况，找出适合信息化的应用，进行适度规划。同时在硬件方面尽可能采用节能环保的设备，软件方面尽可能运用成熟的技术、成熟的应用模式，节约开发成本，合理设计底层架构等。

（三）运作模式

1. 校企合作，服务外包

在科技高速发展的今天，IT 产品与技术的更新与变革更是迅猛无比。校园信息化老师为了保证校园 IT 设备的正常使用，不得不每天用大量的时间去具体学习如何操作和维护这些 IT 设备（而这些实际性操作恰恰是最简单、烦琐的工作），导致无暇关注和致力于研究如何让信息化设备更好地辅助教学应用，间接造成师资力量的一种浪费。"做你最擅长的（核心竞争力），其余的外包"，已经成为 IT 服务行业一种不可逆转的趋势。IT 维护外包给专业的服务公司，比什么都由校内老师完成，运行效率更高、成本更低。

实行校企合作，将校园 IT 服务外包，可以做到真正解放学校的信息中心。使其主要职责由日常维护转变为根据学校办学目标制订教育信息化工作计划、组织人员培训、开展课题研究、指导信息技术与学科的整合工作、对 IT 服务外包商工作进行管理，让校园网真正成为师生获取资源的渠道、帮助教学的工具和相互交流的平台，为积极建立教育信息化持续发展的运行机制，推进信息技术在教学中应用起引领作用。

将 IT 服务外包可以降低学校增加专业维护人员的成本，减少了因人才聘用或流失而花费的精力、成本及面临的压力，节省了培训方面的开支，并增加了人力资源配置的灵活性。

将 IT 维护外包能够实现"专业的人做专业的工作"，不但能大大提升学校 IT 维护的技术实力，还能够改善服务质量及应答速度，实现技术与服务的双保障，提高学校信息化建设与维护水平，避免 IT 黑洞的发生。

2. 技术探索，协同发展

1）信息技术与学科教学整合

信息技术与学科教学整合的实质是：将信息技术与学科教学中各要素进行优化组合、相互作用，以发挥教学系统的最大效益。它表现在学科教学中广泛应用信息技术来创设教学环境、提供学科资源、改变教学行为，并把信息技术作为学生的认知工具的基本要素，使学生的学习能力得到更好的发展。同时，学生通过运用信息技术，内化信息能力，培养信息素养。

例如，学校进行了信息技术与生物学科的整合实践，现以《电子杂志制作——生物进化的历程》为例进行说明。第一，选择 iBook 这个软件制作电子杂志，内容丰富，它融图像、文字、声音、视频等形式为一体呈现给读者，是一种逐步发展的阅读方式。这个软件学习起来比较容易，能够很顺利地完成学习目标（学会新建、保存和分享作品；学会插入图片，并对图片进行位置、大小、角度的调整；学会插入装饰和特效）。

第二，将该期电子杂志的内容设定为生物进化的历程，主要版面为进化树的制作。学生在给进化树添加相应的生物类群图片时，对生物进化的主要历程进行了解和学习，很顺利地实现了该节生物课的学习目标（知道生物进化的历程），并且从进化树上物种的地位领悟出生物进化的大致趋势（简单→复杂，低等→高等，水生→陆生），从而增强了对生命的热爱。

第三，本课的第二个学习目标是能举例说出研究生物进化的方法，教学中，通过布置任务的方式，让学生插入一个关于始祖鸟化石证据的文档和一个关于恐龙化石研究的视频，从而了解化石作为最直接、最可靠证据的研究方法。通过阅读教材的资料分析完成课堂实测的方式，让学生了解了教材中提到的另一种研究方法——分子生物学证据。

该课堂教学实践对我们有如下启示。第一，在学生的学习过程中，信息技术课程可以提供有效的学习方法和手段，生物（其他学科）学科可以提供有益的学习内容，通过整合，让学生在掌握电子杂志制作方法的基础上巩固生物进化历程的知识，可谓是一箭双雕。第二，这种整合巧妙地迁移了商业中"捆绑式销售"的营销策略于课堂教学之中，无论是喜欢计算机的学生还是喜欢生物学科的学生都非常喜欢这种整合的课堂，提高了学生对课堂的喜爱度。第三，这种整合体现了"做中学"的理念，通过学生的动手操作突破了生物学科的教学难点，大大提高了学生的记忆力和理解力。第四，实现了及时反馈准确确定教学起点的目的。众所周知，课堂教学最大的难题，就是教师如何能够及时了解学生的学习情况，并根据学生学习的情况调整教学的进度和难度。而在这次整合的过程中，信息教师充分地利用了信息技术能够快速统计的功能，帮助生物教师准确了解学生当堂检测的情况进而有效确定讲解的内容，提高了教学的针对性和有效性。

2）信息技术与日常办公管理

信息技术应用于日常办公可以快速高效地处理一些教学统计和教学管理工作，缩短教师用于日常办公的时间，让教师有更多的时间用于专业能力的提高和教育教学工作，从而提高教师的教学工作效率。学校办公管理软件较多，最具典型意义的是 OA 系统。OA 系统，实现了学校工作流程的自动化，解决了多岗位、多部门之间的协同工作问题，达到了高效率的协作。

另外，两个校区的统一管理一直是学校教学管理中所面临的一个难题。按照传统的教学管理模式进行管理具有很大的困难。在信息化环境下，我们通过网络将两个校区进行互联，两个校区只设立一个网络中心，这样不仅大大节省了在校区管理工作中人力、物力资源的投入，更重要的是提供了一个统一的网络应用环境，使教师在任何校区都能访问相同的网络资源，对各校区的师生是公平的。

3）信息技术与教师工作评价

教学评价是教学活动不可缺少的一个基本环节，它在教学过程中发挥着多方面作用，从整体上调节、控制着教学活动的进行，保证教学活动向预定目标前进并最终实现该目标。教学评价具有检验教学效果、诊断教学问题、提供反馈信息、引导教学方向、调控教学进程等作用。

4）信息技术与教师团队建设

教师的团队建设能促进教师之间的交流与沟通，分享信息化教学过程中的经验心得与教学成果，加强团队成员在工作中的配合与协作，从而提高教师自身的专业技能。沟通对学校的团队建设和提高管理效率是非常重要的，良好的沟通有利于教师为了同一个目标而努力工作，及时的沟通有利于整体工作效率的提高。

信息技术给沟通带来了前所未有的方便、快捷。通过构建信息技术交流平台，实现了多种方式的沟通，如采用 OA 系统，帮助教师间进行方便的文字、语音、视频、文件等交流，大大提高了沟通的效率；采用电子邮件技术，实现教师之间非实时的沟通。现在正在筹划通过基于校园网络的视频会议系统，使得教师能够在各自办公室参加教研活动、相互听课等，以增加教师团队之间的协作与交流。

5）信息技术与教师校本教研

随着信息化、网络化时代的到来，开展有效的校本教研活动，建构新型的、高效的校本教研模式是目前中小学急需探究的问题。信息技术环境下的校本教研是以教师持续的自我专业发展为目标：帮助教师获得信息技术应用的教学设计能力、教学实践能力、教学研究能力，促进教师的专业发展，为整合的有效推进提供师资保障。

信息化背景下的教研模式，应该激励教师之间的交流、研讨，为学科教师之间架设合作交流的桥梁；让教师在研究的过程中，获得不同视角和不同层次的分析问题、解决问题的策略，形成教师良好的教学能力、信息技术整合能力的主动建构；同时，通过交流、合作有助于建立学校校本教研的共同体，以便互相促进和共享资源。我们构建了相应的应用平台，让教师在办公室通过网络直接点播优秀教师的课堂实录，观看后进行民主的分析、评价、交流与研讨，相比以往大家聚到一起观看视频录像，大大提高了效率，教师还能观看其他学科的教学录像，对多学科教学整合也起到了一定的促进作用。

此外，教育博客作为一种工具，可以促进教师专业发展已经成为一个事实。近年来，学校通过开展基于博客环境下的教学叙事实践，让教师学习积累教育案例，并与大家一起分析、分享。在这个过程中，一些具体的问题——得到发现和解决，有效地提高了教师的教研水平，也增强了家校之间的联系。

6）信息技术与教师专业培训

在新课程改革的实施背景下，教师的培训对教育工作的发展具有重要的意义。利用信息技术手段进行教师的培训工作可以极大地提高培训的效率，学校也在这个过程中不断地进行探索与实践。在培训过程中，不仅注重提高教师应用信息技术的技能，更注重培养教师良好的应用习惯，提高教师的信息安全意识、信息化应用理念，让教师在整个过程中树立终生学习的理念。

7）信息技术与学科专业教室

目前，教师学科专业化是一个发展趋势，为此，学校建设了经济学实验室，为具有研究兴趣的学生提供专业的学习资源。学校经济学实验室安装了专业金融软件的计算机、实时滚动的证券交易屏、安静的大户洽谈室，走进学校经济学实验室，会给人步入某个证券交易所的感觉。通过经济学实验室的学习，要让学生在中学期间就充分了解证券交易等金融业务的运营流程，直观体验交易所的工作环境和数据发展状况。作为京城中学首个经济学实验室，室内的计算机分别安装了教师端、学生端两种金融软件，以便实现师生更好地互动，及时掌握学生的学习情况。之前，这类教学金融软件主要应用于大专院校，在中学课程中融入这类软件还十分罕见。为了保障软件能够在实际教学工作中发挥实效，公司安排了专业人员对实验班的骨干教师进行专门培训。此外，软件的设计也将在未来的使用中根据师生的反馈不断做出更新调整，为育英学子的深入学习保驾护航。

（四）问题与思考

（1）学校在抗震加固期间，将主楼及东西配楼网络广播、闭路电视线路安装配置完毕，设备也已安装到位。现有广播系统分层控制功能较弱。小学楼能够实现闭路电视系统及网络广播。

（2）近年来，学校信息化经费除用于日常维护外，对1999年的网络基础设施进行了更新改造，交换机、服务器等部分到位，能够满足未来3~5年网络各项应用的基础硬件架构要求及线路要求。但随着发展，校园网规模扩大及相关设备的数量激增，校园网在数据存储安全、网络服务安全、病毒防护安全、电源支持安全等方面隐患会增多，仍然需要不断增配设备保证网络正常运转。

（3）信息化软件的应用要以学校整体发展的目标为依据并服务于此目标。学校现有应用软件应用零散，各软件接口不规范（数据不对接，教师需要多重用户名、多重身份认证），为教育教学支撑的服务与需求未完全对接。

（4）经过多年的努力，数字校园已经形成了一定的规模。目前，学校感到，制订今后信息化建设发展方向和规划信息化建设方案时，存在着一些困惑。诸如如何将信息技术有效地应用于教育教学，并实现二者的深度融合；如何将业界目前技术成熟，应用模式成熟的软件与学校的教育教学和学生学习结合，全面提升教育教学质量和管理效能，服务和引领教育发展；学校信息化建设如何体现办学思想，突出学校的办学特色；如何解决数字校园整合现有扩展未来、开放先进、不断满足教育教学需求的问题。

二、七一小学信息化发展核心特征及运作模式研究

（一）学校概况

1. 七一小学概况

北京市海淀区七一小学于 1954 年建校，占地 26 000 多米^2，是海淀区首批素质教育优质校、全国平安和谐校园、北京市教育信息化工作先进单位、北京市首批数字校园实验学校。学校位于海淀区莲花池西路一号、海军司令部大院南侧。

2. 办学理念

学校的办学思想"为学生的幸福人生奠基"始终引领学校各项教育教学工作的开展，学校的办学特色更加鲜明；"学会学习、懂得感恩、强健体魄"，是学校的办学目标；为国家培养高素质的人才是学校工作的宗旨。

3. 信息化概况

1）信息化基础建设情况（硬件）

七一小学校园网建于 2004 年，经过几次升级改造，形成目前的以千兆光纤为主干网、百兆到桌面的应用格局，同时无线网络基本覆盖了教室和各个办公室，校园网以百兆光纤接入教育信息网，Internet 出口为 10 兆，校园网成为学校各项工作开展进行的有力依托。

目前七一小学有 54 个教学班，十个专业教室、三个机房，所有教室均已改造成多媒体电子白板教室；一个录课阶梯教室，学校在这里举办了丰富多彩的校级、区级、市级、全国乃至国际级的教科研活动，同时还可以实现校园内的视频直播和点播，成为学校教育教学的高效能平台；一个集现代教育信息技术于一体的新概念白板互动录播教室，实现了教学技术的现代化，学校制定并落实了对教师全员的信息化培训计划，将对教师的信息化培训纳入校本培训内容，并有考核。学校建有数字图书阅览室，学校的 VOD 系统整合了学校的各类教育教学等资源。

近年来，学校加大了信息化建设的力度，明确了以信息化带动学校教育现代化的工作重点。学校在信息化建设过程中，既注重硬件设备的投入，同时侧重软

件的应用和教师信息化的培养。2008 年，学校被北京市教育资源网评为"北京市教育信息资源应用先进学校"，至 2010 年，教育资源的应用已成为老师们日常教学必不可少的一部分，在本校得到了良好的应用。学校有一套完整信息化培训体系，定期对老师们进行培训，基础电脑应用培训、博客培训、电子白板培训等都提升了学校教师的信息化应用水平。学校老师在课堂中很好地融入信息技术，使课堂生动，提高了上课效率，并在各级教学研究比赛中取得好成绩，多名教师被评为应用先进个人。学校的网管教师在海淀教委系统表彰大会上介绍了学校的管理经验。

近年来，在海淀区教委、海淀教育信息中心的关心和支持下，七一小学的数字化校园已经形成了一定规模。无论是在课堂上还是在校园内，信息化的隐性知识时时在熏陶着每一个孩子。孩子们的信息化素养在潜移默化中得到了培养和提升。学生们乐于用信息技术叙述他们自己身边的人和事，描绘他们自己的所思所想。素质教育重在对孩子们创新能力的培养，在学校已有的数字化校园环境下，信息技术成为对孩子们进行创新能力培养的抓手和工具。同时在硬件环境方面，学校为信息化创新教育建设了专门的场地：2011 年建立专门的"七一小学信息技术创新教育活动室"，安装了苹果一体机、彩色打印机、电子白板、电子相册……孩子们可以在这里创作电脑作品，并得到老师的专业辅导。有了这样的活动场地，近年来学校参赛作品创作水平在稳步提升。2012 年，为了更好地为辅导教师和学生提供创作环境，建起了七一小学信息技术创新教育活动室，分别在这两间活动室内增加了 6 台苹果学生机和 1 台苹果教师专用机。俗话说，兵马未动，粮草先行，辅导老师已经在这两间活动室辅导学生，积极准备活动作品了。除了为此项活动专门设立了两间"活动室"，学校还建立了机器人教室，配备专门教师长年辅导学生参加各级各类小学生机器人赛事。良好的环境激发了孩子们的创作热情，也为教师的专业成长提供了硬件支撑，师生的成长都离不开数字化环境对其的影响与支撑。

2）七一小学数字校园建设背景（软件）

一是通过建设校园基础平台，对学校的教育、教学、教研、德育、管理等核心业务，以及现有资源和数据进行优化、整合和融通，从而实现从环境、资源到活动的全面数字化。

二是通过建设教育教学支撑平台，整合学校各类资源，推动信息技术在教育、教学与服务中的深层次应用，以便信息技术更好地、更有效地支撑各项教育教学工作和活动，从而提升教育教学质量和管理水平。

三是通过建设综合展示宣传平台，促进学校与家长、学校与社会更加有效的沟通和互动，增加展示学校实力、师生风貌、素质素养、教育成果的渠道和窗口。

四是通过建设日常办公工作平台，规范各项日常工作流程，提升学校行政管理、教务后勤等工作的效率。

五是通过建设管理决策支持平台，有效整合和分析学校各项工作的开展情况和取得的实际效果，以利于学校领导更加科学有效地施行相关的决策和措施。

六是通过建设云存储平台，为数字校园海量数据提供存储空间，为学校各层面用户提供云服务，所有数字校园数据实时联入云服务器，保障数据信息的高可用性与高安全性，为数字校园的稳定运转保驾护航。

通过这六大数字校园平台建设，最终形成学校的知识管理体系，将各平台中的有效数据、资源进行充分整合、加工和沉淀，通过对以上信息的挖掘，来保证七一小学基于知识管理的整体信息化建设，从而形成学校的智慧资产，服务于广大师生，并最大限度地将其宣传与传播。

目前基本完成数字校园一阶段建设（2012 年 1 月～2012 年 12 月），现阶段软件平台建设情况如下。

（1）基础平台已经建设完成，教师门户已经正式上线，对已有应用进行了整合。

（2）教育教学平台已经开始搭建，现在已经实现教师在线备课、协同备课、教师优秀资源共享平台（在线工作室）的搭建及不断完善。

（3）综合展示宣传平台的学校门户已经搭建，网站重新改造，已稳定运行，打通了展示学校实力愿景、师生风貌、素质素养、教育成果的信息化窗口。

（4）风险防控系统、教师培训管理系统、工作日志、服务预约等办公管理平台开始搭建，本学期正式使用，并根据需求不断完善。

（二）核心特征

1. 提高教师信息化素养

在数字校园环境下，有很好的网络基础和各种资源，如何能够更好地应用才是重中之重。教师是信息化应用的主体，如何对老师们开展切实、有效的信息化培训将对数字校园的应用起到很大作用。我们将结合现有培训出现的问题，来探讨如何建设一套有效、实用的教师信息化培训模式。

一个好的信息化培训模式包含三个方面：培训内容、培训方式、考核方式。三方面相辅相成，缺一不可，互相促进。

（1）培训内容：培训时间有限，因此如何选取最实用的培训内容很重要。学校本着一个原则：个体需求服从全体需求；先解决基础问题；开展小规模计时应用培训，解决紧急问题；注重培训问题的反馈解决等。各种培训具体内容要看全体老师当时的需求，精心设计培训内容，集中解决共性问题，争取达到举一反三的培训效果。

（2）培训方式：以前主要的培训方式是开会式的集中培训，效果很差。从博客培训过渡到各机房实操培训，是对信息化培训方式的一个变革，提高了效率。从培训时间上看，以前基本都是每学期开学初进行一次，经历过白板培训，我们得到经验可以分散到每周各个老师没课、相对不忙的时候进行分散培训。白板培训突破了四种限制：培训时间（分散到一周的某节课）、分散培训（每个人都有实操的机会）、专门的培训地点（老师选取不同的时间到同一地点）、培训教师（一人多次分批培训）。从白板培训中我们可以分析出以上四点，而这些突破了培训时间、地点、培训人员参与方式、教师培训方式的限制，为以后培训模式的构建奠定了基础。除此之外，培训后教师实际操作遇到困难的反馈指导也很重要，毕竟培训时间有限，主要还是靠老师培训后自己实际操作产生问题，如果不能随时解决，问题总会是问题。培训方式原则：大块时间（像开学初）集中讲解共性需要，小块时间（像分散到每节课）解决个性问题；鉴于信息化培训的特点，重视讲解与实操的结合；注重培训后问题的反馈与及时解决。

（3）考核方式：培训完不考核，没有任何考核措施会导致教师对培训不够重视，从而不能达到很好的培训效果。学校经历了以前的只培训不考核到之后的培训完马上进行考核，再到白板体验课应用型考核，取得了很大进步。但是考核结果没有真正对老师产生影响，结果导致考核的意义也不大。所有考核需要与教师的切身利益挂钩才能产生实效。考核方式有三个维度：笔试考核、实操性考核、应用型考核。

（1）笔试考核。这是所有考核中应用最普遍的也是很好操作的一种方式。在信息化培训考核中可以在培训后马上进行笔试考核，对及时巩固上课内容起到不错的作用。

（2）实操性考核。实操性考核是在教师自己真正应用后有了一定基础才能进行的考核方式，在信息化培训考核中，可采用抽查的方式进行实操性考核。

（3）应用型考核。应用型考核是最难的，要在实操的基础上，结合课程内容进行提炼应用。在信息化培训考核中，可针对骨干教师进行实操性考核，对其他教师起带头作用。

综上所述：一个很好的信息化教师培训模式应该综合考虑以上三种因素，才能使信息化培训起作用，真正达到培训的目的。

2. 信息化建设"一把手工程"凸显校长信息化领导力

建立学校"一把手工程"，由校长亲自抓数字化校园建设。学校应将数字化校园建设作为提升自身管理水平、提高综合竞争力、实施差异化战略的重要手段。应该认识到数字化校园建设是学校发展的必然趋势，要有紧迫感，确定由校长亲自挂帅保证人力、物力、财力到位，协调各方矛盾，为数字化校园的成功实施提供坚强的组织保证。

成立由张建芬校长任组长，学校信息化办公室主任为副组长，各科室领导为成员的学校数字校园项目建设领导小组，落实七一小学数字校园项目规划、管理、实施工作，用学校数字校园项目整合学校各项工作，并放到学校工作的突出位置，以确保数字校园项目建设作为学校教育现代化建设的战略举措，实现预期目标。

在教育信息化的快速发展中，校长的信息化领导力已经直接影响到学校教育信息化的发展与深层次应用。通过三年数字校园实验校的建设经验，七一小学张建芬校长信息化领导力体现在以下四个角色的扮演中和信息化团队的建设方面。

（1）教育信息化素质的高层引领者。教育信息化是学校在多变的现代社会面临的新挑战，校长要把教育技术意识、信息素养教育、学校信息技术规划、课程整合、教育技术评估和学校的管理与教学放在同等重要的位置进行学习和掌握，要考虑面向信息化的教师专业发展问题。校长只有具备高信息素养，才能在现代教育技术中担当合格的领导角色并发挥重要作用。

（2）教育信息化的践行者，校长要身体力行地运用信息化手段，以自己的实际行动带动教师。校长要高举拳头振臂一呼"前进"，而不是挥着鞭子"赶牛"。

（3）教育信息化的评估者，校长要对学校的教育技术规划和评估进行考量，要对学校信息化投资进行系统思考，要将学校信息化建设与学校文化建设结合起来考虑，要将课程改革的要求与教育信息化发展进行衔接。

（4）教育信息化的开拓者，在教育信息化的发展热潮中，校长信息化领导力的提升是推动学校信息化建设和应用的关键，校长的系统规划能力、信息化教学和课程改革领导能力、教师专业发展领导能力，直接影响到学校教育信息化的发展和深层次应用。

3. 信息化建设团队的打造

发挥个人及团队的影响力是校长信息化领导力的关键，一个好校长应该是一个睿智的学者，是一个有魄力和魅力的领导者，是老师们学习的典范。除此之外，校长更需要将人们团结起来，让个人将才能、创造力和精力投注到团队中，从而形成团队效应，发挥最大作用。在信息化的实施过程中，绝大多数学校处于同一条起跑线上，绝大多数校长处于一个相同的发展平台，但因硬件、软件的不断变革，环境和条件的不断变化，校长一个人无法应付和应对所出现的新状况，这时，就必须让自己去发挥个人魅力带领一支优秀的团队，让这支团队在实施过程中不断发现问题、不断解决问题，帮助团队成员掌握教育信息化工作战略和方向，提高团队成员教育信息化工作的胜任程度，使校长团队成员不偏离学校信息化发展的目标，以保证信息化建设正常进行。

4. 信息化管理机制

教育的创新，首先是制度的创新。教育信息化的管理机制不够健全的现象依然存在，比如部门职责不清、条块分割、统筹协调困难、信息沟通不畅等。同时在实施信息化的过程中也给学校带来一系列的变革，很多教师还不适应这种变化，也不是很乐意接收并付诸行动，这就需要建立科学、规范、有效的管理机制来进行约束和管理，才能使学校在实施信息化上既有目标，又有要求，既有检查，又有落实。信息化团队要做制度制定的策划者和谋略者，机制的建立既要有利于信息化愿景的实现，又要有利于信息化的具体实施。机制应该是对实施过程的一种动态管理，同时也要具有较强的时效性和可操作性。在实施信息化的过程中，要构建四种机制——"培训机制、评估机制、考核机制、激励机制"，从实施信息化的各个方面进行规范化管理，使老师们在实施的过程中体验成功感、幸福感。

5. 信息技术对教学的支撑

随着招生数量的增加和学校规模的扩大,教育资源供不应求的矛盾日益凸显。信息技术应用则可以打破传统教学模式中时间和空间等条件的限制,使更多的教师与学生享受到优秀的教学资源,整体提高教学水平,因此信息技术在资源和新媒体方面的建设迫不及待,七一小学通过教师工作室和新媒体教研中心的建设,来体现信息技术对教学的支撑。

(1)教师工作室:资源建设是教育信息化的一项基础性工程。随着教育需求的改变与技术的进步,数字教育资源的建设也在不断发展变化,呈现出新的发展趋势。①从"集中建设"向"群建共享"转变。传统的由资源提供商或教育机构集中批量生产的、结构封闭的数字教育资源,缺乏针对性,直接应用效果较差,无法改动。Web2.0 理念和技术的快速发展和传播,促使由多机构、多用户协同参与编辑的"群建共享"模式成为资源建设的发展趋势。该模式能充分发挥集体的智慧和力量,实现大量优质的、内容开放的数字教育资源可持续生产、传播和共享。②从支持"以教为主"向"学教并重"转变。随着教育理念从重视教转向重视学,新课程改革倡导学生主动参与,注重培养学生搜集处理信息的能力、分析解决问题的能力,以及合作与交流的能力。根据新课程改革的需要,资源内容的设计开发要从原来的"以教为主"转向"学教并重",即不仅开发素材、课件类资源,更要开发支持自主探究、协作交流和研究性学习的有关资源。③从"预设性资源"向"生成性资源"转变。学习过程中生成性资源的积累与共享是当前数字资源建设的重要发展趋势。学习是动态发展的过程,预设性的资源仅起到传递信息的作用,而难以满足学习者各种个性化的学习需求。学习者在使用资源、参与活动过程中会产生各种生成性信息,如批注、评论、作业等,而这些生成性资源对后续学习者的学习和课程资源的改进具有重要作用。

(2)新媒体教研中心:技术与教育信息化的核心理念是信息技术与教育教学实践的深度融合。数字校园建设要推动信息技术与教育教学主流业务的深度融合,实现教育教学、教育管理和服务的信息化,以及人才培养模式的创新。通过充分发挥学校已有的课堂视频资源价值,为学校提高教研活动实效性提供内容及环境支持,促进教师的专业发展,使教师更容易获取课堂录像资源,并可在线上围绕课堂录像进行研究、讨论,延展现有教研活动的形式及范围,通过线上平台可使重要的教研活动受众面更广,帮助学校构建校本精品录像课程,还能使校外教育专家以更低的成本和更加灵活的方式与校内教师互动。

（三）运作模式

七一小学的运作模式为"以人为本"自下而上的决策与应用型教育信息化运作模式。过去十年，学校信息化建设主要关注的是"建网、建库、建队、建制"。如今七一小学数字校园建设的基本思路已经转变到以解决"人"的实际问题和解决"人"的发展需求方面，所以"以人为本"自下而上的决策与应用型建设模式是先调研"人"的实际应用需求及"人"的发展需求，围绕问题的解决，规划相关硬件、软件、资源、培训、制度调整和服务等事宜，弥合不同群体的优势与弱势。

七一小学通过以下几个方面来体现运作模式。

1. 需求分析为核心

提供现在市面上数字校园解决方案的企业很多，但由于数字校园应用定制开发的风险及成本较高，大多数公司愿意引导客户贴合他们的成熟产品，其实学校并不排斥成熟的产品。在数字校园的建设中，学校需要成熟的底层架构、成熟的工作流应用，但更多的关于教育教学教研等的应用，需要贴合学校自身的办学理念和办学特色，七一小学作为北京市 29 所数字校园试验校之一，核心是创新、是试验、是为后续推广提供更多的经验教训。所以无论是成熟产品还是定制开发，需求的分析与学校的确认是非常重要的，七一小学对此有着切身感受。

数字校园环境下的教育教学改革和创新实践是七一小学近期数字校园建设的重点，从前期学校提出的粗略需求，到合作公司的闷头研发，到学校对结果的不满意，最后到双方认识到问题的严重性并重新做需求分析、用户确认、研发、推广，达到了学校使用者的认可，这件事情充分说明了数字校园建设过程中需求分析及用户确认的重要性。

2. 人员组织为保障

数字校园项目建设是一个系统工程，是一个长期发展的过程。其建设要根据学校的实际，在建设过程中走出创新之路，形成学校自身的特色，让数字校园项目在发展中完善，在完善中发展，这就决定了实施数字校园项目是一个不断发展、探索的过程，不可能一次性完成。所以，应该把数字校园项目的建设作为一项持久的、系统的工作来抓。学校应该采取配套措施保证其实施管理。

1）校长挂帅

作为北京市数字校园示范校，张建芬校长认为七一小学数字校园建设的关键是"校长一把手工程"和"培养教师信息素养"两个方面，并为此制定了相关的规定与管理办法，特别是对教师信息素养培养提出了新的要求。

2）骨干培养

七一小学培养锻炼了一支热爱学校信息化建设工作的9人骨干队伍。他们具有为教育教学服务的意识，专业技术能力强，善于学习，积极探索信息技术与学科整合的研究，富有创新精神。在学校信息化建设过程中，学校会有目的地培养提高这支队伍的信息素养和实战能力，为学校未来的教育现代化培养人才资源，并通过他们来辐射各科室、各行政组。

3）教师与学生的培养

作为北京市教育信息化工作先进单位，七一小学一贯将应用作为学校信息化建设的重要内容，而师生信息化创新能力的培养正是素质教育的一个方面，也是与国家《教育信息化十年发展规划》精神相符合的。做过信息化建设工作的人都能听懂的一句话——"重硬件、轻软件"，说的就是在信息化建设过程中重视硬件环境的打造，忽视软件系统的搭建，就如同修了很好的高速公路上面却不跑汽车；应该用"重硬件、更重软件"来表达既重视提供数字化环境支撑，更重视人员信息素质的培养。

（1）对教师的培养：学生的成长离不开对教师的培养。定期做全校的数字校园主题培训，从最开始的数校背景到现在的数校应用系统培训，先后组织了专家、领导及数校承建单位对师生进行培训，并在每个重要时刻及里程碑做全校动员，学校先后开过数校建设立项动员会、数校调研启动会，通过学校组织的一系列活动，来动员全员参加数校建设、重视数校建设。

（2）对学生的培养：在信息化时代，社会发展多元化，考试成绩已经不再是衡量学生的唯一标准。例如，王惟一同学是一名寄宿学生，他先后参加过第十一届和第十二届活动，都取得了令人瞩目的成绩。这样的人才，教师是怎样发现的呢？王惟一同学比较调皮，平时文化课学习不是很专心，但是他对动植物有着浓厚的兴趣，每每和同学谈起时如数家珍，俨然一位小专家，同时他也非常喜欢画画，辅导老师王迪发现了他的这个特质，认真地引导他将自己对动植物的热爱和人与自然生存的意识结合起来，通过电脑美术来呈现。参加这两次活动，王惟一同学被注入了正能量，提高了自信心，明确了自己今后成长的方向。

4）一线教师来验证

在项目实施完成或分步完成后，分别针对不同的应用环节，从学校优秀教师中选定 2～3 位技术与教学相当熟练的老师作为应用的核心梯队领头人，在技术与应用技巧各方面重点指导，让其结合一线的教学实践做更多创新应用的尝试，最终形成一整套成功的应用模式，并将其推广至全体教师。在试点过程中，将同时设立学校的数字校园项目应用专项课题组，由带队老师再辅导其他一线教师拓展深入应用。其整体结构图如图 5-1 所示。

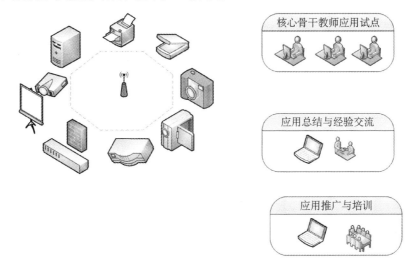

图 5-1　项目示范性应用计划

如果将数字校园看作一个数字生态系统，那么决定这个生态系统的不是多么高技术含量的顶层设计，而是每一个底层的基础应用模块是否实用、简单、务实；决定人与数字环境的不是个别领导一刀切的行政手段，而是自下而上的每个教师和学生自主自觉的尝试和摸索。没有踏踏实实的基础用户和基础应用，数字校园只可能是海市蜃楼。这正是为什么七一小学以自下而上的决策与应用为建设模式的原因。

3. 学校与公司紧密合作

七一小学数字校园建设现状是学校、公司、监理单位、上级主管单位及专家组共同合作建设，其中主管单位及专家组为学校指导方向、检查建设任务，学校主要挖掘自身需求，公司实现学校的规划及需求，监理单位帮助学校对公司的数字校园建设进度、流程进行控制。在数字校园建设过程中，学校与公司合作对项目的成败起到决定性的影响，公司如果无法真正理解专家意见及学校需求，那么最后实现的结果肯定难以保障。而现状是学校不懂技术而公司不懂教育，并且数字校园建设中的一些需求是对新的教育成果的尝试，所以公司对教育的理解及对未来教育的研究程度要有更高的要求，需要公司在技术、队伍、经验、教育业务理解、业务挖掘配合度上都达到要求。而且，需要一个配合度高的公司负责总体数字校园项目整体建设，数字校园系统是一个整合不同厂商的、不同技术应用的集成系统，没有一家公司可以完全实现数字校园系统的需求，数字校园需要从学校需求出发，集百家所长，所以需要进行相应的责任指定与授权，让其来协调多家公司为学校服务，并控制质量，以减轻学校的管理成本。所以公司选择上并不是说技术实力强就可以了，重要的是他们是否理解教育，了解学校业务，并专注于数字校园应用建设，有一定的成功案例和稳定的团队，选择合作公司也是选择人，从公司领导到项目负责人都需要具备诚信和责任感，如果没有这些，那么公司实力再强也没有任何意义。

三、中关村二小信息化发展核心特征及运作模式

（一）学校概况

北京市海淀区中关村第二小学（简称中关村二小）于 1971 年建校，经过几十年的发展与壮大，目前已发展成为拥有 106 个教学班、246 名教职工、4398 名学生的品牌学校。

学校于 1998 年 7 月承办上地实验小学；2001 年 7 月，承办海淀外国语实验学校小学寄宿部；2003 年 7 月，合并成府小学、承接华清嘉园配套小学；2009 年 1 月，合并西北旺小学；2009 年 4 月，承接海淀北部区新百旺新城配套小学；目前学校共有中关村、华清、百旺三个校区。

（二）核心特征

中关村二小信息化建设开始于 20 世纪 90 年代，在互联网刚刚兴起之时，学校领导就高瞻远瞩地提出了建设学校校园网的设想，由当时一条 ISDN 线

路开始了学校的信息化建设。随着信息技术的不断发展和海淀区教育信息中心对信息化建设投入的不断增加，基于学校一校多址的办学特点，学校在信息化建设中以需求促进发展，以三校区同步、特色、优质发展为目标，开展数字化校园的有效实践。学校在近年来结合自身特点开展了一些探究活动——构建适应多校区发展的基础网络平台，打造促进学生发展的数字化教学环境，构建保障师生安全的平安校园，创造多种渠道丰富学校形象等。

（三）运作模式

多年来，随着学校的逐步发展，为满足教育教学均衡发展的更高要求，我们积极探索基于网络的多元化应用，以"自下而上"的模式——教师在实际工作中产生需求，树立信息化意识，经由校内相关领导和外围企业的亲密协作，通过建立需求、主体推动、满足需求的多方合力，实现信息化建设的迅速发展。基于这种"自下而上"的运作模式，学校在信息化建设中开展了一系列探索和尝试。

1. 创建可持续发展理念下的行政办公网

学校行政办公网是学校内部无纸化办公的载体，方便、快捷、高效。主要栏目分为每周安排、学校办公室、教学办公室、教育办公室、后勤办公室、党政工团、学习园地等，满足日常学校办公需要。为了方便传输文件、资源共享，网站上链接了"文件交换区"、"文件服务器"、"照片网站"、"对外网站"和"VOD点播"等板块，此外，我们还架设了一台 FTP 服务器，把学校历年各种活动照片、教师自制课件、学科教案、科研论文发布到服务器上，不断丰富学校内部教育教学资源库，以便老师查阅交流，实现资源有效利用。

自校园网建成以来，学校不断充实网络上的媒体资源。目前，学校资源库中有自行购买的教学同步资源库 200G，各类影片 10 000 部，各种音乐、语音素材 20G，这些影片、音乐通过 VOD 系统随时供师生点播。我们把各学科光盘、磁带资料经过翻录等技术处理，全部上传到网站中，方便各科教师教学，从而大量节省资源，提高教学效率。

另外，每到有教师生日时，学校网站就会有祝福的电子贺卡送上，老师们都会为其"点上"生日蜡烛，让教师感到集体的温暖。每当特殊的节日时，同样会有温馨的提示与祝福，促进家园式和谐校园的建设。

2. 搭设高效互动的信息交流半台

学校是一所一校多址的现代化名校，为了满足多校区办公及教育教学的需求，2006 年学校开通了远程视频会议系统，成为海淀区第一批远程教室试点单位。在此基础上，学校不断探索视频会议系统在多校区管理、教育教学等方面的创新应用。

目前，学校共建有 6 个视频会议室及远程教室，拥有 18 个视频终端，26 个显示屏幕，以及先进的 MCU 设备，可以同时召开 3 组以上视频会议，实现两点或多点的高效视频。无论是每周一次的行政会、全体会，还是日常的讲座培训、教科研、评优课等大型活动，均采用三校区视频直播的形式进行。视频会议系统的启用，真正实现了一位优秀教师的课堂教学，三校区学生共同聆听分享；极大地提高了三校区干部、教师办公、研修的效率；确保了三校区同步、联动、互动发展。

2011 年，学校开始启用弹性、灵活、高效的 OA 平台，提高了教师的各项申请的办事效率，如领取笔记本电脑、车辆及支票申请等，只需相关人员登录平台，做各项电子审批即可，实现了管理的自动化。快捷地共享信息、高效地协同工作，节省了人力、财力和物力，对于多校区管理而言，避免了很多奔波之苦。

此外，各校区之间开通了 NGN 数字电话系统，使多校区之间实现了互动交流及点对点免费通话，让校园环境在时间和空间上得以延伸。

学校还为每个教室、办公室都铺设了无线网络，实现了各个校区之间、各个接入点之间的无限漫游，确保了教师们在任何一个接入点认证登录后都能在校园的任意角落使用无线网络查阅最新的资料和信息。

3. 打造促进学生发展的数字化教学环境

优化课堂教学形式，打造高效的教育教学环境，营造出利于学生学习的数字化课堂是特色之一。教室里，全部安装了完备的多媒体设备，师生们利用电脑、投影及交互白板，实现多媒体、智能化的交互式学习，展现了一幅全新的数字化学习图景，尤其是交互式电子白板丰富的教学资源，包含中小学各科的丰富课件资源，同时使用者也可以将自己制作的资源保存，生成资源库，让课堂生动而高效。学校建有海淀区第一批试点单位的互动录播教室，集交互教学、师生互动反馈、中央控制系统及课堂录播于一体，课堂上，学生手持遥控器参与互动，教师可以方便地制作交互式教学课件,更好地讲解知识,让学生真正享受学习的乐趣,而电教中心的老师们快捷地记录着最生动的课堂。学校还建有各类专业制作中心、录音室、图文编辑室、视频编辑室等,为积累最丰富的教育教学资源提供了有力的保障。

4. 构建保障师生安全的平安校园

随着校区的逐步发展、教师人员的增多、各校区之间走动的频繁,200多人的出入校管理作为学校安全的重要一部分,在门禁卡中为每位老师授权,刷卡进入不同校区,并通过系统显示照片,经过核实后方可入校。

5. 创造多种渠道丰富学校形象

学校对外网站经过不断的调整、改版,已经成为呈现学校活动、展现学生风貌的重要窗口,由学校信息技术教师进行资料搜集、整理,各板块有专人维护,利用网络优势积极进行学校宣传工作。

各校区均架设了全彩电子屏,制定学校电子屏信息发布制度,有专人维护,及时准确,亮点活动及重要通知做到第一时间传达。

（四）问题与反思

数字化校园的打造,使学校的各种资源得以充分优化、使现实的校园环境在时间和空间上得以延伸,更为学校、教师、学生搭建了一个学习、进步的平台,实现了三校区教学管理的同步发展、教学质量的同步提高。然而,在进行信息化建设的进程中,学校也清醒地认识到目前所面临的困难和挑战。

一方面,学校在推进信息化建设的同时促进了教育教学工作的实效性;另一方面,信息化建设中的主体——教师和学生应更大地发挥其推动作用,尤其在当今信息化迅速发展的时代,学生的需求和想象力能在校园建设中起到"点亮"作用,促进和推动教育信息化的达成,切实实现技术为应用服务、学校为学生发展服务的原则,真正在"自下而上"的发展模式中凸显作用,以达到学校个性化、人性化、多元化发展,人人成为中关村二小信息化建设的决策者。

第六章

支撑型学校信息化运作模式

　　支撑型学校信息化运作模式的基本理念是遵循服务驱动的思想,以促进学生发展为目的,为满足学校系统各组成部分的需求提供支撑。其核心特征是:应用信息技术改变教学方式;应用信息技术让学生体验"成功",增强自信;使用形成性评价,关注学生成长过程;实现了高效便捷的管理。其运作模式是:以需求为导向进行规划;营造校园氛围,渗透办学理念;始终将用户需求作为信息技术应用的方向;积极争取上级部门支持,有效整合资源;重视制度建设和过程管理。

第一节　模式介绍与分析

一、基本理念

　　支撑型学校信息化运作模式的基本理念是遵循服务驱动的思想,以促进学生发展为目的,为满足学校系统各组成部分的需求提供支撑。服务驱动是指为了满足学校教育、教学和管理的需求,有目的地使用信息技术来提供服务,并在使用过程中,使得效益最大化。支撑是为了突出信息技术在教育教学中的重要性,强调信息技术是支持学校日常良好运作必不可少的要素,在满足教育、教学和管理需求方面具有不可替代的作用。

此类学校往往在建设信息化的过程中资金不充足，学校的生源一般也不好。为使得利益最大化、效果最大化、效率最大化，避免重复建设，强调支撑的作用，需走符合学校信息化功能需要的建设道路。

二、核心特征

（一）应用信息技术改变教学方式

传统课堂环境的封闭性与功能的单一性，制约了学生学习的时间和空间，也深刻影响着师生的教学方式。许多已有的教学方式，比如传授、接受、训练等，受限于课堂固有环境和功能的制约，变得单向、被动、机械。信息技术的发展迅速改变着人们的生活方式与教育方式，也为课堂环境与功能的改进提供了机会与可能。因信息技术的介入与支撑，课堂环境将由封闭走向开放，功能由单一走向多样。

例如，在每个学科教室中引入计算机、实物展台、电子白板、投影仪等现代化教学工具，丰富了教学资源的呈现方式。通过实物展台等工具，把学生带入丰富的立体化教学环境中，每个学生都可以对教师的具体操作和讲解进行反复观察和学习，提高了知识的传递效率和准确性。电子白板的普及使用，可以有效记录和回放教师的板书，对教师教学和课堂进行反思与提升是大有裨益的。与此同时，笔记本和平板电脑开始逐步走入每间教室，有效支持图片、声音、影像等各种多媒体教学，符合信息时代的发展要求。在无线网络支持下，师生可以随时对需要查阅、讨论的内容进行深度搜索和学习，并提供多种师生互动方式。借助投影仪学生提出的好问题可以迅速呈现给每位同学，通过交流、思考和分享讨论结果，提出问题解决方案，完成自主体验的学习过程。通过对学生学习信息的汇总，教师能够随时掌握学习进度，并及时发现学习过程中存在的问题，调整教学内容，充分达成教学目标。在使用信息技术的教学过程中，教学方式的转变对学生运用新技术、新工具的能力产生了潜移默化的影响。

（二）应用信息技术让学生体验"成功"，增强自信

现代教育应该激发学生奋发向上的精神，尊重人的尊严、潜能和价值，提高主体意识的"我行"的教育，培养出一个个具有"成功者"心态、能"抬起头来

走路"的学生，这已日益成为学校秉持的教育理念。在学生的学习过程中，充满自信是很重要的。学生的潜力无限，为发掘学生潜力、发挥学生特长、发展学生多元智能，学校利用信息技术，为学生搭建展示的平台，让学生体验"成功"，增强自信。

例如，温泉二中投资 30 多万元建立了天文星空教室。有了星空教室，师生可以避免外出观测所遇到的种种困难，利用先进的模拟星空设备，无须考虑天气、时间、地理位置等因素，可以在任何时间观测多种天文现象，学习星座知识。利用天文星空教室丰富的资源，学校成立天文兴趣小组研究天文知识，并组织天文学知识竞赛，让学生有自我展示的机会，体验成功的快乐，达到增强自信的效果。另外，学校的校园电视台也为学生体验成功提供了非常好的平台。为了丰富校园文化生活，校电视台招募小记者，每周定期组织培训活动，教师指导学生参与节目制作，引导学生掌握拍摄技巧，训练学生的新闻采访与后期剪辑制作、播音等多项技能。

（三）使用形成性评价，关注学生成长过程

形成性评价不仅关注学习结果，更注重学生在学业、兴趣、情感和人格等各方面的成长。学校重视学生发展历程，借助信息技术搭建过程性评价平台，对学生进行形成性评价，不仅能使学生在学习过程中认识自我，建立自信，增强学习动机，促进学生综合能力的全面发展，也能使教师从中获取教学反馈信息，以便于对自己的教学行为进行反思，对教学做适当的调整，从而促进教师不断提高教学水平。

例如，使用"按按按"互动反馈技术将答题器作为项目测试的数据采集工具，将项目测试结果当堂采集并反馈，可帮助教师在课堂上及时了解学生的学习情况，灵活调整教学。同时，将互动反馈技术采集的所有数据记入网络数据库，随着数据库的不断积累、持续使用，逐步生成有关学生学习和教师教学的数据资源，为学生的形成性评价提供丰富的资料。通过"网络阅卷系统"对学生的考试测验和作业进行形成性评价。教师以网络阅卷为评价工具，收集学生作业、测验和考试数据，将数据写入数据库，可供任课教师统计、分析、研究学生学习情况从而进一步改进教学；也为学生发现学习中的短板与不足，改进学习提供帮助。

（四）实现了高效便捷的管理

移动互联网的普及对社会产生了巨大影响,使人们的生产生活发生了全新的变化,也为教育管理带来了机遇和挑战。通过发挥信息技术资源优势,可以提高信息工作质量,改进教育管理方式,提高办学效益。利用网络环境建立学校管理平台,对师生信息、教师评价、信息发布、反馈接收等进行管理,改变传统的沟通方式,营造良好的交流空间,推进资源整合,加快信息流通,规范办公流程,节约办公成本,提高管理工作的透明度,使各项业务环节的执行情况都有可追溯性,从而全面提高管理效能。

例如,在日常办公中,建立 OA 智能办公系统,提高了日常审批事务的效率;在学籍管理中,应用 CMIS 实现了学生学籍的电子化管理;在家校联系中,应用"校讯通""家校通"等家校互动平台,延伸了课堂,提高了家校共育的效果。

三、运作模式

（一）以需求为导向进行规划

根据学校的实际情况,进行需求调研。这类模式的学校在建设信息化的过程中资金不充足,学校生源一般不好,为了使得利益最大化、效果最大化、效率最大化,学校需要优先考虑最根本的信息化项目建设需求。首先,学校各部门提出需求,并进行汇总。本着"从易到难、由简至繁、分步实施"的原则,分别从网络基础设施及应用系统等方面,从学校层面对信息化建设工作进行规划。其次,针对提出的建设方案,分别与各部门领导及师生代表进行讨论研究,反复论证和修改。最后提交校务会讨论通过后形成定稿。

（二）营造校园氛围,渗透办学理念

校园氛围是维系学校全体师生教育、学习和生活的纽带。良好的育人环境是培养优秀人才的先决条件。营造良好的校园氛围、优化育人环境,对全面提高学生的文化素质有着举足轻重的意义。学校的办学理念是学校信息化发展的舵手。学校的信息化建设也要符合办学理念的宗旨,要求学校利用信息技术营造校园氛围时，必须渗透学校的整体办学理念。

例如，温泉二中为了推广"多维成功"教育理念，学校建设了对外网站、电视台、校园宣传电子大屏等信息化宣传手段。这些手段将校园内发生的重要事情及时发布，对学生开展专题教育活动，尤其通过学生和教师获得奖励和荣誉的展示，让学生了解身边成功的例子，让学生知道每个人都有无限的潜能，每个人都能走向成功，进而激发他们渴望成功的愿望。这种"成功教育"的宣传在师生间产生很大的反响，也对学校的对外宣传起到良好作用。

（三）始终以用户需求作为信息技术应用的方向

学校在信息化建设方面，始终以用户为中心，以用户的需求为信息技术应用的方向。在日常工作中，关心并注意培养用户的新需求，在需求调研、软件研发和测试过程中让终端用户参与进来。在实际应用时也关注用户的使用反馈信息，根据反馈对技术的应用及时调整和修正。经过需求调研、试验教学、调研应用反馈效果、根据反馈效果调整和修改应用方法，到再进行需求调研的循环往复的过程，使得信息技术的应用更适合用户的需求，并且，因为用户的亲自参与而使得信息技术的应用更容易被接受。

例如，海淀区艺师附小在信息技术应用方面始终关注用户的需求，从计算机实验班到全部教室配备多媒体教学设备，从教师备课到笔记本电脑的配备，从校园网络基础设施建设到学校资源整合，无一不是用户需求导向的结果。

（四）积极争取上级部门支持，有效整合资源

随着信息技术的发展，新兴技术的涌现不断催生新的需求，学校的各项应用系统面临升级，而现有的网络设备经过数年的使用开始频现故障，已无法满足庞大的访问量，各类硬件设备需要逐步更新等，均需要大量的后续资金作为基础，仅凭学校一己之力无法完成。在这种情况下，学校采取的措施是积极向上级部门寻求帮助。作为学校上级管理部门的海淀区教育信息中心及区教委财务科等部门，在技术、培训和资金等方面给予了学校很多支持。

（五）重视制度建设和过程管理

学校在进行学校发展规划、制订具体的行动计划和开展部门目标管理后，相继出台了对学校网络及办公平台使用的相关管理规定、对网络安全的相关预案计

划、对数字化校园建设的相关方案等一系列规章制度。同时，在信息化建设项目实施过程中，学校也特别注意严格遵守相关的财务管理制度、公开招标采购制度等，从而规范了信息化建设工作。

四、问题与建议

（一）问题

首先，资金需求量与发展需求不匹配。学校在应用信息技术的过程中，当出现更多的需求时，很可能需要有更多的资金投入来满足这些需求。而学校在不具备充裕资金的情况下，则很难满足需求，出现资金需求量与发展需求不匹配的问题。

其次，下拨资金的滞后性与服务的及时性不匹配。从学校出现资金需求，到上报财务部门审批，再到相应资金到位，周期过长，导致学校不能及时得到资金的支持。

最后，学校系统平台分散，未进行系统有效整合。例如，管理模块中的出勤考评独列为一个平台，家校互动又独列为一个平台，而这两个平台实际上都属于办公管理平台。功能性质相似的平台分散开来，未形成有机的整体模块，这将给管理和教学带来不便。

（二）建议

首先，上级部门可针对学校实际需要下拨更多资金，积极听取学校的需求意见，体谅学校的苦衷，满足学校信息化发展的急切需求。同时，学校也需科学、及时、不断地采集需求，从学校特点和实际出发，调整需求，积极向上级部门表达诉求。

其次，提高资金审批效率，缩短资金下拨周期。目前，从学校向上级部门申请资金，到财务审批，再到资金到位的周期过长。只有提高资金审批效率，缩短资金下拨周期，学校才能得到"及时雨"。

最后，学校平台按模块进行系统整合，将相似性质的模块整合在一起，比如将教学类的平台整合到一起、管理类的平台整合到一起，最后还需对平台进行再次整合。多平台的系统整合也是学校系统平台信息化发展的方向与趋势。

第二节　案例介绍与分析

一、温泉第二中学教育信息化核心特征及运作模式

（一）学校概况

北京市温泉第二中学建于 1974 年，位于海淀区北部新区温泉镇中心地带，是海淀区中关村科技园区北部新区一所公立的完全中学。教学设施先进完备，建有教学楼、实验楼、学生宿舍楼、餐厅和 400 米塑胶跑道田径场，还建有图书馆、阅览室、单片机教室、机器人教室、天文星空教室、通用技术等专用教室。数字化的校园无线网络、信息发布系统、双向闭路电视、现场直播系统、录课系统、新概念互动教室等先进的信息化设施一应俱全。

学校有一支治学严谨、经验丰富、师德高尚的教师队伍，拥有一大批市、区级骨干教师、学科带头人。学校以科研为龙头，课题为载体，信息技术为手段，使每一位老师都带着"微课题"进行教育教学的研究，探索课堂教学的改革。教师以学生的发展为着眼点，树立学生自信心，注重学生综合素质的培养，把"成功不止一面，多维更加精彩"的办学理念植入教学之中，逐步形成自己的办学特色。

学校在"多维成功教育"理念的支持下，以"低、小、多、快"的教学模式，坚持"为学生的人生成功奠基"的办学目标。对于一所普通学校的学生来说，什么是成功：努力——进步即成功；尽力——超越即卓越。每个人都有自己未曾发现的潜能，每个人都能走向成功。学校秉承"自强、规范、创造、尽责"的校训，在育人过程中，以爱和尊重为前提，尊重学生人格，挖掘学生闪光点，为每名学生成就梦想搭建平台。

温泉二中不断加强信息化的硬件建设，并深入探索教育信息化的多元应用。目前，在孙继刚校长的引领下，学校积极打造信息化建设品牌，处处体现"多维

成功"办学理念,逐步形成了独特的"支撑型"教育信息化的运作模式。

(二)核心特征

1. 开发教育信息化的多元应用,支撑教育教学工作

1)学校管理中的信息化应用

学校在行政及教学管理上,使用了无纸化办公软件 NBC 系统。各部门的通知和信息大家都可以在 NBC 及时发布,办公效率大幅度提高。每位教师都有自己的文件柜,教师之间可以发送传输大容量文件;传输速度快,避免了网速的制约,并且保密性强。教师之间利用网络方式互相沟通,资源共享。

学校对学生档案的管理、学籍的管理依托 CMIS 平台(北京市中小学电子学籍管理系统)实现了电子化、网络化。以 CMIS 为中心,可以为学生成绩管理系统、中高考报名、学生卡管理系统等提供完善准确的信息,实现了资源共享,避免了大量数据多次的搜集、整理工作。

2)教学资源的信息化建设

学校非常重视教育教学资源的信息化建设,利用 VOD 系统存放教学视频和各类试卷,方便老师调阅。现在又与网络公司合作,开发出了"微课程"教学资源平台,鼓励教师制作适合学校学生学情的"微课程",倡导学生借助网络开展自我学习,拓展学习。利用"微课程"网络开展教学是对教学方式的一次信息化改革的探索,也是改变学生学习方式的一种尝试。目前我们对"微课程"的应用还在测试当中,但是我们相信这种网络化的"碎片"式资源库将会对教育教学产生重大影响。

3)考试质量的信息化分析

利用"学生考试成绩统计分析系统"实现对考试质量分析是教学过程的规范化管理的关键环节,也是保证教学质量的重要手段。以往通过人工进行成绩管理和考试质量分析等工作,许多统计分析不易完成,且错误率高。使用 Excel 可以减轻教师成绩管理和考试质量分析的工作量,但因为统计及质量分析需要使用专业的函数,对于大多数教师而言有一定难度,并且许多需要的指标不能很好地进行统计和分析。但利用"学生考试成绩统计分析系统"就能轻松实现学生成绩管理的信息化、自动化。例如,考试每小题的得分分析、客观性选择题的机读卡阅读等,非常省工省时。该系统是专业的学生成绩管理系统,利用它可以轻而易举

地完成以前需要很烦琐的计算才能完成或根本不可能完成的对成绩的详细统计分析工作。从成绩分析系统上得出的数据，有利于一线教师更方便地去分析学生的成绩，也有利于学生更方便地去分析自己的成绩。

4）信息化的硬件设施建设

现代化教学的发展离不开信息化硬件设施的支撑。学校领导有较强的信息化理念、有前瞻性的决策力度和资金经费的丰厚投入，这都使得温泉二中的数字化校园建设突飞猛进。

学校有学生专用计算机房、校园电视新闻台、智能演播厅、录课教室、新概念互动教室、专业教学直播设备。2011 年学校自筹资金建成了海淀北部新区第一家天文星空教室，70 多米^2 的天文星空教室，由数字天象节目演示区和学生科普活动区两部分组成。天象节目演示区顶部装有直径近 5 米的可升降穹幕，设有一台分辨率可达 1920×1080 的高清天象投影机，可播放专门制作的天象节目。对于地处农村学校的学生，有了星空教室就不必再费心考虑外出观测会遇到的种种困难了，任何时间都可以利用先进的技术设备，在模拟星空下学习星座知识，开阔学生视野。

现场实时直播系统为学校教育教学提供了有力支持。由于学校远离城市剧院、报告厅，周边没有大的会场，学校在冬季进行全校 1000 多人的大型活动受到了制约。因此，2010 年学校改造了原有的双向闭路电视系统，教室内以多媒体投影和数字电视并存的方式，在大型活动时可以采用主会场和分会场形式进行。

学校为全体教师配发和更新了笔记本电脑；各年级教师办公室、学科办公室和行政办公部门都配齐了激光打印机，复印、扫描、打印一体机；学生教室、专用教室、实验室等全部配齐集数字展台、投影机、计算机于一体的多媒体设备。

2012 年，学校建立起了无线网络，覆盖整个校园，为今后教师使用移动终端教学奠定了基础；在学校宣传上，校园内安装了多块电子大屏，既可以分体播放也可以一体播放，为学校科技、艺术、校园文化宣传提供了信息发布的窗口。

2013 年，学校更新了 21 间教室的多媒体设备，成为海淀区首批完成互动教学屏安装的学校。70 寸触摸屏电视和新的台灯式展台，自行设计了多功能集成面板（220V 电源口、音频口、网口、U 盘口、VGA 口）讲台桌，教师可以方便地使用各种接口完成课堂教学任务。超大屏幕代替了投影机，显示更加清晰，也为老师开展互动教学研究提供了硬件支持。

为满足年级宣传需求，学校对每层楼道都安装了 55 寸液晶电视，作为年级活动的宣传窗口。

2. 利用教育信息化手段，渗透"多维成功"教育理念

1）营造"成功教育"校园氛围

营造良好的校园氛围，推广"多维成功"教育理念，离不开坚实的宣传阵地。学校建有对外网站、电视台、校园宣传电子大屏等信息化宣传设备，将校园内发生的重要事情及时发布，对学生开展专题教育活动，尤其是学生和教师获得的奖励荣誉的展示，使得大家看到身边同学成功的例子，让大家知道每个人都有无限的潜能，每个人都能走向成功。这种"成功教育"的宣传在师生间产生非常好的正面影响，也对学校对外宣传起到很好的作用。

2）支持综合素质的过程性评价

"多维成功"教育理念创设了生动活泼的育人环境，给学生以自由的发展空间，充分发展其个性特长，更注重学生的过程性评价和学生综合素质的发展。学校依托初中和高中学生综合素质评价两个电子平台记录学生的成长过程，关注学生的发展变化，在学生毕业时将过程性评价整理形成终结性评价。综合素质评价电子平台包括：新学期伊始的我、学期结束的我、思想道德、学业成就、合作与交流、运动与健康、审美与表现、综合实践活动和个性发展九部分。

3）发掘学生潜力，搭建展示平台

利用信息化手段支持"多维成功"教育理念，为学生搭建发掘潜力、展示自我的平台，也是学校的一个特点。

比如，学校投资 30 多万元建立了天文星空教室。有了星空教室。学生不必再费心考虑外出观测会遇到的种种困难了，任何时间都可以利用先进的电脑设备，在模拟星空下学习星座知识。无须考虑天气、时间、地理位置等因素，利用模拟星空我们可以观测世界上任何一个地点、任何一个时间点或一个时间段的任何一种天文现象，是非常方便快捷的。利用天文星空教室丰富的资源，学校的天文兴趣小组的同学热心研究天文知识，多人次获得海淀区天文知识竞赛一、二等奖，赵禧煊同学还获得北京市二等奖。

再比如，学校的校园电视台，各种硬件、软件设施齐备。电视台招募了小记

者，每周定期组织培训活动，辅导老师带领他们学习日常拍摄场景技巧，培养锻炼学生的新闻采访与后期剪辑制作、播音等多项技能。经过一段时间的培养，许多同学能够大方自如地主持班级和年级活动，有的成为学校大型活动的主持人；还有些同学开始拍摄"校园微电影"，丰富校园文化生活。通过电视台小记者的培训活动，学生的潜能被激发出来，自信心明显增强，他们同时体会到了"成功"的快乐。

（三）运作模式

1. 校长先进的信息化理念推动信息化建设

孙继刚校长是一位年轻的校长，观念新、思路清晰、办学理念明确，对于学校的信息化发展非常支持。在他的带领和影响下，校领导班子具有信息化理念，一线教师具有开拓精神，使得学校信息化发展得到有力保证。孙继刚校长前瞻性的决策和丰厚的资金投入，加快了学校"数字化校园"的建设步伐，也为学校信息化的远景发展提供了体制和机制保障。

2. 抓住机遇，打造信息化建设品牌

作为山后的一所普通中学，要想在名校林立的海淀占有一席之地，必须抓住机遇打造自己的特色品牌。温泉二中信息化建设从课件开发起步，1999 年参加了第一批海淀区教育系统软件开发基地校，当年完成了 15 个课件开发制作任务，得到了上级领导的青睐，由此，学校迈出了信息化发展的第一步。接着，学校从硬件建设入手，充分利用教委下拨信息化建设经费和申请的财政专项经费开始建设现代化的基础设施，朝着数字化校园方向迈进。近几年，在学校有了一定硬件积淀的基础上，硬件建设、软件建设一起抓，进一步打造学校信息化建设品牌。目前，在海淀教委和信息中心的鼎力支持下，学校以先进的信息化理念，在山后中小学校中迈出了教育信息化建设快速发展的步伐，信息化方面的全方位建设基本完成，数字化校园已经粗具规模。

3. 以"支撑教育教学"为中心的建设模式

教育信息化的建设与发展一定要支撑教育教学，这是学校发展的根本，也是信息化发展的终极目标。

支撑教育，即支持"多维成功"教育理念，从利用信息化宣传手段营造良好

的校园"成功教育"氛围，到学生综合素质发展的信息化评价手段、网络化的过程性评价平台，再到借助信息化资源开展课外活动，为学生搭建展示自我发掘潜力的平台。信息化的发展很好地支撑了教育理念的落实。

支撑教学，以人为本，以教师需求为导向。从教师的教学需求出发，加快脚步进行"微课程"的开发，探索教学方式的变革。从教师的专业成长需求出发，积极开展信息技术培训活动，如 Excel 数据管理与分析、图像处理、影视编辑软件使用等，提高教师信息技术应用水平。信息中心马志清主任、赵峰老师都曾来校亲自授过课。

教师的信息技术应用培训重在实用、及时、有效。教师的应用培训，我们常常采用"请进来，走出去"的方式全力为教师打造学习的机会；校内培训指导教师既有本校的计算机老师，也有外聘的专家。培训的目的是提高教育信息化应用的软实力，只有教师们学会用信息化手段方法，才能爱用、常用，逐步成为信息技术使用的探究者，才能开动脑筋在教学中、在办公中去研究、探索，从而在信息化应用方面有创新、有成果、有收获。

4. 建设稳定的高水平的信息技术团队

培养一支稳定的、高水平的信息技术和谐团队是学校信息化发展的可靠支柱。学校现有信息技术教师 7 人，其中专任教师 5 人，这支信息化建设的团队中既有参与信息化发展起步的老教师，也有在实践中迅速成长的青年教师；既有多媒体设备的维护者，也有高水平的网络管理员；既有新闻专业毕业的电视节目制作人，也有区级信息技术培训的主讲骨干教师；他们形成了学校信息化发展的坚强力量；他们为教师们的教育教学提供了有针对性的帮助与支持；他们凝聚成学校一支稳定的高水平的信息技术团队，保证了"温泉信息化列车"的快速前进。

（四）问题与思考

关于信息化发展探索和实践，我们经历了 "初识运用—激进推进—反思成熟"的十几年的历程。前些年教师们曾经一度感到多媒体设备运用容量大，学生兴致高，因此多彩的音响、动画画面、网络资源充斥课堂，而忽视了必要的教学环节，板书一度受到冷落。经过实践的检验，通过教学研讨会老师们的交流、反思，走出去学习杜郎口中学、杨思中学、上海闸北中学的教学改革实践经验，教师们走出了误区，针对学校教学实际提出了"低（低起点）、小（小步子）、多（多活动）、快（快反馈）"的教学策略，进行了小组合作学习方式的尝试，对信息技术的教学应用有了全新的认识，多媒体技术可以作为课堂教学的辅助方式，而不是替代教师讲课的手段；教师们主动开发制作适合自己课堂教学的课件，求真务实，切合实际，运用课件，提高课堂教学实效。

在数字化校园建设中，我们也感到，教师在教育教学中对信息技术的需求越来越大，对数字化产品配置要求越来越高，信息技术产品更新换代速度惊人，但现有的滞后的经济制度在制约着信息化的需求和发展。我们相信随着国家改革进程的发展，制约因素会逐步减小。

回顾过去，展望未来。虽然学校信息化的长足发展，为温泉地区、为北部新区和谐社会的构建和信息化建设做出了应有的贡献。但是，随着数字化校园在全区的迅速铺开，我们仍需树立竞争意识，我们要在奋斗中求发展，在竞争中求生存，继续开创学校教育信息化的新局面。

二、艺师附小信息化发展核心特征及运作模式

（一）学校概况

北京市海淀区艺术师范附属小学（简称艺师附小）隶属海淀区教育委员会，地处北三环蓟门桥西南，与中国政法大学、中国冶金建筑研究总院相邻，是一所全日制公办学校。学校 1950 年建校，1992 年建新校舍，迁址时更名为海淀区艺术师范附属小学。

学校全体教职员工坚信"为了每个孩子的童年充满欢乐，为了每个孩子的未来获得成功"的教育信念，愉快工作，健康生活，共同创造了和谐、至美的学校文化。学校以教育科研为龙头，积极参与海淀区"十一五""十二五"群体课题研究，使教师强化了学习研究意识，提高了自身的专业素质，丰富了课堂教学视角，有力促进了学校各方面工作不断取得新进步、新发展。

（二）核心特征

随着科学技术的迅猛发展、信息技术的日新月异，计算机在教育领域的应用也日趋广泛，而以计算机为主体的多媒体技术和网络技术，必将对 21 世纪的学校教学环境及未来的教育方式产生重大的影响，并直接推动学校信息现代化的迅

速发展。为此，学校领导集体认真进行了思考，并达成共识：必须加大力度推进教育信息化进程，以校园信息化工程的建设来促进一流的教师队伍、高素质的学生培养和现代化、品牌化的学校建设。

1. 加强基础建设，创建信息化校园

近几年，学校的信息化工作得到了快速发展，硬件水平逐年提高，多媒体技术在教育教学中的应用也越来越得到重视。学校现拥有有线校园网络、无线网络，以及有线闭路电视、监控、点对点广播等信息化网络。同时建有可供学生集体活动的录播、直播多功能厅，以及校园网站、数字化资源库等。学校所有教室均配备多媒体教学设备，并且已经完成新一代互动触摸屏的改造，同时基本上为一线教师每人配备了一台笔记本电脑、一台数码照相机以保障教育教学的需求，为探索信息化课堂教学提供了有力的硬件保证。学校还承担了海淀教育信息中心的 VOD 系统、学生卡实验项目。

学校校园网自 2007 年建设至今，在海淀区教委、海淀区教育信息中心的支持下已经进行了 3 次升级改造，现在拥有服务器、上网行为管理系统、10M+1M 网路带宽及无线网络，为学校的无纸化办公、网络化办公及多媒体应用提供了有力的硬件保证。

2. 普及提高并举，实现校园信息化

为提高信息化校园的使用效益，学校成立了信息化校园建设领导小组，积极引导和组织教师借助网上的资源自行制作多媒体教学课件，丰富校园网的教学资源，并积极利用信息化校园的便捷条件，发挥现代教育技术在教学改革中的作用。

在校园网建设和使用过程中，只有让每个教师和学生懂得在信息高速公路上自由驰骋，才能充分地体现校园网络的价值。针对学校缺少专业技术人员的实际情况，学校采取了普及培训及重点培养的方式。对全体教师进行了英特尔未来教育、课件制作、多媒体使用及互动触摸屏使用等专项培训。在普及培训的基础上找出年轻且接受能力强的青年教师共同研究、探讨、制作课件，探究利用信息化手段提高课堂教学有效性，取得了一定的效果。

时代呼唤教育，教育需要创新。作为一所海淀区的公办小学，由于招生区域内流动人口较多，学校学生中多数为来京务工人员子女，家庭条件相对较差，接

触信息产品的机会较少，应用信息技术的能力也不高，对于他们来说这些信息化技术显得非常新奇，他们对信息技术更有兴趣。

学校充分利用信息技术课让学生走进信息技术教室，普及信息技术，开设信息技术兴趣小组，发展学生特长。老师们根据新课程改革的要求，在学科课堂教学中充分利用多媒体辅助教学调动学生学习的积极性，积极改革学生的学习方式，发挥信息技术在信息搜集、处理、交流等方面的优势。充分利用教室多媒体技术，发挥多媒体课件的形、声、色多种感官刺激的功能，吸引学生积极主动地参与学科有关的信息资料的搜集、处理、交流工作，不仅提高了学生的信息技术应用能力和信息素养，更为学生养成自学的习惯和提高学习力提供了有效的学习方法，提高了学习效率和质量。

3. 抓住机遇，建设信息化校园

2008 年 10 月，学校接受海淀区教委小教科的邀请，作为全区唯一的一所试验校，承担了海淀区五年级综合素质评价的试验工作，从 2008 年 11 月开始，试验期间学校多次与小教科领导和北控软件专家交流，对软件进行了修改、试用、再修改。2009 年 3 月，由学校主持这项试验工作的介忠智同志对全区的网管教师和综合素质评价领导进行了培训，正式在海淀区全区推广。试验工作圆满完成，得到了小教科和海淀教育信息中心的肯定，学校被列入区电子学籍试验校，介忠智同志被评为北京市基础教育学生综合素质评价工作先进个人、海淀区学籍管理创新奖。

这次实验，使学校对信息化建设有了新的认识和理解。2010 年，学校又主动申请承担了海淀教育信息中心的三个试验项目：学生卡试验、VOD 直播系统和互动教室，这三个试验项目的建设，方便了学生的考勤管理和学生家长通知的公告，方便了教师上课的录像和直播，便于教师的信息化管理，也把学校的信息化建设推向了一个新的高度。

〔三〕运作模式

1. 领导重视与整体规划

信息化的发展离不开领导的重视，尤其离不开懂信息化的领导的重视。学校专门成立了信息化领导小组，校长任组长，由教学部门、后勤部门、德育部门、财务部门、教师代表等人员组成。定期召开信息化工作会，商讨信息化的整体发展，各部门结合自身工作需要提出合理化建议，由小组商讨进行整合、规划，使每一项信息化建设更加符合教师的需求，更有利于教育教学的使用。

2. 注重提高教师信息化素养与实际运用

信息化建设的实际效果取决于实际的使用，学校重视教师的信息化素养培养，定期组织信息化培训。为骨干教师创造机会参加各种信息化技术培训，提高自身的信息技术能力，带动教师队伍的整体提高。

（四）问题与建议

开展信息化教育的最终目的是要提高教育教学质量，虽然目前学校和教师都进行信息技术培训，具备较高信息素养，但熟练掌握现代信息技术的教师为数不多，多数教师习惯于传统的教学环境和教学模式。这种情况在很大程度上制约着中小学教育信息化基础设施及教育资源的应用水平，大大削弱了现代信息技术对中小学教育改革与发展的积极作用，影响着我国中小学教育信息化发展的整体水平。因此，学校对教师培训的需求依然很强烈。教师在完成了最基本的信息技术技能的培训后，需要进行高层次的信息技术培训。这里包括两个方面：一是信息技术本身的发展，产生了更先进的技术；二是将信息技术融入教师的日常教学活动中，即信息技术与课程的有效整合。而这种高层次的培训，学校自身往往无法提供。

近几年，教育信息化工作为学校教育观念更新、教育教学改革起到了极大的推动作用。然而，目前衡量教学质量的标准实质上仍是考试成绩，推动和左右学校及教师行动的还是考试指挥棒；教师对教育信息化的认识普遍不高，重视不够，且仍以传统教育观念面对教育信息化环境下的教育教学工作，制约了许多教师开展教育信息化工作的积极性和水平，将学生作为被动接受知识的容器，除"人灌"外，还要加"机灌"和"网灌"，学生没有机会主动参与学习，更谈不上创新和实践，把先进的信息化教学设备当作普通黑板一样使用，对教育信息化工作产生负面影响。

观念问题是教育信息化健康发展的最大制约因素。教师观念的转变是教育信息化的核心问题和首要任务。全球知识化、信息化、网络化和数字化是社会发展的必然趋势，新课程改革要求大力推进信息技术在教学过程中的普遍应用，促进信息技术与学科课程的整合，改革传统教学模式，推进教学手段和方法的创新，逐步实现教学模式、教学内容呈现方式、教学方式、学生的学习方式、师生互动方式的变革，为学生学习和创新发展提供现代化的教育环境和学习工具。因此，要通过广泛的宣传和学习，更新教育观念，建立和完善适应教育信息化的激励评价机制，使教职工都认识到信息素养是当今人们生存和发展的必备能力，不具备高水平信息素养的教职工从事教育教学工作将寸步难行，将会被社会淘汰。因此教职工要加强信息素养，树立信息化观念，积极投身于教育信息化工作中。

现代信息技术的发展日新月异，信息技术在学校应用的研究领域更加广泛。面向未来，我们将借助海淀教育信息技术领先发展的优势，进一步加强校园网的建设，完善信息化校园平台系统；进一步深化综合应用信息化教学的专题研究，提高全体教师和学生的数字化学习能力；进一步运用信息化手段加强学校、家庭、社会的联系，形成合力，在数字化校园建设方面做出我们新的努力和贡献。

三、十九中信息化发展核心特征及运作模式

（一）学校概况

1. 基本校情

北京市第十九中学（简称十九中）的前身是于 1916 年由清华大学、燕京大学教工筹款创办的培元女子小学。"培元"源于孙中山先生"培养中华民族之元气"一语。1944 年定名为培元学校。1952 年与蓝靛厂中学班合并，由北京市政府正式命名为北京市第十九中学，成为海淀区第一所完全中学。经过近百年的开拓与发展，学校现在已拥有一流的硬件设施和师资，为孩子们在这里快乐、幸福地成长创设了良好的环境。2010 年，学校被评为海淀区首批区级示范性普通高中。

1）办学历史悠久、办学条件一流

经过近百年的开拓与发展，学校现在拥有一流的硬件设施和师资，为孩子们在这里快乐、幸福地成长提供了良好的物质基础。

学校现有三个校区，占地面积共约 153 亩；校舍面积近 7 万米^2。教学楼、实验楼、国际部楼、礼堂、餐厅、体育艺术综合馆、400 米塑胶运动场、足球场等设施一应俱全。学校现已发展成为拥有 78 个教学班（初中 44 个、高中 30 个、国际班 4 个）近 3000 名学生的海淀区首批示范性高中学校。

2）艺、体、科技特色教育是学校的品牌

近年来，学校致力于积极心理健康教育的探索与实践，早在 2005 年，学校就成立了心理咨询室，对学生、教师、家长开展心理咨询工作，随后相继启动了每年一届的心理文化周、文化月活动。2008 年，学校被评为海淀区心理健康教育优秀学校。2009 年学校成立了"积极心理健康教研组"，被中央教科所确定为国家级重点课题"积极心理健康教育研究项目"的重点实验校。2010 年学校建设了由美德厅、智能厅、感恩厅、生涯规划室、心理咨询室、团体辅导室、社团活动室、身心放松室、中控督导室、测量训练室、教师办公室组成的"积极心理健康教育中心"，面积达 1600 多米^2，为实现办学理念搭建了平台。

3）办学理念先进、办学目标明确

新时期，学校在秉承优良传统的同时，明确提出并践行着"为孩子的幸福人生奠基"的办学理念和"建设全面优质的理想学校"的办学目标。培养学生"学会做人、学会生活、学会学习、学会健体、学会审美、学会创新"，并掌握一至两门特长，成为身心健康、全面发展、潜力显现、优势发挥、学有所长、奋发向上并具有国际眼光的人才。

2. 学校信息化建设现状

1991 年，学校开始举办计算机实验班，对计算机教学进行探索性实验。1994 年被国家教委命名为"全国中小学计算机教育实验学校"（全国共 10 所），1998 年又被命名为"全国现代教育技术实验校"，2004 年学校被授予"北京市科技教育示范校"荣誉称号。2011 年又获得科技教育最高奖——北京市"金鹏科技奖"。

学校自 2008 年起开始建设校园网，确定网络核心节点的传输速度为千兆，并逐步实现了无线网络全覆盖。互联网出口带宽 52M；学校共有服务器 14 台，共建设有学校门户网站、办公平台系统、信息发布系统、常态课录播系统、评教评学系统、网上阅卷系统、网络杀毒系统、招生系统等应用软件、积极心理健康教育网等各类网站，为数字化校园的网络服务提供了足够的扩展能力。目前，学校各类数据端口众多，覆盖了网络系统、电话系统、公共广播系统、监控系统及门禁系统等几个系统。学校教育信息化基础设施建设比较完善，光纤通达每一楼宇，布线覆盖每一房间，网络设备较先进，计算机数目较充裕，为数字化校园应用系统的建设提供了良好的基础条件。

（二）核心特征

1. 学校信息化建设起步较早，基础条件较好

学校自 1991 年举办计算机实验班，便开始了对学校信息化建设的探索，经过多年实践应用，现已在师生中实现了计算机教育普及化，全体教师都配备了笔记本电脑，全部教室配备多媒体教学设备，使现代教育技术手段能应用于日常课堂教学中。

学校已经建成了比较完善的校园网基础设施，形成了比较完善的校园网结构。自 2008 年起开始建设校园网和学校门户网站，网络内部有线、无线一体化；校园内部主要满足两校区教学楼、留学生楼、食堂、礼堂、实验楼、行政办公楼的用户接入；建设了部分应用系统，积累了一些数字化资源，从一定程度上改善了学生、教职工的教学、工作、学习，提高了管理人员的工作效率。

2. 始终以用户需求作为信息技术应用的方向

学校在信息技术应用方面始终关注终端用户的需求，从计算机实验班到全部教室配备多媒体教学设备，从教师备课室到笔记本电脑的配备，从校园网络基础设施建设到学校资源整合，无一不是用户需求导向的结果。

以用户为中心的另一个方面是引导用户创新地使用好现有技术，并在此过程中发现新的需求和技术应用的方向。技术引用到学校中，如何应用好并充分发挥它的作用是更重要的。例如，学校多媒体互动教室、评教评学系统、网上阅卷系统、心理自助系统等都得到了很好的应用。

3. 充分利用信息技术促进学校管理

学校的管理理念是以人为本，和谐发展。信息化技术已经应用在学校管理的方方面面，学校在信息化建设方面本着"常态工作网络化，重点工作项目化"的原则，先后建立学校门户网站、办公平台系统、网上招生报名系统、教学资源库系统、信息发布系统、常态课录播系统、评教评学系统等，在办公平台中更是将学校周安排、场馆预约、维修服务等集成在一起。

（三）运作模式

1. 领导重视，统一规划，全员参与

学校信息化及数字化校园建设是一项长期的、复杂的系统工程，不仅需要全

校共同努力，更需要从学校层面上对硬件建设、资源建设、网络安全和人才培养等进行统一规划与整合，使各方面协调发展。

学校领导非常重视信息化建设工作，并将此项工作列为学校的重点工作写入学校八年发展规划、三年行动计划及目标管理工作，由校长余晓灵主抓，教学服务处和党政办公室牵头，各部门通力配合，学校师生员工全员参与。对提出的建设方案分别对各部门、学部师生进行调研，随之进行反复的论证和修改，提交校务会讨论通过后形成定稿，而后实施。

2. 重视制度建设和过程管理

除学校八年发展规划、三年行动计划和部门目标管理外，学校先后出台《学校网络及办公平台使用管理规定》、《网络安全预案》、《笔记本使用管理规定》和《数字化校园建设方案》等一系列规章制度对信息化建设工作进行规范。

在信息化建设项目实施过程中，还特别注意严格遵守相关的财务管理制度、公开招标采购制度等进行。

四、海淀区教师进修附属实验学校信息化发展核心特征及运作模式研究

（一）学校概况

北京市海淀区教师进修学校附属实验学校建校于 1998 年，是隶属于海淀区教委的一所优质公立完全中学，目前有两所校区。学校的办学理念是：以先进文化引领，学生成才，教师成功，学校发展；学校的育人目标是：培养附着在学生身上"带得走"的、适应未来社会发展的能力和素养。

自建校至今，学校循着一条超常规发展的道路快速成为海淀区乃至北京市一所极具特色的名校。2011 年，作为首批授予的国家级"高中特色发展试验项目学校"，学校在认真聆听校外专家的意见后，经过多次全校研讨，确定将培养"具有领导力的人才"作为学校育人特色，并制订了《高中特色发展试验项目方案》。学校设置基础学院、人文学院、科技学院、经济学院、艺术学院和领导力学院，在培养学生必备的基本知识和基本能力的基础上，通过各学院开设的数十门特色课程，帮助学生在适合自己兴趣特长的领域获得最佳发展。

近年来，在市区两级教委的大力支持下，学校领导一直非常重视信息化建设的整体规划与应用，目前已经建成了较为完善的校园网络系统、先进的校园信息化设备，多种应用系统服务于学校的发展。

（二）核心特征

1. 先进的校园网络基础设施环境

学校两所校区中，南校区在 2011 年进行了抗震加固工作，对学校内部网络系统进行了全新铺设，网线采用六类非屏蔽网线，网络设备全部更新为 H3C 系列设备；同年对北校区的低速交换设备进行了全面升级，使得目前学校校园网络主干达到了万兆，桌面达到千兆。

为了解决两校区间资源共享的问题，同时也为了保障两校区间网络通信的快速安全，学校在 2009 年在两所校区间铺设了一条光缆，将两所校区的校园网络直接连接在一起，在保障了学校校园网络统一管理的同时，使得校区间的网络通信快速高效，资源共享易于实现，网络安全得到控制。

2009 年，经过对学校网络状况的全面分析，结合学校的具体需求，同时通过考察市场情况，学校在全校范围内安装了无线网络系统，全面兼容 802.11a/b/g/n 无线网络标准，采用双频段（2.4GHz/5GHz），适应各种上网设备连接学校无线网，网速最高达到 300Mbps，并且在两所校区校园内全面覆盖，无缝漫游。

目前学校通过两条光纤链路访问外部网络资源：一条为教育网光纤，速度达到 100Mbps，供学校访问教育网络资源使用；另一条为电信通光纤，供学校访问其他互联网资源使用，网速为 30Mbps。

在网络安全方面，学校目前采用了联想网御的防火墙设备对校园网络进行安全防护，同时采用了深信服的流量控制与分析设备对校园网进行统一管理，既实现了校园内部的上网行为管理，又保障了网络资源的有效利用，同时避免了因病毒、木马等形成的网络拥堵现象发生。

2. 多种应用系统助力学校超常规发展

作为一所年轻的学校，学校经历了一个超常规发展的历程。在这个过程中，多种信息化应用系统的使用功不可没。

从 1998 年建校之初，学校就建立了自己的门户网站，随着在使用过程中学校对网站功能的需求不断变化，至今经历了两次重大的改版。它是学校对外宣传的一扇窗户，它把学校先进的教育教学理念传递到全世界，把学生丰富多彩的学校生活展示出来，让其他人了解学校的方方面面，从而吸引了更多的优秀教师加入到学校育人环境中来，吸引更多的优秀学生来到这里学习生活。

校内通信系统在老师、学生日常的工作、学习中起到了非常重要的信息沟通作用。从 2003 年起使用的梦龙即时通，到后来的校内通，再到目前使用的腾讯通，即时通信系统架起了老师与老师、老师与学生、学生与学生之间相互沟通的桥梁，结合校内办公平台及正在实施建设的协同办公系统，极大地提高了办公管理效率，在 2003 年，非典肆虐时，学校与公司合作开发了适应学校网络沟通与网络教学需要的即时通信与网络教室软件，即时通信系统使得学校的围墙在网络中得到无限延伸，网络授课成为常态，在互联网上的虚拟教室里，老师和学生每天都正常地开展着教育教学活动，班级论坛中，师生展开各种或关于学习或关于思想或关于时政的讨论。在特殊时期，即时通信系统为学校的教育活动做出了不可磨灭的贡献。

随着高中新课改的发展，开发一套适应学校应用的课改管理软件非常必要，经过几年的摸索实践，通过对学校实际需求的调查分析，学校终于在 2011 年建立起了学校自己的课改管理系统，在系统中涵盖了学生学籍管理、学生选课管理、学生排课管理、学生评价管理、学生成绩管理、社团管理，住宿管理、晚自习管理、教师评价管理、教师绩效管理等方面内容，构建起完整统一、技术先进，覆盖全面、应用深入、高效稳定、安全可靠的数字化教学环境、科研环境、管理环境和生活环境，成为学校教育理念创新、管理机制创新、人才培养模式创新和服务创新的重要体现，全面促进科学的管理机制形成、人才培养质量提高、学校核心竞争力全面提升。

在资源建设方面，除了学校自身的各种教育、教学、日常活动的资源积累，还先后购置了多种数字资源，如中央电教馆教学资源库、中央电教馆试题库、书生之家数字图书馆、VOD 平台、英语视频资源点播系统、中国知网资源等，极大地方便了师生的工作、学习，对成绩的提高起了重要的作用。

教育活动的首要任务是育人，对学生进行诚信教育是学校一项特色教育内容，如学校通过考试这件事对学生进行全方位的诚信教育，签订考场诚信承诺书、申请免监考班、制作考场文化板报等均体现出对学生的诚信教育。学校的考场文化平台这就是在这样一种背景下应运而生的，它既实现了对诚信教育的广泛宣传，对学生的诚信品质的形成进行正向的引导和促进，同时也是学生诚信文化资料积累的重要方式。

在学校日常管理中，学校还逐步建设了考勤管理系统、卫生评比系统等，提升常规管理的效率。通过校园信息展示系统为全体师生提供一个全面了解校情、社情、国情的信息平台，让师生在"风声、雨声、读书声，声声入耳"的环境中又能关注到"家事、国事、天下事"，能够做到事事关心。

2011 年 9 月，学校校园电视台正式建成并投入使用，它一方面成为师生了解学校、了解社会的一个窗口，另一方面还可通过播放有教育意义的内容实现对学生进行更广泛的宣传教育效果。另外通过聘请专家为校园电视台的学生授课，不仅让学生学习传媒、播音主持等理论知识，也在实践中让学生懂得校园电视台的日常运转、节目制作、摄录编等相关实践知识。通过校本课程、社团活动为学生的个性发展需求提供了平台。作为北京数字学校的录制点，学校电视台承担了中学心理健康教育、中学主题班会两个学科的录制，在工作中积极配合上课老师，为老师的课程提供最大的帮助，受到老师及市、区教研部门的赞誉与好评。下一阶段，学校将继续协助市教委完成高中数学的课程录制工作。

2009 年学校建设了数码印刷室，可全面实现设计、印刷、装订等一系列工作，它一方面承担了学校的画册、书籍等的印刷装订工作，另一方面为有兴趣的学生学习平面作品设计、印刷、装订等一系列内容提供了一个平台，激发了学生创作班刊、杂志、报纸、社会实践活动成果手册等的欲望和潜能。

在其他信息化专业教室方面，先后建成了新概念互动教室、电脑美术教室、数码显微实验室、星空教室、TI 数学实训设备等。目前正在建设中的系统有校园信息发布展示系统（部分已建成）、数字智能广播系统、校园一卡通。

（三）运作模式

1. 领导重视，亲自参与学校信息化发展建设

从学校的门户网站建设到校园网络的整体规划，从各种信息化专业教室的建设到网络远程教育的研究，从信息化基础设施的建设到教学管理平台的开发，历任校长都亲自参与，将自己的先进教育理念融入其中，积极推动学校教育现代化的发展步伐。现任校长更是对学校信息化建设的发展亲力亲为，对学校信息化建设的规划提出具体要求，并且成立数字化校园建设小组，包括主管校长、学科主管、骨干教师、信息中心老师等，共同推进学校信息化建设的规范健康发展。

2. 走一条 "需求—服务—引领" 的信息化发展道路

首先，学校的信息化设备设施首先是对学校教育、教学、管理活动的辅助，它来源于学校业务的具体需求，因此通过对学校各方面业务的需求调研与分析，确定信息化建设的内容、形式、程度。

其次，学校育人是目的，其他是手段，信息化建设也不例外。信息化设备设施的建成就是为育人过程中的各项活动提供服务的，通过它提高学校教育、教学、管理活动的效率，优化教育、教学、管理活动的效果。

最后，教师教书育人的方式、方法从来都不是一成不变的。通过对利用信息化手段提升育人的效率与效果的研究，可以去引领教师教育方式的改变与发展，引领学校教学活动的改变与发展，形成育人的良性循环途径。

（四）问题与反思

学校在信息化建设和运作过程中，结合学校的客观实际，关注师生的需求，为学校的办学理念服务，为学生的成长服务，为教师的发展服务，为管理的便捷高效服务。但此过程也存在以下矛盾与问题。

首先，需求的即时性与资金的滞后性的矛盾。当需求出现时，学校会急需相应的资金进行相应的建设，然而目前资金审批、下拨手续之繁杂、周期之漫长，严重阻碍了信息化项目建设的即时性，常常因资金不能到位延误了相应项目建设的最佳时机。

其次，学校各系统平台相互独立，缺乏整合，一方面老师需要牢记每个系统的账号密码；另一方面不可避免造成重复建设，还难以实现系统之间对资源的互通共享。

也正是基于以上的矛盾与问题，学校已经开始对学校的数字校园平台进行统一规划建设，将诸多系统进行有效的整合，实现资源利用最大化。

五、海淀区民族小学信息化发展核心特征及运作模式

（一）学校概况

1. 学校特点

海淀区民族小学历史悠久，自 1890 年办学至今，已有 120 多年的历史。学

校占地面积 23 000 米², 环境幽雅, 教学设施先进, 是一所公办的高质量、现代化、具有民族特色的学校。近几年, 学校办学取得了优异的成绩, 先后被评为国家级"十二五"教育改革实验学校、北京市民族团结教育示范学校、首都民族团结进步先进集体、北京市非物质文化遗产传承示范学校等。

学校实施小班化教育, 并且拥有一支高素质的教师队伍, 关注每一名学生。学校教学质量较高, 在海淀区连续三年的五年级质量监测中, 成绩均高于海淀区的平均分数线, 被评为海淀区教学管理先进学校等。

2. 办学理念

学校办学理念是, 努力培养拥有"健康之体、关爱之心、聪慧之脑、多才之身、规范之行"的未来社会合格公民。我们在学生中提倡"聪慧学习, 多元发展"。在课堂上为学生提供自主学习的空间, 培养学生独立学习的能力和习惯。每年都组织丰富多彩的学科活动, 为学生搭设展示的舞台, 使学生在活动中树立理想、明确目标、激发兴趣、体验成功, 促进学生多元发展。学校的校训是"做最好的我", 每周的升旗仪式上, 学生都会大声诵读校训, 第一遍给自己听, 第二遍给同学听, 第三遍给大家听。

3. 信息化概况

经过几年的努力, 校园土建基础建设趋于完善, 但是信息化、数字化建设相对不够完善。在教育教学管理、学校管理等方面的应用较少且已经妨碍学校的高速发展。因此, 现阶段, 如何将信息技术有效应用于教育教学, 大力促进二者的深度融合, 全面提升教育质量和管理效能, 服务和引领教育发展是非常迫切的任务。所以, 学校实施数字化校园建设, 充分发挥学校全体教职员工的主动性和创造性, 积极开展探索实践, 促进学校教育信息化高效而有特色的发展, 为实现学校办学目标的总体战略提供强有力的保障。

（二）核心特征

1. 现代化网络提高校园管理效率

信息化校园在管理方面快捷, 清晰。目前学校对数字化校园系统运行提供保证, 对机房所有环境设备进行监视, 实现了机房设备的统一监控, 减轻了机房维护人员负担，提高了系统的可靠性，实现了机房的科学管理。

校园内采用 VOIP 技术组建学校电话网络，话音清晰、稳定、低延时，节省了带宽资源。功能较原先的电话更丰富，可召开电话会议，查询通话记录，为校园内教师沟通提供便捷。

智能一卡通管理系统的建设，在学校内已经开展，主要功能是门禁。门禁系统可以便捷地分配给每一位老师不同的权限，记录每一部设备的开锁记录，为之后查询提供便利。

2. 为日常教育教学提供便利

数字化在校园教育教学方面体现出了知识的共享，展示效果更真实。目前学校内每间教室内采用一体化液晶电视触摸机，并运用智能多媒体中央控制系统，实现多媒体教室各种电子设备的集中控制。电视取代投影仪，图像更清晰，音频效果更好，触摸屏也解放了教师的双手。

校园内目前采用全数字化、IP 网络化设计，含教室内教学广播、日常公共广播两部分，二者有机紧密地结合为一个统一的校园广播系统。学生或老师可通过 IP 广播快速对学生进行教育。

校园内每间教室都是集控录课教室，每位教师可以将自己的讲课内容录制下来，在日后重新观看，其他老师也可以观看优秀的课程，进行学习。

3. 更好地体现办学理念，为校园文化搭建更好的建设环境

校园楼道内，通过网络或是单机将各式各样的信息（如视频、图片、文本、动漫等）迅速、准确、美观地推向分布在各处的终端显示设备（如 LCD、PDP、LED、CRT 等），最后以通知、广告、公告等信息模式呈现给学生和老师。校内活动较多，信息发布设备就是最好的通知方式，楼道内显示醒目，可以保证学生都能看到。在一些活动之后，信息发布展示活动照片，使校园文化展示起到了很好的效果。

校园在校门外、体育馆、多功能厅分别安置屏幕，采用 P-7 三合一表贴视频屏显示系统，实时显示各种动态图像和视频信息，建设全彩 LED 显示系统。校门外的屏幕每周会显示食堂食品，让家长对午饭有一个了解，体育馆内屏幕有 60 米^2，是学校大型活动的主要展示设备，增强了舞台展示效果。阶梯教室内屏幕用于开会或是校内草根论坛的展示，屏幕面积大于电视，亮度更高，展示效果更具震撼力。

校内 Ftp 存储空间是校园内照片和视频的存放地，每位老师可以通过 Ftp 拷贝活动的图像视频资料，为校园文化传播打下好的基础。

（三）运作模式

1. 依托全方位信息化设备，保障校园内活动日常稳定运转

1）搭建校园网络为校园互通打下基础

校园网是数字校园的最基础的设施。没有相应的网络基础设施，数字不能流动，就不可能形成数字空间。

随着各个教学和管理系统对网络的依赖越来越高及网络访问量的增长，同时随着互联网访问方式向移动智能终端转变，无论是在校园内还是在校园外，移动办公及远程学习的需求也越来越多，对校园网络的带宽及安全性都提出了很大的挑战。为了适应这些变化，需要对校园网络出口设备选择支持千兆带宽的中高端路由器、防火墙、链路负载均衡器、VPN 安全网关等。校园网络的核心设备选择中端或高端三层交换机设备，要具有万兆接入能力。校园网汇聚设备选择中端三层交换机设备。同时还要配置入侵检测系统、防病毒系统、漏洞扫描系统和 Web 应用防火墙等网络安全设备。

校园无线网络要全覆盖，无线网络采用基于无线控制器的瘦 AP 系统架构，满足可管理、安全、QoS、漫游等功能要求。建设千兆校园骨干网络，网络双线外联，加大网络出口带宽（可用带宽不低于 100M），各校区间能实现万兆互联。

第一，数据中心保障学校日常运作。随着信息化进程的推进，数据中心对学校的影响越来越大，一旦学校数据中心发生故障，将对学校日常办公及教学带来极大冲击，根据数据中心安全和管理实际需求，数据中心网络系统可配置独立的防火墙、负载均衡器等设备，关键服务器和存储要配置热备冗余。

增加相当数量的服务器用于校园网的各种功能的开发，数据中心主机（服务器）选择标准 PC 服务器，并根据应用系统的技术和性能要求考虑虚拟技术及服务器集群的应用，提高服务器的使用效率和性能。

随着各学校数字校园的应用日益丰富，数据存储的要求也越来越高。各种高性能的教学应用系统会产生大量的数据，不仅要考虑满足数据容量的增加还要考虑数据的安全备份。

存储系统可根据实际应用选择存储区域网络（SAN）、网络连接存储（NAS）、IP SAN 或混合模式，为了便于扩容升级和管理，建议采用同一品牌的存储产品。

数据中心网络系统应采用二层架构（汇聚层、接入层）的星形拓扑结构。

第二，IP 电话让校内交流便捷，功能丰富。

IP 商务通信系统内置 SIP 服务器，是基于 NGN（下一代网络）技术的集团电话交换机，它包含传统集团电话的所有功能，如总机、分机、自动话务台等，完全可替代传统集团电话，同时又提供许多传统集团电话无法实现的，如 IP 组网、SIP 中继接入电话虚拟运营商大幅降低长途话费、IP 分机扩容、便捷的网络配置和维护等新一代商务办公通信系统。

校内每间办公室均安装了 IP 电话，分机号码下发给每位老师，目前 IP 电话基本已经替代传统电话，成为教师间沟通的工具。IP 电话较传统电话有更丰富的功能——查询未接来电、电话会议，且日常生活信息在电话上都有显示，通话质量也大幅提升。

2）校园一卡通，在校内为教师提供便利

校园一卡通系统是校园信息管理系统的重要组成部分，对教学、科研、后勤、师生、商户等提供了集中统一的管理，提高了学校现代化管理程度，推进了信息化进程，并且为学生及教职工的工作、学习、生活提供了极大的方便，最终达到教务信息资源的整合与最大限度的共享。

校园一卡通系统适用于使用校园卡系统的校园主要供学校教职工使用，也用于临时的流动人员（如访问学者、函授生等）。

校园卡主要具有身份认证、门禁、考勤、图书借阅、电源控制、信息查询及统计分析等功能。整个系统与校内原有的软件系统及学校管理信息系统有良好的衔接。

3）校园安全防护系统对校内每一角落进行防护

数字校园安防系统以校园网为传输平台，已经实现对校园视频监控、入侵报警、出入控制、电子巡更、电子监考、消防报警、紧急呼叫（求助）报警、紧急广播系统的统一管理和控制。消防报警系统、紧急广播与疏散系统、视频智能识别系统、应急/紧急求助系统和其他特殊类型安防子系统的建立，在突发情况下第一时间进行响应。安全防护范围涵盖校园的所有物理空间和网络空间。

2. 软硬件设备的合理搭配，呈现了新式教育教学方法

1）集控录播系统让课堂录制便捷清晰

集控式录播系统只需要一位操作人员通过操作集控式录制系统的服务器就可以对所有的教室进行统一管理，可以使用一、四、六、九、十六分区等不同视图显示各教室的视频和屏幕画面，同时监控多路画面。如果有多间教室需要录制课程，我们可以通过服务器端对多间教室同时录制，录制完成后通过网络在服务器端直接生成课件。功能上可以实现监控音视频信号和计算机屏幕信号，实现多路信号同时监控。可以完成对任意多间教室进行课件录制，实时生成课件，实现多间教室同时开始录制并生成课件，成为网上可实时直播、点播的学习资源，真实再现课堂教学的全过程。

目前校内每间教室均配置了录播系统，教师可自主对课堂进行录制，在课后可进行回放，视频资源储存在校内服务器中，其他老师可以在系统中观看每位老师的上课视频，取其精华，完善自己的课堂。

2）多媒体教室展示更好的教学方式

校园内多媒体教室满足多媒体授课、音乐欣赏、综合演示研讨、现场教学等各方面的需求。可进行实物教学，使教学内容不受时空限制，增加了教学的深度和广度，充实了授课内容。

用交互式液晶触摸屏配合高性能教师机代替投影机、电动幕组成的大型显示器，确保了课堂显示效果、媒体应用，保证了设备的使用年限及设备后期维护。

扩声系统为二通道环绕立体声播放系统，保证整个声场有足够的声压级、良好的方向感和保真度，使学生在声形并茂的环境中学习，加深了对事物的感性认识，提升了学生的听觉系统与音乐悟性，提高了学生的理解能力、辨析能力。

3）数字 IP 广播节约了人力，为教育教学提供了便利

广播系统主体上采用全数字化、IP 网络化设计，含教学广播、日常公共广播两个部分，二者有机紧密地结合为一个统一的广播系统。这套广播系统足以满足广播通知、紧急消防广播、背景音乐等基本需求。

4）多功能报告厅为学生教师展示学习提供设备支持

多功能报告厅系统除了要满足传统简单的会议要求，还应具有清晰的图像演示功能、优美的音质、高雅的格调，并且可以根据要求发言讨论及拥有会议视频系统。它由液晶触摸电视及高清显示系统、多媒体音视频信号源、音响、切换和

中央集成控制等几大部分组成。多功能报告厅选取具备先进功能的 DVD 和录像机，以及实物和图文传送器通过液晶触摸电视还原其图像，为了更高效、实时地指挥，它需要配备一套中央集成控制设备，控制室内所有影音设备、信号切换、灯光、屏幕升降、音量调节等，这样，能大大简化操作，提高工作效率，不需要具备专业知识，所有人士都可使用。

根据具体使用要求的不同，现代多功能厅满足其他一些诸如同声传译、远程电视会议、DVD 碟片式的环绕声电影播放、卡拉 OK、节目演出等方面的需要。以上就是目前现代型多功能厅的用途及使用功能，虽然这些要求看似简单，但由于目前计算机多媒体技术和数字通信技术的飞速发展，信息量越来越大，处理信息的手段也越来越先进，各种针对不同需求的电子设备越来越细化，需要操作的设备也越来越多，因此，如果满足上述功能要求，则多媒体会议系统至少要提供如下操作功能：具备良好的现场拾音、扩（放）音、录音功能，简而言之是说得清楚、听得明白、记得牢固；具有良好的现场摄像、放像、录像功能，能播放多种记录载体之上的视频信号；具有计算机多媒体信息播放、存储功能；具有使系统操作简单化的集中控制功能等。

3. 数字化展示，呈现出更好的校园

1）多媒体信息发布直观展示校内通知与活动

利用学校内网络环境资源建设一套比较完善的集教学、宣传、特色服务、活动、欢迎词等于一体的综合信息发布系统。该公告系统可以通过网络，将相应的信息分配传输到教师办公楼、图书馆、教室、餐厅、宿舍等各个显示屏上进行信息发布或分屏显示，能够实现点对点的控制与管理或群组管理。管理人员通过内部网络可以监控每个显示终端的显示内容。

目前，信息发布系统已成为校内主要的通知发布方式，播放学生的活动照片与视频是对学生的肯定，它目前也是校园文化宣传的主要途径。信息化的便捷在于一位老师可以控制监控校园内每一台设备的运转，查看设备状况。合理分配播放列表减少了老师的工作量，也更好地展示了学校内风采。

2）室内外全彩 LED 屏——大面积、大展示

室外能够达到全彩 P8（8 毫米间距）LED 屏，室内达到 P3（3 毫米间距）全彩 LED 屏，主要用于学校对外的文化展示和信息发布。

校外的屏幕主要是面向家长和外校参观人员，周一早晨播放一周学生菜谱，让家长知道学生在校内的饮食。在学校有活动时，外屏显示地点指南、注意事项等，为来宾提供便利。

校内体育馆屏幕面积在 60 米^2，用于升旗仪式的背景展示，校内活动多集中在体育馆内。LED 的使用增强了舞台灯光舞美效果，也是校园文化展示的一个重要途径。体育馆内 LED 屏幕安装了视频源切换器，可同时接入台式机，进行视频直播，外接 4 台笔记本电脑，为舞台效果营造提供了便利。

另一台屏幕安置在阶梯教室内，为可移动设备。目前 LED 屏幕与声音功放、实物投影相结合，形成完整系统，为学生和教师的学习展示提供了更好的条件。

3）数字化校园门户——校园文化的全面展示

数字校园门户平台是基于 SOA 架构的协同应用门户，产品定位为界面集成解决方案，提供个性化、单点登录，不同来源的内容整合功能，可以方便地单点集成任何第三方信息系统，从而实现信息系统的集中访问。用户通过数字校园门户平台可以无缝连接到各个业务系统上通过一站式方式处理所有业务。

数字校园门户平台基于 J2EE 技术体系架构，符合 JSR286 规范，兼容 JSR168 规范，支持 Web2.0，它完美融合 Ajax 技术与 Spring MVC 技术，提供了灵活而丰富的个性化和管理定制功能。Portal 允许多种安全认证方式和自选第三方系统用户来源，采取了基于角色访问控制（RBAC）的权限模型，提供了完善和通用的第三方系统集成框架和单点登录框架。使用 Portal 管理功能，方便地进行用户、角色、资源的统一管理，允许管理员在运行中对 Portal 进行定制，而无须重启服务甚至编码。内建的 CMS 内容管理功能可以方便地发布基于审批流的新闻、学校公告、新建事项等协同办公的内容，帮助快速搭建学校内网。Portal 内置主题机制，使用 CSS 控制界面展现风格，可以方便、快速地定义界面展现形式。数字校园门户平台提供了一些通用的 API，使得 Portler 可轻松调用 Ajax、Json。

校园门户网站将学校内各方面全面展示出来，面向家长，面向校内学生及教师。学校门户网站将展示与办公整合，每位老师有权限发布自己负责的部分，信息发布更迅速，内容更加丰富。教师与班级有自己的空间，存储空间充足，是师生交流的平台。

六、红英小学信息化发展核心特征及运作模式

（一）学校概况

北京市海淀区红英小学，始建于 1960 年。建校来，红英始终坚持以学生的发展为中心。在上级领导的关心支持下，红英在校园潜在课程建设上取得了较为突出的成绩：整合校园文化资源，修建多功能科技活动中心，完善校园教师备课系统，改良学生信息采集系统等。

近年来，随着社会对人才概念的理解不断深入，对学校教育也提出了更高的要求。通过对近 50 多年学校教育的思考，针对小学教育的特点，创造性地提出"卓越在于习得"，追求"尊重师与生的需要，求共同发展；崇尚真善美的风气，求和谐发展；追逐知与能的习得，求全面发展"的"阳光教育"理念，追求养成"以恒心完善自己、以爱心温暖他人、以行动诏示社会、以微笑灿烂世界"的阳光精神。

从"阳光教育"理念的衍射中，红英小学重视学校信息化建设的发展，从设计之初便围绕学校的实际应用和教师需求，加强网络基础建设，建立信息资源数据库，拓宽信息畅通渠道，还通过资源共享，对西北旺学区其他学校提供信息资源共享，为本区域的教育信息化建设和公共服务体系建设做出了贡献。

目前，学校教学班全部装备了大屏幕触屏一体机，满足上课的需求，另外校内计算机房、互动式教室等设施为学生的发展提供了有力支撑。学校还投资几十万元建设了校园内的"阳光剧场"的巨型 LED 屏幕，为学生的演出、观看视频与教学提供了良好的平台。高速的无线网覆盖校园，先进的校园电视台，VOD系统，这些硬件建设较好地满足了学校的教学与学生的活动需要。

（二）核心特征

1. 依托学校信息化平台，大力发展校园个性化建设

数字化校园与信息化学习环境的建设，加速了学校管理的现代化，提高了学校的管理水平与管理效率。数字化教务管理模块的建设，实现了教师教学管理、学生成绩管理、课程管理、考务管理、学籍管理、教学督导等数字化教务管理功能，使得教务管理工作规范化、制度化和科学化。数字化德育管理模块的建设，

不但实现了学生的操行评语管理的数字化，同时还实现了家长与学生网上查询学习成绩，教师写德育操行评语，班级、年级、学校相关信息，以及进行网上留言和网上交流，实现了家校互动。数字化办公模块的建设，使得学校的办公工作，可以通过校园网的网上公文发布系统，实现数字化办公。数字化科研管理模块的建设，使得学校的科研管理，可以通过网上科研办公、科研制度、科研档案、科研信息发布、科研项目申报、科研项目评比、教学评价等数字化功能加以实现。数字化财产设备管理模块的建设，使得学校的财产设备管理，可以通过财产设备管理系统、网上财产设备查询系统、网上设备报修系统、网络控制系统的应用，得以实现数字化的管理。

2. 以信息化发展带动教师提升，用信息化建设支持学生提高

数字化校园与信息化学习环境的建设，加速了师资队伍建设的现代化。数字化资源模块的建设，学校教师可以通过综合资源库、数字化图书馆、资源库视频下载系统，获得形式丰富的综合数字化资源、数字化图书资源、数字化视频资源，教师们可以充分地将各种数字资源，应用于教学及自身素质的提高之中，使得教师的业务提高有了一个资源取之不尽、用之不竭的平台。"学习型教师、学习型校园"因数字化校园的建设得以实现。

数字化校园与信息化学习环境的建设，大大提高了教师教学水平和学生综合素质。近年来，学校加大课改力度，走科研兴校之路，很多教师无论是在教育思想、教育观念、教学设计、教学方法上，还是在信息技术与学科课程整合水平上都得到了很大的提高。教师已经把新课程的理念转化为自己的教学行为，把信息技术与学科课程进行了深层次的整合，在先进的教与学理论指导下，尤其是主体教育思想的指导下，运用以计算机为基础的信息技术所提供的学习资源和学习环境，并结合各学科自身特点，积极开展行动研究，既提高了教育效果，又提升了理论素养。

（三）运作模式

1. 完善校园网络基础建设，保障良好的教育教学环境

学校校园网与无线网络覆盖了校内全部建筑，全校共接入计算机将近 200台。随着校园网络规模的急剧扩大和用户数量的增加，校园网络呈现出结构日趋

复杂化、业务日趋综合化的发展趋势,校园网络系统难以满足发展的需要。为此,学校对校园网络进行了升级建设,通过升级管理网关设备,并制订网络规划,满足了教师们通过网络教学、下载学习资源的需求,学校出资购买百兆的带宽接入,形成了一个覆盖范围广、高速、开放、多媒体的信息"高速公路",使校园网在教学、科研、管理及数字化校园建设中发挥了重要的支持作用。

2. 学校与软件公司紧密协作,根据需求开发教学平台

为了实现资源更好的合理利用,学校经常与集成商、软件开发公司开会研讨,不断升级学校的教学应用软件、学校资源管理库与学校网站等。在满足教师、学生、家长三方应用的同时,不断考虑如何让使用者用更便捷的方法实现自己的需求,另外,学校不断征求教师需求,为教师们定制开发新的应用工具,比如学生的错题库、学生的作业完成统计软件等。将来,学校希望将各种功能完全整合,构建一个完整的针对红英小学的应用平台,利用它为教师、为学生、为家长找出一种最合理的辅助学生发展的网络平台。

3. 建设信息化平台,发展学校办学特色

学校利用信息化平台,紧紧围绕学生发展,为学生的成长打好底色。利用信息技术平台,为学生提供良好的展示机会,如学校"阳光剧场"LED 大屏幕、音响系统的建设,为学生的表演、展示课等提供了很好的环境。学校的校园电视台每周播放两次节目,都是由学生采访、编辑与主持的,锻炼了学生的能力,也给他们提供了很好的展示自己的机会。学校的网站、资源库也有学生的资源空间,学生的作品、艺术创作也可以在此进行展示。

为提升学生的信息素养,让计算机和网络不仅是一门学科知识,而是成为一件深受学生喜爱的学习工具,学校举办读书节、英语节、科技节、艺术节等活动,通过网络展示学生丰富多彩的作品,如美术作品创作、贺卡制作、个人网页等。在潜移默化的过程中,提高了学生的信息素养。

（四）问题与反思

通过课题的研究,我们清楚地认识到,虽然我们在"数字化校园"与信息化学习环境的研究中取得了一些成绩,但随着以计算机技术、网络技术、多媒体技术为代表的现代信息技术的快速发展,数字化校园的建设还会具有更深刻的含义,

数字化校园的建设是一项长期的工作。在课题研究的过程中，我们切实体会到如下几个方面的内容。

数字化校园的建设，必须根据学校的改革发展要求，统一规划，分步实施。数字化校园建设是一项复杂且技术含量高的系统工程，从数字化功能的基础建设到数字化功能的高端应用，都必须建立在充分论证的基础上。学校采取统一规划，分步实施才能避免走弯路，才能切合数字化校园建设与发展的规律。

任何数字化校园功能的应用，必须符合学校的客观实际。要考虑学校实际的数字化功能需要，避免重复建设，造成资金的浪费。

资源建设应以精品资源建设与系统资源建设为主。现行的资源库，往往存在资源数量庞大、资源品质不高、资源不系统等缺点，影响了资源的使用。基于这样的认识，学校将在后续的数字化校园过程中，本着重点建设精品资源、建设系统资源的原则，整合各方面的资源，建立校级资源库。

七、海淀区实验小学信息化发展核心特征及运作模式

（一）学校概况

北京市海淀区实验小学建于 1965 年，原名花园村小学，1990 年更名为海淀区实验小学。学校目前发展为一校三址。学校的发展宗旨是在继承中发展，在发展中创新，在创新中提升。在"为学生发展奠基，为教师成长搭台，为社会进步服务"办学思想的引领下，秉承"我代表实验，我就是实验"的理念，经历了 50 多年的风雨历程，实验小学取得了辉煌业绩。目前，学校已形成以德育为核心，以教学为主线，以课改为龙头，以教研、学习方式的转变为突破口，以"改革管理体制，强化激励机制，加强校本培训，提升教育质量"为发展方向，以培养创新精神和实践能力为重点的素质教育体系。学校以抓常规管理促质量，抓校本培训上水平，抓特长培养创特色，为教师、学生成长搭建平台。

（二）核心特征

随着学校的发展，经过几年的信息化建设，学校目前已经建成一校三址的网络格局，三校光纤互联，校内环境是百兆。校园网通过教育信息网和网

通两条光纤接入因特网，出口总带宽达 20Mbps。全校共有 400 余个网络信息点、8 个网络服务器，提供校园网的各种应用。全校共有教室、实验室和专用多媒体教室 100 个，均已经配备多媒体设备，并通过校园网接入因特网；另外，学校还配备了 4 间多媒体网络教室、3 间互动教室、1 间多功能厅、5 间视频会议室。

随着校园网各种功能的不断完善，校园网上的应用也越来越多，目前学校校园网上的应用系统有学生管理系统、协同办公系统、资源管理平台和学校网站。

在人员信息化培训上，实验小学建立了良好的三级培训机制——领导培训、骨干教师培训及任课教师培训。对培训的内容进行有效的分层管理，定期进行相应的考核评价，形成了学校特有的学习研究氛围，为信息化的普及应用创造了相应的条件。

1. 3D 数字互动多媒体教育平台

3D 数字互动多媒体教育平台是数字化校园的重要组成部分，是数字化校园的延伸。海淀区实验小学数字化校园——3D 数字互动多媒体教育平台是学生的校外成长平台。考虑到安全性，定位为学校的移动互联网私有云平台。此平台具有很高的开放性和连续性，可实现跨网络支持多种应用平台，支持多种主流移动终端。它融图形、图像、文字、声音、视频、动画和虚拟现实为一体，具有形象、生动的特点，采用 3D 的形式，增加了平台的趣味性，寓教于乐，但又以培养、教育学生为主。

由于校内众多的信息资源散布于各种应用系统、网站、部门，以及不同的硬件设备中，对资源的有效整合是数字校园整体性能实现的核心和基础。学校需要加强的是通过信息的标准化，对各种数据及其管理、使用权限进行汇总分析，对共享和交换需求进行充分理解，以及对业务流程进行梳理和实现，实现校内资源的准确获取、高效管理、有序控制、可视化提供和深入挖掘。通过统一的平台以多样的形式提供给不同类型、不同权限、不同需求的校内外用户。

利用 3D 数字互动多媒体教育平台传递包括文字、图像、声音、动画等在内的多媒体、多样化的教学信息，丰富了教学内容，激发了学生学习的积极性，使学习者可以更容易、更迅速、更生动地掌握所学知识，以产生良好的学习效果和提高教学质量。

2. 统一身份认证系统

通过规范数据对象、标准化交换过程，简化校园各应用系统之间的协同工作和数据整合，构建安全可靠的公共数据交换系统，实现各个应用系统之间的数据交换与数据共享；针对数字化校园软件项目成立专门的运维服务中心，解决教师、学生在信息化的过程中遇到的问题，提供相应的技术支持和统一服务。

3. 数字教研

系统和平台有效地拓宽了教研活动的空间和渠道，使学校各学科的教研空间更加开放，渠道更加广泛，缩短了时间，提高了时效。

（三）运作模式

最大限度地实现了通过电视台节目制作的活动，对学生进行德育工作，是实验小学电视台的一大特色。

1. 一校三址，信息化网络传输实现三校区同步观看电视节目，同步接收德育教育

每周二中午是海淀区实验小学校园电视台播放半小时节目的时间，节目内容多为结合学校的具体工作及学习生活制作的。三个校区，近 5000 名学生正是得益于实验小学完善的信息化建设，从而实现同步观看，同步接受教育。

2. 使德育教育变无形为有形，变抽象为具体，变说教为生动

2010 年，学校重建电视台，占地 200 余米 ^{2}。电视台拥有高清演播室专用摄像机、非线性编辑、放像机、调音台、特技台、监视器、计算机、无线通话、采访话筒、有线电视直播设备、字幕机、提词器等设备，电视台每周播出节目时长 30 分钟，深受学生喜爱。

校园电视是最佳的宣传形式和手段。如今，电视台栏目有三大类：综合性电视内容、专题性内容和电影剪辑。其中综合性电视内容包含 6 个版块，分别是"校园零距离"（新闻性）、"成长加油站"（公益性）、"听说很好看"（知识性）、"你该怎么办"（答疑性）、"走进奥妙屋"（知识性）和"你拍一我拍一"（个人才艺）。

红领巾电视台集中了报刊、广播、板报三者宣传形式的优势，它能及时生动地反映校内外重大消息。校园电视不仅是宣传教育的窗口，还是一个培养学生了

解美、发现美、创造美的基地。

　　校园电视让学生们在耳濡目染中不知不觉地感受了生活，触摸了世界，受到了教育。在校园电视的正确引导下，学生们主动学习，乐于探究，校园电视也培养了他们获取新知识的能力、分析和解决问题的能力，以及交流与合作的能力。今后，学生将会通过校园电视这个窗口，真正做到"家事、国家、天下事，事事关心"，真正成为一个关心自己、关心他人、胸怀祖国、放眼世界的新时代少先队员。学校也会一如既往地把校园电视作为课改的主阵地，继续改进，勇于创新，开辟更多的栏目，让校园电视在课程改革中发挥更大的作用。

第七章

满足基础、突出特色的学校信息化运作模式

满足基础、突出特色的学校信息化运作模式的基本理念是"基于实际、分步建设、满足基础、凸显特色"。其核心特征是：注重发展学校特色项目，以互动反馈技术促进师生交流，以科研驱动教师专业化发展，信息化经费利用率高。其运作模式是：依据发展方案，分步实施信息化建设；结合学校特点，建设特色项目；健全信息化保障制度。

第一节　模式介绍与分析

一、基本理念

满足基础、突出特色的学校信息化运作模式的基本理念是"基于实际、分步建设、满足基础、凸显特色"，具体而言，是指学校在信息化建设和发展时首先从学校的实际情况出发，明确学校信息化的建设方向，设计和规划发展方案；其次，从经费角度和实际需求角度考虑，主要借助海淀区教育信息化领先发展的优势，依据发展方案分步实施，确保学校信息化基础设施和信息化平台的成功建设；最后在环境建设的基础上结合学校特色，以发展特色信息化项目为建设重点，不断寻找适合自己的自主成功之路，针对具体的项目深入挖掘和探索，凸显信息化建设重点，同时健全信息化管理与运行机制，提升学校核心竞争力。

在信息化建设过程中，此类运作模式的学校集中精力发展特色项目，提高师生信息化能力，促进信息化管理水平的自动化和高效化，提升学校信息化水平。这种运作模式适用于信息化建设经费有限，软硬件正处于初级阶段、需要不断完善，深入挖掘现有各系统、各平台应用成效的学校。

二、核心特征

（一）注重发展学校特色项目

随着信息化建设力度的不断加大，信息技术的迅猛发展使"无界限互动的地球村"成为现实，学校之间在信息化方面的竞争也更加激烈，竞争实力的高低不仅与学校的办学条件、办学规划等有关，还与学校是否能够在整体推进学校信息化建设的基础上建设各自的特色有关。学校特色是学校在办学过程中合理利用本校优势、潜能基础、信息化环境形成的，因此发展特色项目至关重要。学校在信息化建设时有所偏重，结合学校的优势和办学条件，有选择性地进行建设和发展。特色的选定十分重要，它既决定学校教育的发展方向，也决定了学校最终能否形成特色。学校在具有一般学校信息化建设共性的基础上，又有着与众不同的个性，从本校的实际出发，形成独特的个性，即"人无我有，人有我优，人优我精"的独特性。同时，特色项目的发展也符合教育规律、学校办学宗旨和教学实际，顺应社会的教育发展趋势，产生了较为系统的办学思想和经验，并为人们所接受，有推广价值。

例如，北京教育学院附属海淀实验小学在多年的"成功教育"探索之路上孜孜追求，在酝酿、探索与实践中，以特色教育为实施途径，注重特色信息化项目的建设。2011 年，该校结合校情明确提出以努力打造"绿田文化"为重点，以实现"每个人都能享受成功快乐"为目标的办学理念。为了便于教师获取与教材配套的软件资源或课件资源，学校引入"优课数字化教学应用系统"。将这个系统应用于教学中，能有效提升多媒体教学设备的使用率，节省教师备课时间，提高课堂教学效率，提升教学效果。依托校园网络和城域网络实现教学资源共享，帮助用户走出"信息孤岛"的困境。

（二）以互动反馈技术促进师生交流

互动反馈教学系统以"一对一"的交互形式调动了学生学习的积极性，吸引学生积极主动地参与到与学科有关的信息资料的搜集、处理、交流工作中，不仅使得师生之间的交流更加便捷，也为教师提供了直接、及时的教学反馈，使其准确把握教学进度，更为培养学生创造力、提高学习力提供了条件保障。互动反馈技术在学校教育教学中的应用，正在成为提高教师教育教学效果的重要手段、促进学生学习的新型工具。知识的呈现方式、教师的教学方式、学生的学习方式、师生的互动方式都发生了改变，教学过程更加生动活泼，学生学习更加积极主动，也提高了中小学的教学效益和教育质量。

例如，北京市第一零五中学发展、使用和推广互动教室中的互动反馈技术，将答题器作为课题测试的数据采集工具，将课题测试结果当堂采集并反馈，并在课上帮助老师了解学生情况，改进课题教学；课后，教师可以调出课堂上的测试数据，既可以查看每个班整体的测试情况，也可以了解某个学生的测试情况，便于及时做出备课调整，针对某个学生进行个别辅导；在答题的同时，系统也将数据写入网络数据库，学生可以在课下登录查看测试情况，方便学生复习。互动反馈技术的使用开启了新一代教与学方式的变革，使学生体验着全新的学习方式所带来的优越性与成功感。

（三）以科研驱动教师专业化发展

在推进和应用信息化应用系统的过程中，科研工作保障了信息化应用系统的深入推进，信息化和科研工作也使得教师专业发展更加扎实，为教师之间的协作和互助创建了良好的培养环境。学校选择能够与本校研究重点相关、大部分教师能够参与和使用的应用系统为平台，由校长和科研骨干教师申报科研课题，将学校的中青年教师编入课题组，根据每个教师的特点和兴趣安排科研课题中的任务。同时，学校采用普及培训和重点培养的方式，对全体教师进行交互式电子白板使用、课件制作等专项培训，以青年教师为主力，通过培训和共同讨论的形式，探讨如何利用信息化手段提高教学有效性，辐射和带动中年教师加入学习行列，提升全体教师的信息化能力，将教师信息技术与学科整合的教学能力反映在学生自主、合作、探究的学习方式上，进而提高教学效果，促进教育发展。

例如，北京市第一零五中学根据目前使用的"电子档案系统"和"网络阅卷系统"，与当前科研热点结合，确定了依托信息化应用项目参与科研项目的重点，将重点集中在"课程整合"、"评价工具"，以及作为整个学校教学和科研基础的"教育评价理论"等三个方面，申报研究选题，严格按照科研课题的研究计划开展应用系统的试用、培训、使用、推广、改进，同时提出要求，引领和帮助教师发展，为教师专业发展提供条件、创造机会。

（四）信息化经费利用率高

教育信息化有三项基本任务：一是基础设施、设备建设；二是信息资源建设；三是开展信息技术教育。信息技术教育的有效开展以前两项建设为前提条件。显而易见，教育信息化的推进，信息化建设经费是最为基本的问题，也是个瓶颈问题，它一直困扰着教育信息化。此类学校在信息化建设时紧抓建设重点，综合考虑学校办学理念、办学特色及学校经济条件，从项目建设的可行性和应用价值出发，以建设符合本校特点的特色信息化系统和平台为中心，充分考虑项目的可推广性，做到有限的资金投入发挥最大的价值。在资源建设方面不提倡学校教师的自主开发，而是鼓励学校积极引进、优化组合，做到有效借鉴和充分应用已有资源，以实现资源的共享，避免重复性建设造成的资源浪费。

三、运作模式

信息化建设是一个长期的过程，需要投入大量的资金。在资金投入使用前，这类模式的学校依据办学理念和实际发展情况，先做一个充分论证，确定哪些项目是必须建设的，哪些先建，哪些后建，为信息化建设制订一个可持续发展的规划方案，有力地减少了建设中的不合理现象，既实现了资源的最大化利用，减少了不必要的投入和浪费，又使信息化建设科学合理，方便了广大师生的使用，使信息化建设经费发挥了最大效用。

（一）依据发展方案，分步实施信息化建设

任何信息化建设都不是一步到位的，尤其是对于一些地理位置相对偏僻、办学规模较小的学校来说，由于经费短缺，在一段时间内它们只能集中开展一个方

面的建设，或者综合几个方面有步骤地同时建设。因此，信息化建设要综合考虑学校资金的现状、用途及使用者的专业素质和应用能力等因素分步进行，要把有限的资金用在最急需的地方，将总目标分成多个分目标，每个分目标又分成多个时段实施，最终实现总体目标。

1. 以满足师生基本需求为前提，分步建设校园硬件设施

校园基础设施的建设是教育信息化实现的首要外部条件。教育信息化的不断发展要求学校告别使用多年的幻灯机、投影片，取而代之的是集计算机、投影机、大银幕、实物展台于一体的新一代多媒体教学设备，同时根据设备的使用情况及信息技术的发展变化不断更新维护。

例如，北京教育学院附属海淀实验小学先后建设了供各科教师研究、实验使用的互动录播教室，供学生集体活动的录播、直播多功能厅，直至现在最新的多点互动触控一体机，包含升降台及联想 iPad 的第三代互动教室。这些设备的不断改进极大地促进了信息技术在教学中的应用，提高了学生学习兴趣和课堂实效。

2. 以学校发展为导向，分步建设校园网络环境

对于信息化校园来说，基础网络必不可少，可以为教师查找资料提供便利条件。因此首先需要实现学校办公室、专业教室、普通教室有线网络的覆盖，随后根据需求不断升级带宽，实现无线网络的接入，同时服务器设备也应该由原来的一机多用更新为独立服务平台的使用。

3. 以实用为标准，分步建设校园信息化系统

在基础设施建设得到保障的同时，还需要先后投入大量的资金进行信息化系统平台的建设，优先考虑教学系统。如促进高效互动教学的"按按按"互动反馈多媒体教学系统，为师生之间的知识信息、情感信息的互动交融提供了便利。随后新概念互动教室（以互动白板或互动电视为控制平台、平板电脑为操作平台的电子教室）的引入，也让学生体验了全新的学习方式和功能。

管理系统也由原来单一、固定的功能模块逐渐转变为多元的、功能完善的管理信息系统。学校推动系统使用，使得校内交流、师生交流、家校交流都在网络平台上实现，老师、学生、家长体会到便利之后就会形成使用习惯，这样又促成信息化交流、信息化管理的大环境。

（二）结合学校特点，实施特色项目

学校大力发展信息化，引进先进信息化设备，搭建信息化平台，不是为了应用而应用。学校在做信息化建设的规划、方案、研讨的时候上下已达成共识，不为信息化而信息化，不为网络而网络，而是以需求为导向——教学上需要一个随时随地互动式的、交互的、便捷的教学平台，管理上需要一个随时都可以方便、快捷访问网络的管理平台。一所学校若想在各个方面都占有领先地位，就必须投入相当丰富的资金，这对学校的硬件要求很高。因此，对于办学规模较小，生源相对不太理想的学校来说，在信息化建设时不能追求全面到位的建设，而是一定要与学校特点紧密结合，深入挖掘学校特色教育，实现学校的办学目标，提升信息化建设水平。基础建设只是学校信息化发展的起点，学校的信息化是朝向整体办学目标的，是围绕办学理念的。

例如，北京教育学院附属海淀实验小学明确提出以实现"每个人都能享受成功快乐"为目标的办学理念，其课堂教学中使用的蕴含互动反馈技术的互动反馈教学系统体现了学生的主体地位，根据学生的需求设计按点，让按点问题在课堂中发挥实效性，鼓励学生积极参与课堂问答活动，系统及时将学生的应答信息及其统计、分析数据反馈给教师、学生，使课堂教学实现开拓学生思路、开发学生潜能的功能，让每一个孩子在课堂上体验学习的成功，感受成功的快乐。同时，学生的应答信息也会被长期记录，既可以应用在课堂中，也可以作为材料被教师、家长、学生使用，促进了其他人的学习。

同时，学校还重视教学资源的储备，长期坚持组织信息化教研，认真落实课例研究工作，利用信息化设备为教师营造科学研究氛围。目前学校准确把握"微课程"特点（时间短、画面结合声音、少量解说），形成了具有独特风格的多门"微课程"。它们或是视频，或是自动播放的 PPT，长度在十分钟以内，配以优美的画面、动人的音乐、恰到好处的解说，就成为教师分享个人收获、共同提高教研能力的重要工具，为形成学习型、研究型的教师队伍奠定了基础。

（三）健全信息化保障制度

信息化保障制度具有稳定性、根本性、长期性的特点，是保证信息化建设的有利支撑。在进行学校信息化建设时，学校应该坚持把制度建设放在突出位置，使其贯穿于各个环节，在实践中摸索，形成与学校特色定位相适应的具体制度，并对其不断健全与完善。这些制度对进行特色工作有切实的保障作用，成为鞭策信息化建设人员积极投入研究建设的动力。

四、问题与建议

尽管这种模式的学校信息化建设已经满足了学校的基本要求，但是目前信息化建设仍处在自发演进状态，出现建设速度缓慢、学校信息化整体规划仍需完善、教师信息化能力与信息化设备不相匹配等问题。要达到"教育与信息化"的完美融合、真正实现信息化推动教育发展还有较大的距离。对此学校可以从以下四个方面完善信息化建设。

（一）继续加大对学校信息化建设的资金投入力度

学校信息化建设是一个长期工程，见效期长，需要不断地对设备进行维护，对教育教学资源库进行更新，对教师进行信息化素养的培训，不断完善信息化系统，如果中间出现暂停，前期的投入就会一直处于低迷状态，资金的有限就会限制学校信息化建设步伐，因此，还需要不断加大对学校信息化建设的资金投入力度。

（二）提高校长信息化领导力

校长信息化领导力的实质是通过确定学校的发展目标、营造组织文化等促进学校的信息化发展和变革。一所学校能够因地制宜地制订信息化发展规划，切实利用信息化促进学校发展和课堂教学，把工作落到实处，都与校长的信息化领导力紧密相关，也是教育信息化工作顺利进行的重要保障。硬件建设是有限的，而关于信息化建设的想法是无限的。因此，校长要有超前意识，重视学校的信息化建设，以身作则，提高自己的信息化应用水平，积极思考学校信息化建设的方向，对硬件、软件、资源、人等各种因素实现整体合理规划，这样才能够充分发挥各种要素的作用，实现教育信息化投资效益的最大化。

（三）提高教师信息化能力水平

教师的信息化能力是学校建设中的重要资源，具备较高的信息化能力才能完全发挥信息化建设的效用，反之则是对资源和人力的浪费，因此提高教师的信息化能力至关重要。要提高就需要培训，要培训就必须得摸清楚教师的基本情况，摸清其信息技术应用的真实水平，同时还可以为其建立培训档案、培训制度和发展评价系统，这样才能制订符合实情和发展需求的培养方案，才能培养出信息化能力高的教师，才能确保建立一支优秀的师资队伍。

（四）鼓励创新

同样的信息化建设环境和设备，但是不同的人使用会产生不同的效果。归根到底，原因就是使用者的创新意识，对此学校可以制订相应的规章制度，鼓励教师积极开展操作方式、教学信息化等方面的创新，对有突出贡献的教师要给予表彰奖励。

总之，满足基础、突出特色的学校信息化建设还有待继续提高，但是在进行建设的过程中，一定要切实做到"低成本建设，高效率应用，重特色建设，以应用促建设，服务于教学"，真正发挥信息化的效用。

第二节　案例介绍与分析

一、北京市第一零五中学信息化发展核心特征及运作模式

（一）学校概况

北京市第一零五中学（简称一零五中学）是地处海淀区东南部的一所完全中学。学校用于教学的计算机超出北京市办学条件要求，已经实现"班班通"；教师用计算机人手一台，教师用笔记本人手一台，教师用平板电脑人手一台，3G上网；2003年铺设校园网，光纤10兆接入；学校拥有校园、网站网络办公系统、CMIS、电子档案系统、家校互动平台、点播直播系统、录播系统等。

北京市第一零五中学的基本条件在海淀区中学和小学中具有一定的普遍性，

能够代表大部分普通中学和完全中学,能够代表大部分小学。北京市第一零五中学的特殊性主要表现在:外地务工子弟在学生中占比较高,尤其是初中占到整体的 50%;中青年教师比较多,所占比例为 73.7%,这是优势也是不足。

(二)核心特征

1. 将适宜性作为一零五中学信息化发展的指导思想

北京市第一零五中学卢冰校长提出信息化发展的要求为:"立足学校学生的基本情况,基于学校教师的基本特点,尊重学校教育教学参与者的核心利益,通过渐进、跬步、精微的方式,以蜗牛精神,走适合一零五中学信息化发展的特色道路。"学校信息化项目和信息化规划必须考虑如下几个因素。

(1)将提升、引领、方便、服务教学,促进学生学习放在学校工作第一位。

(2)将团结、提高、帮助、服务教师和教师专业化发展放在学校管理的第一位。

(3)不给学生、教师增加负担,不给学生、家长增加任何经济负担。

2. 以改进新的评价工具为突破口,在教学中引入"发展性评价"方法

(1)发展性评价概念。发展性学生评价是指依据正确的教育价值理念,运用合理的评价方法,在平等、合作与尊重事实的基础上对学生的素质发展进行价值判断,促使学生不断认识、完善与发展自我的过程。

(2)学习性评价概念。英国评价改革小组(Assessment Reform Group)将学习性评价定义为:学生和教师通过探求和解释使用的学习材料,来发掘学生目前的学习水平,他们要达到的水平及怎样做能达到那样的水平。"英国权威专家布莱克和威廉(Black and Wiliam)这样定义学习性评价:"教师和学生共同参与评价,并借此提供信息作为反馈来改变教师的教和学生的学。"另一位英国学者丹(Dann)则认为:"学习性评价不是教与学过程中的附属品,相反,它提供给学生一个可以参与的过程,这是学习中很重要的部分,即评价本身就是学习。"澳大利亚评价专家也认为:"学习性评价承认评价应当发生于正常的教学过程之中,从评价活动中获得的信息可以用于促进教学过程。"

在海淀区教育信息中心引领和指导各中小学推进海淀区信息化发展的过程中,我们了解到海淀区教育信息中心互动教室中的互动反馈技术符合学校的信息

化发展和教育教学要求，于是投入力量进一步深入发展、使用和在所有班级中推广。此项目将答题器作为课题测试的数据采集工具，将课题测试结果当堂采集并反馈，直接在课上帮助老师了解学生情况，提高教学效果；课后，教师可以调出课堂上的测试数据，既可以了解每个班整体的测试情况，也可以了解某个学生具体的测试情况，便于调整备课和针对某个学生的个别辅导；在答题的同时，系统将数据写入网络数据库，学生可以在课下登录查看测试情况，方便学生复习；课外，家长可以实时通过网络数据库访问学生课上的测试情况，及时了解学生的课题测试情况，及时准确了解学生的学习效果；对于学校领导，可以了解各个科目、各个教师、各个班级、某个具体学生的具体测试情况。同时，所有数据记入网络数据库，随着持续的使用，可以逐步生成学生学习、教师教学的数据资源，为今后教学积累教学资源。

在一零五中学信息化的发展过程中，对于发展性评价工具的实践还在考试测验和作业中做了其他实验，以网络阅卷为评价工具，收集学生作业、测验和考试数据，将数据写入数据库，供学校领导把握整体情况改进教育教学管理；供任课教师统计、分析、研究学生学习情况改进教学；供学生发现学习中的短板与不足，改进学生学习；为教师今后教学积累教学资源。

另外一零五中学是完全中学，接受海淀区教委和北京市教委的领导，初中的教学任务最终将以中考为考核标准，初中教育是以海淀区学生综合素质评价为评价体系，高中的教育教学任务为高中的会考和高考服务，教育方面以北京市学生综合素质评价为评价体系。各校所进行的评价实验和评价结果不能进入海淀区和北京市的评价体系之中，是作为各校用于提升教师教学、学生学习，提升学校管理的有益的教育教学实践。

3. 以信息化为主要途径帮助教师专业化发展

一零五中学中青年教师比较多，所占比例为 73.7%，这是优势也是不足。一零五中学教师专业化是学校教育教学管理的首要问题。教师专业化的内涵是在不断丰富和发展的。结合学校的特点和信息中心领导给出的建议，学校以信息化作为主要途径帮助教师专业化发展，归因如下。

首先，学校中青年教师人数众多，中青年教师乐于接受信息技术等新事物，而且对信息技术的领悟也比较快，能够很快、很好地掌握新的技术、设备和系统。

其次，信息技术作为新兴技术、发展趋势的代表，可供发掘的领域很多，比较容易引起关注，争取科研立项，发表论文，能给中青年教师提供更多的机会。

经过 2009～2011 年在信息化方面的着力发展，学校中青年教师通过信息化为主要途径的专业化发展已经取得了喜人的成绩。

（三）运作模式

1. 信息化建设从实际出发，以保障学校信息化基础应用

北京市第一零五中学在信息化建设和发展时首先是从本校的实际情况出发，在校长的直接领导下组建学校的信息化发展和管理队伍，设计和规划学校信息化的建设方向和大体框架，并制订学校信息化发展的"十二五"规划；从经费角度和实际需求角度考虑，借助海淀区教育信息技术领先发展的优势，依据设计分步骤地实施，确保学校信息化基础设施和信息化平台的基础建设，满足学校日常教学和管理的基本应用需求。

2. 根据学校的自身特点，发展信息化特色

学校在信息化环境建设的基础上结合学校特色，以发展特色教育为目的，不断寻找适合自己的自主成功之路，针对具体的方面深入挖掘和探索，凸显信息化建设重点，同时健全信息化管理和运行机制，推动学校信息化的提高，进而提升学校核心竞争力。在海淀区信息中心的引领下，整个海淀区的信息化水平提升很快，其中北京市第一零五中学作为平民学校的代表，整体的提升尤为显著。北京市第一零五中学在信息化发展的运作模式上，以教育信息化促进教师专业发展模式最为突出，可以归纳为"全员课题化，以课题研究推动信息技术应用——研究型的学校信息化运作方式"。

1）教师专业发展的内涵

美国学者霍利（Holye）对教师专业化给出这样的界定，他将教师专业化明确地界定为两个方面的内容：一是关注一门职业成为专门职业并获得应有的专业地位的过程；二是关注教学的品质、职业内部的合作方式，教学人员如何将其知识技能和工作职责结合起来，整合到同事关系，以及与其服务对象的契约和伦理关系所形成的情景中。相对通俗的解读为：一是教师专业地位的确立与获得，即教师向医生和律师那样的专业地位的社会认可，进一步发展为教师职业级别的认可；二是教师教学技能内在的、专业上的提高，即能够更好地教育和管理学生，

精通本学科的知识和教学的特点，拥有成熟的教育教学技能。

王卫东等学者对"教师专业发展"有如下认识："教师专业发展是一个以教师个体在专业领域内的自我为核心，以教师个体的经验反思为媒介，不断习得教育专业知识技能，实施专业自主，表现专业道德，并逐步提高自身从教素质。成为一个良好的教育专业工作者的专业成长过程。"从中可以看出教师专业发展具有非常明确的特征：教育专业发展是一个意识到教师专业化的过程。教师专业发展的目的是使教师成为一个成熟的专业人员。教师是教学实施的主体，教师必须主动参与和自主发展。校方决不能袖手旁观、听之任之，而应该想方设法提供条件、创造机会，帮助、引导教师专业发展。

教师专业发展不仅事关教师个人的核心利益，更加关乎学校、学生的核心利益，因此一零五中学将教师专业化发展放在学校管理的第一位。在学校领导分析促进教师专业化发展的模式后，根据海淀信息中心领导意见结合学校的特点，提出并实施以教育信息化为抓手促进教师专业发展的模式，在此过程中取得非常好的效果。

2）研究型的学校信息化运作方式的描述

一零五中学对于研究型学校信息化运作方式的提出，源自学校对研究型学校文化的建设和坚守，学校文化是"学校所特有的文化现象，是以师生价值观（学生为主体、教师为主导）为核心，以及承载这些价值观的活动形式和物质形态，包括学校的教育目标、校园环境、校园思潮、校风学风及学校文化生活、教育设施、学生社团组织、学校传统习惯和学校的制度规范、人财物管理等内容"。学校文化的主体涵盖全校所有人——上至校长，中到各级管理干部，下至每一位教职工和学生。学校文化是学校发展的强大内驱力，也是推进学校创新的原动力。一零五中学校长更把对研究型学校文化的提炼、总结、整合与积淀作为学校可持续发展的有力手段，并将它贯彻在学校信息化运作的过程之中，经过长时间的探索和尝试，形成了一零五中学独特的研究型学校信息化运作方式。

信息技术的发展日新月异，在教育教学中，新的应用也层出不穷，教师在教育教学过程中学会新的应用，掌握新的应用，充分发挥新的应用、新设备、新系统的作用成了学校信息化运作的重要问题，同时，在新课程改革相关理论指导下，科研的地位日益提高，科研兴校成为学校可持续发展的重要手段，而对于教师来讲，基于信息化在教育教学中应用的研究非常新颖，尤其对于年轻教师更是易于接受、乐于参与。研究型学校信息化运作方式有助于形成具有导向作用、规范作用、凝聚作用、激励作用、创新作用和辐射作用的信息化运作方式，它将教师和学生从"汗水加泪水"的初级教改模式中解放出来，缩短了信息化项目的推进时间，让信息化项目充分发挥效益，成为提高教育教学质量的根本保证。

3）具体实施过程

首先对一零五中学推进和应用的信息化应用系统进行筛选和比较，选择能够与当前科研热点结合、学校科研骨干比较感兴趣的并且大部分教师能够参与和使用的应用系统，然后，由校长和科研骨干教师申报科研课题，将学校的中青年教师编入课题组，根据每个教师的特点和兴趣安排科研课题中的任务，如研究生学历的教师更多地担任相关课题的理论和文献的检索和综述任务，其他教师则完成自己所教学科和班级的实践研究；科研工作保障了信息化应用系统推进的效果和深入，信息化和科研工作使得教师专业发展异常扎实。最后，教师专业发展取得显著成效是水到渠成、情理之中的。

一零五中学了解到海淀区信息中心设计的互动教室中的互动反馈技术符合学校的信息化发展和教育教学要求，于是投入力量进一步深入发展、使用，并在所有班级中推广，即现在使用的"电子档案系统"。

在一零五中学信息化的发展中，对于学习性（发展性）评价的工具实践还在考试测验和作业中做了以网络阅卷为评价工具的应用系统，即"网络阅卷系统"。

3. 在实践中取得的工作效益

1）对于理论的准备、学习和共享的新方法

教育理论是学校进行教育教学和科研工作的根本，对理论武器、当前研究成果和相关文献的把握对学校进行教育教学和科研工作至关重要。一零五中学根据科研项目，对于校内学历比较高的教师，为他们购置知网用户卡，按照所在课题组和个人科研兴趣协调他们分别做各个科研项目的理论梳理和文献检索，并在课题组内安排他们分别对所做的理论工作进行汇报，由他们来引领其他成员学习。他们所做的理论梳理和查找到的相关文献在校内共享，作为其他老师尤其是本课题组成员撰写论文的理论依据，他们自己则将理论梳理和文献检索汇集成文献综述，由学校请专家改进并联系投稿和参加比赛。

此做法在以前的科研中从未使用过，这次在研究中引入此方法发现好处极多：第一，理论梳理和文献综述工作对研究者的要求要高得多，在普通中学不是每个老师都有能力、精力和时间完成，学校安排和协调高学历教师专门来做，效果要好得多；第二，对于其他教师，尤其是大多数以往没有特别注重理论学习的教师，通过身边教师的宣讲和交流，理论水平得到很大提高；第三，完成文献综述的教师最后将成果凝结成了论文，付出很多，但功夫没有白费；第四，其他老师和本课题组成员在撰写论文时理论水平比以往高了很多，论文的整体质量得到了大幅提高。

2）教师既是信息系统的应用者，也是研究者

在推进信息项目的过程中，每个教师都被编入相应的科研课题组，完成自己在教学中推进信息项目应用的工作，同时在学校安排的教师的带领下，学习相关的理论和文献，自己完成教学设计和教学工作，积累总结本学科教学和应用信息项目中的经验，采用行动研究的方法，收集教学过程中和信息项目应用过程中的数据，教师真正成了研究者，逐渐，教师将自己的教学科研和研究数据凝练、升华为自己的论文成果。

3）经验总结、交流，促进系统改进和教学反思

学校要求教师在教研组活动时进行信息系统使用的经验总结与交流，学科不同在使用"电子档案系统"和"网络阅卷系统"时的方法也不同，同学科则存在大量的共性，同时按照所在学科的要求提出信息系统的改进意见，反馈给开发者进行升级改进，使得系统更贴近教学应用。对于教师来讲，这样的经验总结交流讨论，帮助他们学习他人的经验，同时促使自己进一步反思教学，反过来提升了自己的教育教学水平。

另外，学校要求课堂实录时，同学科教师必须观摩，并参与反思讨论，这更加促进了教师的反思和提高。

4）科研、信息化、教师专业化多点开花

在一零五中学采用研究型学校信息化运作方式的过程中，科研、信息化、教师专业化多点开花，成绩斐然，这在一零五中学校史中绝无仅有。

（四）问题与反思

1. 对学校信息化建设的连续资金投入是信息化持续发展的保障

学校在抗震加固期间出现一段时间的信息化发展暂停，限制了学校信息化建设持续稳步的发展步伐，影响了信息化相关项目的运行和使用效果，因此，在学校信息化建设中稳定持续的资金投入和学校领导的关注是信息化持续发展的保障。

2. 学校信息化建设的根本保障是信息化有关管理人员，要有保护和激励的有效措施

同样信息化建设环境和设备，不同的人使用会产生截然不同的效果，归根到底是使用者的责任心和创新意识，对此学校可以制定规章制度，鼓励教师积极开展操作方式、教学信息化方面的创新，对有突出贡献的教师给予表彰和奖励。

二、北京教育学院附属海淀实验小学信息化发展核心特征及运作模式

（一）学校概况

北京教育学院附属海淀实验小学（原田村中心小学）成立于1949年，与新中国同龄，坐落在海淀区的西南部，是一所环境优美、学风严谨的现代化学校。原来属于农村完全小学，随着城镇化建设的进程，现在属于城镇小学。

在信息化辅助教学方面设有互动反馈多媒体教学系统，多媒体触控一体机及高清实物展台，海淀区第三代互动教室，集大型会议、教学展示为一体的录播阶梯教室等；在信息化办公系统方面设有可视化协同办公系统、文件资源管理系统、家校互动平台系统；在宣传教育方面设有门户网站、大型LED显示屏、教学楼内信息发布系统、触摸信息查询平台、校园电视台及少年议事厅；在有效扩展学习办公空间上实现了校园无线网络的覆盖。

学校长期以来在飞速发展的海淀教育信息化长河中不断寻找着适合自己的自主成功之路。近年来，随着信息化技术不断发展，经过多年的积极尝试，总结提炼了不少关于信息化设施与教学资源整合方面的经验，同时也取得了一些可喜的成绩。

（二）核心特征

1. 搭建数字教学平台，变革学习方式

互动反馈技术的应用使课堂教学变得更加灵活，教师能够在即时反馈过程中及时调整教学策略及学习方式，实现了教学反馈的全面、高效，学生在信息技术的支持下实现了主动学习。教室由多媒体触控一体机、高清实物展台替换了原有笨重的多媒体机柜、维护费用较高的投影机、清晰度差的幕布、分辨率较低的实

物投影，学生可以很清晰地看到教师出示的文字、图像和视频，教师可以用自带的互动软件在电视上绘制复杂的图形，完成原有教学多媒体上很多不可能完成的操作，有效地提高了上课学习的效率。新概念互动教室的使用，开启了新一代教与学方式的变革，学生利用人手一台的学习终端可以与老师实现全方位的互动，学生在体验着全新的学习方式所带来的优越性与成功感。

2. 建设数字化办公体系，优化学校管理

实现"无纸化""数字化"办公是学校办公发展的方向，教育教学资源的储备标志着学校发展的进程，加强教师与学生、家长的及时沟通是现代化教育发展的需要，朝着这一目标，学校逐步搭建起了服务于教师的网络办公平台、文件资源管理平台、学生及家长网络通信平台。

网络资源的不断丰富为教师和学生提供了办公和学习的便利。学校作为教师办公、学生学习和生活的地方，为教师提供了广阔的活动空间。随着时代的发展，办公室办公、教室学习的原始环境在逐渐发生着变革。寻找更为宽松、舒适、方便、快捷的办公空间、学习空间成为教师和学生的共同愿景。校园无线网络的覆盖无疑是实现以上愿景的最好选择。

3. 有计划地实施完善信息化管理制度

随着 UDS 理念的不断渗透，计划、制度的制定实施为更好地发展学校信息化建设提供了保障。为此学校制订了未来五年信息化建设方案，健全了信息化设备入校登记制度、使用制度、报修制度、借领协议、借领登记、回收登记等相关管理制度。

（三）运作模式

1. 依托信息化设备搭建数字教学平台形成学校特色

学校 2001 年开始在课堂教学中使用"'按按按'互动反馈多媒体教学系统"，至今已升级到第四代。在课堂教学活动中引入信息反馈技术，提高了课堂教学系统的整体性、综合性、关联性，增强了学生的学习动机，使学生克服了胆怯、羞怯等心理因素，使全体学生全面参与到教学活动中，有效地促进了师生之间的知识信息、情感信息的互动交融，这正是成功教育所倡导的，在提高课堂教学成效方面展现出巨大的前景。互动反馈技术是利用互动反馈教学系统

（interactive response system，IRS）进行课堂教学时使用的一种教育教学技术，是课堂信息反馈与现代电子技术的完美结合。具体来说，就是利用互动反馈教学系统辅助课堂教学。在课堂中学生积极参与课堂问答活动，系统会及时将学生的应答信息及其分析、统计等反馈给教师和每个同学；同时，学生的应答信息会被记录与评价，既可以在课堂中进行应用，也可以作为课后的信息被教师、家长、学生及教学管理等人员应用。

海淀区大力投资升级改造的教室多媒体触控一体机及高清实物展台为教师教学和学生学习提高了效率、保障了质量、提供了便利。新一代的教学多媒体设备节省了空间，为教师提供了更多的教学空间；提高了图像和成像的清晰度，可以更好地保护学生的视力；降低了后期维护的密度，提供了统一的维修方式，保证能得到及时便利的维修服务，为学校信息设备维护人员节省了时间。在对学生和老师的调查中得知，他们对新一代的教学多媒体设备的使用情况非常满意，得到了大家的一致认可。

"新概念互动教室"是海淀教育信息中心推出的电子互动教室项目，是教师以互动白板或互动电视为控制平台，学生以平板电脑为操作平台搭建的电子教室。每个教室的主机将能够对学生实现数据交换控制，并实现教育内容在教育网云端的下载、分发和学生试卷上传等功能。"新概念互动教室"所能带给老师和学生们的是全新的、超乎想象的教学模式和功能体验。

2. 网络教育办公体系辅助教育教学

"NBC可视化协同办公系统"是由北京曙光计算机公司于2008年为学校搭建的网络办公系统，设有与学校实际情况一一对应的组织结构：即时通信——文字、图片、音频、视频、白板、演讲；办公文件分发——保密的个人文件柜、点对点文件传输，满足针对群体的文件分发、针对个人的文件分发、共享文件等需求；群发通知——特定权限用户可使用群发通知，向指定用户群发送即时消息；日程安排——包括个人工作计划及单位的周工作计划，可定向推送到相关人员；远程协助——可远程控制对方电脑，操作对方的键盘和鼠标；配合点对点通信，常用于远程协同修改文件。在"NBC可视化协同办公系统"的帮助下，学校内教师可以与校内、学区内任意领导或教师进行无纸化办公或视频会议，成为学区内教师不可缺少的网络办公平台。

"文件资源管理系统"是由北京京达来科技有限责任公司于2010年在学校

FTP 服务平台的基础上，利用原有的树形文件目录结构进行搭建的。该系统设有存档、软件、上交、视频、音频、照片等十余个目录。每位教师都具有相应的文件上传及下载权限，各级教师分管一级以下各级目录。对文档、照片、音视频文件可实现在线预览功能。系统还设有客户端批量上传、下载功能和文件分类检索功能。学校公共资源由专人负责上传，老师可以将自己的教学资源、视频资源上传到个人文件夹中。针对各班级的需要在"资源平台"上开放了学生注册权限，为班级及个人建立了独立的资源共享平台，由班主任或班级管理员进行管理。此平台现已成为学校文件资源统一管理的重要平台。

"家校互动系统平台"自 2009 年使用至今，得到家长和老师的一致认可。自家校互动开通以来，由原有的主要以短信交流功能逐步发展到具有学生"成绩管理"、"投票调查"、"电子作业"、"同步课堂"、"同步备课"和"名校大讲堂"等 20 多项功能。"家校互动系统平台"是目前学校教师与家长交流与沟通最快捷的方式。

3. 打造多元数字校园文化，拓展学校发展空间

校园对外网站自 2008 年经历了近 4 年的三次更新与改版，已成为学校对外的第一信息窗口。下设"教学天地"、"德育阵地"、"科研之窗"和"缤纷校园"等多个栏目。网站由学校专人负责后台信息发布与管理，每个栏目面向全体教师进行开放式投稿，保证了学校每一次重大活动的及时发布。LED 显示屏配合校园信息发布系统及触摸信息查询平台作为学校校园内的第二个信息窗口。信息发布系统和触摸信息查询平台，可为学生和来校参观的家长、领导介绍学校特色发展并提供学校网站浏览和学生电子学籍查询等功能。学校曾举行过持续两周的戏剧节巡演，家长们可通过网站及 LED 显示屏在巡演的第二天就能看到自己孩子在戏剧节上的精彩表现。中国香港代表团和美国大学教授曾到学校进行交流，也让家长们及时了解了学校教育教学活动方面的最新动态。

2009 年，通过光纤实现了校园电视台与阶梯教室实时直播与互播功能。学生在教室里通过闭路电视即可收看到电视台或阶梯教室正在举行的各类教育教学展示活动。多功能厅的录播系统可实现通过校园网络进行在线直播或点播功能。数字化电子教室应用到各普通教室和专用教室，通过控制端可实现网络影院功能和视频直播，以及教学演示功能。

2009 年，在学校 60 年校庆活动中，学校与北京人民广播电台"爱家栏目"合作成立了少年议事厅，邀请多名教育专家对学生进行心理辅导，培养了多名学生广播员参与"每周议事"栏目。学校拥有 370 米²的电子图书馆，学生每天可实现刷卡进行图书借阅。学校设有 32 个监控点，可随时随地通过网络客户端对校园内情况进行实时查看。

只有学校教育与家庭教育、社会教育相结合，才能使教育统一，才能使学校教育取得事半功倍的效果。学校要借助信息化手段有效地与家长进行沟通，为学生和家长们搭建更多的交流平台，为教师与学生、家长创设统一教育战线。实践证明，通过"家校互动系统平台"可以使教师和家长进行及时有效的沟通。交流内容不仅仅停留在布置作业、发布通知等单层面，更要对学生每日的学习状态和学习效果进行及时的评价。学生还可以通过"同步课堂""名校大讲堂"进行网上学习，教师可以通过"同步备课"进行网上备课。"imo 即时通信平台"既可以作为教师与学生、家长的通信平台，还可以作为本班或同年级家长之间，家长与学校事务咨询人员之间的交流平台。

学校的教育信息化要服务于教学工作。2007 年根据市"十一五"课题《信息技术环境中利用互动反馈技术提高教学成效的研究》，确定了学校的子课题《利用互动反馈技术促进学生课堂学习成功的研究》。学校在"十一五"期间，为师生创设条件，搭建平台，为课题的研究与实践提供更广阔的空间。"十二五"进一步进行研究，2012 年 10 月《互动反馈技术促进学习能力发展，提高课堂绩效的研究》在全国教育信息技术研究立项。互动反馈技术为我们提供了及时、准确的数据，要让互动反馈系统发挥最大的优势，必须根据学生的需求设计按点，让按点问题在课堂中发挥实效性，根据反馈的数据及时有效地反馈针对性、灵活性的评价，使课堂教学能达到开放学生的思路、开发学生潜能的效果。

（四）问题建议

学校今后的信息化发展旨在借助智慧型数字校园现代化教育应用与管理平台的建设，实现学校科学发展。对此学校应从以下几方面考虑完善信息化建设。

1. 加大学校信息化建设资金的投入力度，加快学校数字化进程

学校信息化基本经费的使用主要用于保障信息化设备的正常维护、维修、耗材、设备更新，以及网络流量费用，而学校 2010 年以前的信息化建设费用主要来源于学校的信息化基本经费，这就大大减缓了学校信息化建设的发展进程。自 2010 年以来，尤其是 2012 年随着数字化校园建设的浪潮不断涌进，在区教委及信息中心的大力支持下，学校申报成功了网络统一身份认证平台、多系统数据整合、教师多维度评价系统、数字无纸化办公、数字信息发布、校园数字监控等信息化设施。2013 年申报成功了集阅读纸质文本、电子文本、文献检索、远程互动于一体的数字图书馆，点对点的 IP 数字广播系统，集网络安全、流量控制、桌面管理于一体的网络安全保障系统。可以说，没有区数字校园专项经费的支持与保障，以上计划是无法实现的，海淀区教委领导在考虑学校个性化、特色发展的同时还关注到了学校整体信息化建设的均衡发展。

2. 加强学校教师信息化技能培训力度，激发教师学习动力

信息化设备的升级与更新导致教师在使用过程中会不断出现新的疑惑或问题，这就需要自上而下地为教师安排更多的培训机会。学校在开展互动反馈技术在教学中的应用过程中，很好地进行了教师集中培训和分散指导相结合的方式。既满足了接受能力较强的教师及时、快速掌握使用技巧的需要，同时还保障了全体教师都掌握的必要。从 2001 年的第一代到 2012 年的第四代，软硬件的每一次升级都进行了相应的培训与指导。为了激发教师们学习使用的动力，经常举行相关主题的赛课评比及展示活动，教师们在使用的过程中也获得了学习的乐趣，体验了成功的喜悦。结合海淀区新概念互动教室的推广与新一代教学多媒体的投入使用，为了掌握基本的使用方法和深度挖掘设备的使用技巧，发挥信息化设备的最大使用效用，也应进行全面、细致的培训活动，举办各式各类的竞技项目，提供更丰富多彩的展示空间。

3. 用学校办学理念来指导信息化建设发展方向

UDS 理念倡导我们做工作要有计划、有实施、有落实，不断反思、不断创新。"田有界、春无限"的办学理预示着学校的信息化建设也应本着北京教育学院附属海淀实验小学的特色来发展，学校的数字化进程也是永无止境的。为此学校特制订了未来五年信息化发展规划，在未来五年中，学校将构建全面的数字化校园，建设新型的计算机教室、提高普通教室数字化功能，打造专业

云教室，建设数字美术教室，打造专业音乐教室。学校信息化目标的重点是建立一个以人为本，方便各级教师、学生及家长共同参与和使用的统一数字化校园生活平台。

总之，信息化是一项专业性强、投资大、需要学校顶层设计的系统工程，学校必须紧紧抓住发展机遇，大力推进学校教育信息化建设，运用信息技术全面改造和提高教育教学和管理水平，真正促进学校的教育教学改革。

参 考 文 献

陈仕品，张剑平. 2012. 21 世纪初期英美教育信息化战略规划及其启示. 现代教育技术，（2）：10-15.

陈小娅. 2007. 为推进教育信息化和教育现代化做出新贡献. 山西电教，（1）：3-4.

范永丽. 2005. 教研与科研"携手"打造名师名牌名校. 教育理论与实践，（7）：3-4.

冯建军. 2011. 优质均衡：义务教育均衡发展的新目标. 教育发展研究，（6）：1-5.

龚晖. 2006. 教学信息化远不止最后一公里. 山西电教，（3）：17-19.

海淀区教育信息中心. 2009. 应用不断深入，信息化工作稳步前进. 中国教育信息化，（4）：9-12.

韩骏，李中华. 2012. 区域教育信息化基础环境建设. 北京：北京大学出版社.

何克抗. 2011. 我国教育信息化理论研究新进展. 中国电化教育，（1）：1-19.

教育部. 2000. 关于在中小学实施"校校通"工程的通知（教基［2000］34 号）. http：//www.moe.edu.cn/publicfiles/business/htmlfiles/moe/moe_327/200409/ 2965.html ［2016-05-20］.

金兼斌. 2000. 技术传播——创新扩散的观点. 哈尔滨：黑龙江人民出版社.

李芒. 2007. 论教育技术是主体技术. 电化教育研究，（11）：5-9.

李芒，蔡旻君，吴颖惠，等. 2013. 技术"极化"区基础教育信息化应用策略研究. 中国电化教育，（7）：25-30.

李芒，蒋科蔚. 2012. 教育信息化与现代化风险. 现代远程教育研究，（2）：3-12.

梁林梅. 2002. 美国区域教育信息化个案分析. 中国电化教育，（7）：68-71.

刘细发，钟元生. 2005. 江西省基础教育信息化建设现状及应用效益的调查分析. 教育信息化建设，（4）：45-46.

刘晓斌. 2003. 创新推广理论——教育技术学与传播学的新结合点. 现代教育技术，（2）：30-31.

马玉玺. 2010. 发挥信息优势，提升教研品质. 教育理论与实践，（6）：3-5.

孟庆军. 2005. 区域基础教育信息化发展调查分析. 教育信息化，（10）：69-70.

苗逢春. 2003. 我国未来五年基础教育信息化的系统推进和实施关键. 中国电化教育，（9）：

14-19.

孙立会. 2013. 日本电子教科书的研究现状及启示. 课程·教材·教法，（8）：111-117.

孙祯祥. 2010. 校长信息化领导力的构成与模型. 现代远距离教育，（2）：3-7.

王瑞香. 2006. 英国教育信息化的特点论析. 外国教育研究，（12）：73-76.

王素荣. 2006. 教育信息化理论与方法. 北京：社会科学文献出版社：37-39.

吴海燕. 2012. 以应用为导向的多媒体教学环境生态化建设. 现代教育技术，（11）：73-76.

项骏. 2004. 国内外教育信息化发展战略之比较. 成都教育学院学报，（9）：9-13.

徐光明. 2003. 明确目标　精心规划　我省加快基础教育信息化建设. 江西教育，（4）：10.

杨宗凯，吴砥. 2013. 教育信息化可持续发展能力建设问题. 现代远程教育研究，（2）：3-9.

应国良，张际平. 2006. 突破基础教育信息化应用的瓶颈：区域推进行动计划. 开放教育研究，
　　（6）：39.

张虹. 2010. 基础教育阶段区域教育信息化经费研究. 中国电化教育，（2）：42-46.

张静然. 2011. 教育资源建设与共享座谈会综述. 中国电化教育，（10）：4-5.

张燕军. 2011. 从奥巴马政府修订 NVLB 法看美国教育均衡发展. 外国教育研究，（2）：44-49.

钟志贤. 2006. 信息化教学模式. 北京：北京师范大学出版社.

钟志贤，张琦. 2007. 我国教育信息化发展历程回眸. 中国教育信息化，（12）：9-10.

祝智庭. 2011. 中国教育信息化十年. 中国电化教育，（1）：20-25.

Yu S Q，Wan M J. 2005. An exposition of the crucial issues in China's educational informatization.
　　International Review，53（4）：88-101.

Yu S Q，Wang M，Che H. 2015. An exposition of the crucial issues in China's educational
　　informatization，educational technology. Research and Development，（4）：88-101.

后　记 ≪

2016年4月，我去医院瞧眼疾，在空闲之余忽然想起了"乔布斯之问"，便提问于医生。医生语重心长地对我说，发光媒体，如手机、iPad、电子大屏幕、计算机等，对人的眼睛伤害极大。其对成人尚且有如此大的影响，那就更别提对中小学生的伤害了。此时，我突然想起北京师范大学幼儿园前园长张澜博士的一席话，不能让幼儿园的孩子过早地受到计算机和网络的影响，在我们的幼儿园里不会让孩子们使用计算机。我认为应该对医生的忠告给予高度的重视，也为张澜园长的正确决策而喝彩。教育界人士务必将信息化教学工具作为一个极其特殊的教育元素对待，信息技术确实并非专门为教育活动设计与发明的，并且信息技术自身存在的本源性缺陷对教育教学活动的"恶"也确实十分明显。

2016年1月号的《上海文学》刊出了中国作家王蒙与日本学者池田大作，对目前青年人身处的互联网环境提出各自观点的书信对谈录。王蒙指出，如果漫无目的地点击一个个链接，则容易变成网上信息的猎物，成为被网络俘获的"小傻子"。有系统地阅读、思考与交流，是需要多花些功夫的，总有些东西是互联网无法取代的。科技的发展，使一些人变得懒惰，丧失基本能力。空调使人们抗寒抗暑能力下降，交通工具使发达地区人们奔跑速度下降，以此推算，电脑的发展，会不会使人们的智能下降？口算、心算和书法能力已经下降了。我认为，以上现象并非人类的进化，人类将表现为越来越"笨"的趋势，存在着隐性的负面发展的可能性。王蒙谈到，学习中的面对面沟通的重要性是不能忽视的。妈妈在孩子睡前给孩子讲故事，是文学自然地发生。这种亲密、温馨的面对面接触与对话，是互联网无法取代的。在笔者看来，教育教学的效果不可效仿工业绩效的标准来衡量，应该更加关注充实而丰富的人性，更加看重人的智力因素和非智力因素的统一体，关心在教育信息化过程中的人类体验，一味追求工业化的效果、效率和效益，会混淆人与物的基本界限，窄化教育信息化的真正目的，会违背教育教学的基本节奏。因此，应该增强对教育信息化的人文关怀，应该加强信息技术对人类精神层面影响的研究。王蒙认为，技术本来是通向幸福生活的手段，但技术迅速发展的魅力，对人类心智提出了永无止境的新课题。歌德在叙事诗《魔法师的学徒》中提出了一个悖论，人一旦不能控制技术，人本身就变成它的牺牲品。北京大学名誉教授池田大作明确指出，问题不在于互联网技术的发展，而在于人类自身是如何理解这些现象的。互联网既是人类的智慧遗产，又似恶意陷阱，因此，要求人们具有甄别、操纵信息的判断力。彻底将信息技术作为创造生活的手段之一，需要定位其价值。

由此看来，研究世上的一种事物，进而充分发挥这种事物的"正能量"，从而促进一项事业的发展，可以从不同的角度出发。有人是从正面出力或鼓励；有人则是从反面出力或鼓励；也有人既从正面鼓励，又从反面鼓励。然而，大家的目标都是一致的，都是为了我国教育信息化的健康蓬勃之发展。若想看透一件事儿，非要从不同的视角入手不可，小心翼翼地从各个方位考察一个事物，包括正向和反向，才能最终将其完整深入地把握住。真正的勇者，应该是对细节特别用心的人，甚至达到了胆小的程度，因此可以称为"胆小的勇者"。

亚里士多德说过："能够真心款待一种不被接受的思想，是一个受过教育的心灵的标志。"因此，面对从未经验过的、具有不确定性的未来，应该抱持包纳、积极、开放、乐观的心态，观望是可以被理解的，甚至怀疑也是可以被接受的，任何行为的出现，总有一个先来后到，只是绝不可持保守与排斥的态度。这就是我们的立场和逻辑起点。

李 芒

2017 年 4 月 6 日